Edition
Psychologie

Herausgegeben von
Dr. Arno Mohr

Bisher erschienene Werke:

Güttler, Sozialpsychologie, 4. Auflage
Mayer, Einführung in die Wahrnehmungs-,
Lern- und Werbe-Psychologie, 2. Auflage
Sanns · Schuchmann, Lineare und loglineare Modelle
in Psychologie und Sozialwissenschaften
Schuchmann, Probabilistische Testtheorie
Siegler, Das Denken von Kindern, 3. Auflage
Spieß, Wirtschaftspsychologie

Einführung in die Wahrnehmungs-, Lern- und Werbe-Psychologie

Von
Prof. Dr. Horst O. Mayer

2., überarbeitete und erweiterte Auflage

R.Oldenbourg Verlag München Wien

Bibliografische Information Der Deutschen Bibliothek

Die Deutsche Bibliothek verzeichnet diese Publikation in der Deutschen
Nationalbibliografie; detaillierte bibliografische Daten sind im Internet
über <http://dnb.ddb.de> abrufbar.

© 2005 Oldenbourg Wissenschaftsverlag GmbH
Rosenheimer Straße 145, D-81671 München
Telefon: (089) 45051-0
www.oldenbourg.de

Gedruckt auf säure- und chlorfreiem Papier
Druck: Grafik + Druck, München
Bindung: R. Oldenbourg Graphische Betriebe Binderei GmbH

ISBN 3-486-57675-5

Inhalt

Vorwort

Psychologie ist dem griechischen Ursprung des Namens nach die Lehre von der Seele. Der Begriff Seele findet jedoch in der modernen Psychologie kaum noch Verwendung. Psychologische Fragestellungen beziehen sich heute nicht mehr auf die menschliche Seele, sondern auf das Verhalten und dessen Beweggründe.

Psychologie und Seele

Das Anliegen dieses Buches ist es Psychologie insofern zu erklären, dass bei Fragestellungen in den Bereichen Wahrnehmung, Motivation, Lernen und Werbung auch psychologische Aspekte berücksichtigt werden können, um dadurch umfassendere Lösungsansätze zu finden. Dazu werden manche Strömungen und Forschungsaspekte in der Psychologie genauer betrachtet, andere lediglich kurz erwähnt, manche nicht behandelt. Einmal ist das Gebiet der Psychologie zu umfassend, um alle psychologischen Theorien und Modelle zu berücksichtigen, andererseits haben die verschiedenen Strömungen auch unterschiedliche Forschungsschwerpunkte.

- **Wahrnehmung**
- **Motivation**
- **Lernen**
- **Werbung**

Im ersten Kapitel werden von einer Definition der Psychologie ausgehend verschiedene, für die später behandelten Bereiche Wahrnehmung, Motivation, Lernen und Werbung wesentliche psychologische Theorierichtungen und ihre Sichtweise des menschlichen Verhaltens vorgestellt. Die weiteren Kapitel beinhalten dann die einzelnen Schwerpunkte, wobei unterschiedliche theoretische Modelle als Erklärungsansätze herangezogen werden.

Für die sorgfältige Korrektur möchte ich mich bei Frau Monika Drexel recht herzlich bedanken.

Horst O. Mayer

1. Einführung in die Psychologie

1.1 Was ist Psychologie?

Psychologie beschäftigt sich im Allgemeinen mit dem menschlichen *Verhalten* und zwar mit dem *inneren* wie mit dem *äußeren*. Inneres Verhalten kann *physiologisch* bedingt sein (biochemische oder elektrische Vorgänge) oder auf *Erfahrung* beruhen (Träume, Gedanken, Phantasien). Äußeres Verhalten wiederum sind die sichtbaren, direkt wahrnehmbaren Aktivitäten von Personen. Verhalten wird hier in einem sehr umfassenden Sinn verstanden. Neben sichtbaren Reaktionen und Handlungen umfasst der Begriff nach diesem Verständnis auch biochemische und elektrische Vorgänge im Körper sowie Aktivitäten wie z.B. Denken und Fühlen.

Psychologie beschäftigt sich aber auch mit den *Beweggründen*, die zu diesem Verhalten führen. Solche Beweggründe sind Triebe, Motive, Einstellungen, situative Bedingungen usw. Aufgabe der Psychologie ist es nun, das Verhalten einschließlich der Beweggründe zu untersuchen, zu beschreiben und zu erklären. Somit kann Psychologie folgendermaßen definiert werden (LÜCK/RIPPE u. TIMAEUS 1984, S. 16):

> *„Die Psychologie ist die Wissenschaft und Lehre vom menschlichen Verhalten und dessen Begründung."*

Definitionen haben keinen allgemein gültigen und zeitlos geltenden Wahrheitsanspruch, es handelt sich dabei lediglich um Vereinbarungen. Ihre Aufgabe ist es nicht das „Wesen" von Objekten zu bestimmen, sondern den wissenschaftlichen Sprachgebrauch festzulegen (vgl. ALBERT 1973, S. 73). Definitionen müssen auch immer im Kontext der wissenschaftstheoretischen Positionen der Forscher gesehen werden. Dementsprechend haben Vertreter verschiedener wissenschaftstheoretischer Positionen auch unterschiedliche Vorstellungen von den Aufgaben der Psychologie. Die kontroversen Meinungen über Gegenstandsbereich

Psychologie

- **Verhalten**
  * *inneres*
  * *äußeres*

- **Beweggründe**

Definition

und Aufgabe der Psychologie zeigen folgende zwei Zitate aus LÜCK/
RIPPE u. TIMAEUS (1984, S. 15):

> „Die Psychologie ist die Wissenschaft von den Inhalten und Vorgängen
> des geistigen Lebens (...) Die Psychologie hat es mit Gegenständen
> der Innenwelt zu tun." (Hermann EBINGHAUS 1919)

> „Psychologie (...) ist ein vollkommen objektiver, experimenteller Zweig
> der Naturwissenschaft. Ihr theoretisches Ziel ist die Vorhersage und
> Kontrolle des Verhaltens." (John B. WATSON 1913)

Innerhalb der Psychologie gibt es verschiedene Teilbereiche mit unterschiedlichen Erkenntnisinteressen. So beschäftigt sich die Entwicklungspsychologie mit den Veränderungen menschlichen Verhaltens im Zeitab-
lauf, die Pädagogische Psychologie wiederum hat ihren Schwerpunkt in
Erziehungs- und Lernprozessen und die Marktpsychologie interessiert
sich für die Konsumentenbedürfnisse sowie die Werbemittelgestaltung. **Teilbereiche der**
Weitere Teilbereiche der Psychologie sind neben der Allgemeinen Psy- **Psychologie**
chologie z.B. die Betriebspsychologie, die Klinische Psychologie, die
Forensische und Kriminalpsychologie, die Sozialpsychologie, die Dia-
gnostische Psychologie sowie die Differenzielle Psychologie.

Übungsaufgabe 1

Übungsaufgabe 1

Entnehmen sie aus verschiedenen Psychologiebüchern die unterschiedlichen
Schwerpunkte der oben genannten Teilbereiche der Psychologie.

Die Tätigkeitsfelder der Psychologen decken sich oft mit den verschiedenen Teilbereichen (z.B. Marktpsychologie, Forensische Psychologie, **Tätigkeitsfelder**
Betriebspsychologie). Bei manchen gehen sie jedoch darüber hinaus **der Psychologie**
und umfassen mehrere Gebiete. So ziehen Schulpsychologen, deren
Aufgabe u.a. auch in der Analyse von Schulschwierigkeiten besteht, z.B.
Erkenntnisse aus der Entwicklungs-, der Pädagogischen, der Diagnosti-
schen oder der Sozialpsychologie zu Rate.

Die Psychologie beschäftigt sich mit dem menschlichen Verhalten und
dessen Beweggründen. Dabei orientieren sich die Psychologen an be-

stimmten theoretischen Vorstellungen des Menschen, seines Verhaltens und den Ursachen des Verhaltens. Eine solche *Theorie* ist die Grundlage zur Erlangung wissenschaftlicher Erkenntnisse über die Wirklichkeit, eine Orientierung hin auf das was als Forschungsproblem wichtig erscheint. Aus ihr können Annahmen über das Forschungsobjekt abgeleitet werden und sie gibt vor, wie eine wissenschaftliche Untersuchung zu erfolgen hat. Die psychologische Theorie trägt daher entscheidend dazu bei, ob z.B.

Theorie als Grundlage der Erkenntnis

– nur beobachtbares Verhalten studiert wird, oder auch innere Prozesse wie das Denken, Fühlen etc. zum Forschungsgegenstand werden;

nur direkt beobachtbares Verhalten?

– nur objektive Verhaltensdaten akzeptiert oder auch subjektive Interpretationen eigener Erfahrungen einbezogen werden;

nur objektive Daten?

– die vergangene Lebensgeschichte eines Individuums oder dessen gegenwärtige Situation in den Mittelpunkt der Betrachtungen gestellt werden;

Vergangenheit vs. Gegenwart

– die Ursprünge des Verhaltens eher innerhalb der Person (z.B. Motive) oder eher in ihrer Umwelt (z.B. Belohnung) gesucht werden etc. (vgl. ZIMBARDO 1983, S. 36)

Person vs. Umwelt

Nun könnte der Eindruck von Beliebigkeit wissenschaftlicher Erkenntnis entstehen. Jede psychologische Strömung hat jedoch ihr eigenes theoretisches System, das in sich stimmig ist. Sie haben unterschiedliche Erklärungsmuster für menschliches Verhalten, meist eigene Forschungsschwerpunkte und ein den Erfordernissen der jeweiligen Richtung entsprechendes methodisches System. Ein beliebiges Vermischen der einzelnen Ansätze ist nicht möglich, da die Forschung theoriegeleitet erfolgt und daher sowohl die Forschungsgegenstände wie die Forschungsergebnisse an die jeweilige Theorie gebunden sind. Jedoch ist es keiner Theorie möglich, die gesamte Wirklichkeit zum Forschungsgegenstand zu nehmen und zu erklären. Jede theoretische Strömung der Psychologie erforscht und erklärt nur Teilaspekte des Verhaltens des

Menschen. Die Psychologie wird heute als **pluralistische Wissenschaft** verstanden, die sich der Notwendigkeit unterschiedlicher Standpunkte und Ansichten über den Menschen und seiner Erforschung bewusst ist.

pluralistische Wissenschaft

Auch steht die Psychologie zwischen anderen Wissenschaften. Auf der einen Seite ist die Psychologie eine **biologische** Wissenschaft und auf der anderen Seite befasst sie sich auch mit der gegenseitigen Beeinflussung von Menschen, dem Forschungsgegenstand der **Soziologie**. Nur die Erfassung aller Aspekte unter unterschiedlichen Gesichtspunkten und mit unterschiedlichen Methoden ermöglicht es ihr als Wissenschaft umfassend zur Erklärung menschlichen Verhaltens und seiner Beweggründe beizutragen.

Psychologie: zwischen Biologie und Soziologie

Hinter den verschiedenen psychologischen Strömungen stehen unterschiedliche Modelle des Menschen mit den entsprechenden unterschiedlichen Erklärungsmustern für sein Verhalten. Als einflussreichste Ansätze haben sich im 20. Jahrhundert die **Psychoanalyse**, der **Behaviorismus** und der **Kognitivismus** erwiesen (vgl. ULICH 1993, S. 56).

Psychologische Strömungen:

- Psychoanalyse

Für die hier behandelten vier Schwerpunkte „Wahrnehmung", „Motivation", „Lernen" und „Werbung" sind vor allem behavioristische und kognitivistische aber auch **konstruktivistische** Erklärungsmuster von Bedeutung. Wobei auf konstruktivistische Ansätze v.a. in Zusammenhang mit Lernen eingegangen wird.

- Behaviorismus
- Kognitivismus
- Konstruktivismus

Darüber hinaus ist ebenso eine Auseinandersetzung mit der **Psychophysik** und der **Gestaltpsychologie** notwendig. Zwar stellen diese beiden Richtungen keine solch umfassenden Theorien dar, wie es bei den vier oben genannten der Fall ist. Ihre Erklärungsmuster sind für verschiedene hier zu behandelnde psychologische Fragestellungen jedoch von großem Nutzen (vgl. dazu LÜCK/RIPPE u. TIMAEUS 1984).

- Psychophysik
- Gestaltpsychologie

1.2 Psychologische Strömungen

1.2.1 Entwicklung der modernen Psychologie

Die sogenannte moderne Psychologie entstand in Deutschland gegen Mitte des 19. Jahrhunderts. **Modern** bedeutet in diesem Zusammenhang, die Psychologie wandelte sich von einer spekulativen, philosophisch orientierten zu einer experimentell arbeitenden Wissenschaft. Es kann jedoch noch nicht von der Psychologie als eigenständige Wissenschaft gesprochen werden, vielmehr waren es Physiker, Mediziner und Philosophen, die psychische Phänomene untersuchten. Ihre Forschungen betrafen vor allen die Beziehung zwischen dem Geist (Psyche) und der Welt der Materie, also die menschliche Wahrnehmung sowie den Aufbau des Bewusstseins.

moderne Psychologie

Die Begründer der **modernen Psychologie WEBER, FECHNER, WUNDT, EBBINGHAUS, HELMHOLTZ** etc. orientierten sich an den Naturwissenschaften. Diese hatten mit experimentellen und Beobachtungsmethoden bereits große Erfolge erzielt, daher lag es nahe deren Methoden auch auf psychologische Fragestellungen anzuwenden. Der Physiker Hermann von **HELMHOLTZ** untersuchte die Reaktionsgeschwindigkeit beim Menschen und konnte 1850 erstmals messen, mit welcher Geschwindigkeit die Stimuli durch die Nervenbahnen geleitet werden. Er bezog sich dabei auf Arbeiten von Luigi GALVANI, einem italienischen Arzt und Naturforscher aus dem 18. Jahrhundert. HELMHOLZ zeigte, dass die Reaktionsgeschwindigkeit messbar ist, weshalb dieser Aspekt der Wahrnehmung auch experimentell untersucht werden kann (vgl. KIVITS 1994; S. 139 f.).

Begründer

moderne Psychologie: an den Naturwissenschaften orientiert

Der Physiker und Philosoph Gustav Theodor **FECHNER** legte den Grundstein einer **Psychophysik**, die er als exakte Wissenschaft vom Verhältnis zwischen Körper und Geist bezeichnete (vgl. HÜBNER 1980, S. 18). Danach kann der Geist untersucht werden, indem die Reaktion des Körpers auf bestimmte physische Reize beobachtet und gemessen wird.

FECHNER: Psychophysik

Vor ihm hatte schon Ernst **WEBER** begonnen, die Empfindsamkeit der Muskeln zu erforschen. Er untersuchte, welcher Unterschied in der Muskelbelastung gerade noch wahrnehmbar ist, wenn in der Versuchsanordnung Gewichte mit kleinen Unterschieden verglichen werden sollten.

Empfindsamkeit der Muskeln

Die Ergebnisse von WEBER (1846) zeigten, dass ein Gewicht immer um einen konstanten Anteil vergrößert bzw. verkleinert werden muss, um eben merklich schwerer oder leichter empfunden zu werden. Es war jedoch nicht ein konstanter Gewichtszuwachs, sondern ein dem Grundgewicht proportionaler Anteil notwendig. Beträgt das Gewicht z.B. 200 Gramm, so muss dieses etwa um 4 Gramm, bei 300 Gramm etwa um 6 Gramm, bei 400 Gramm etwa um 8 Gramm erhöht werden, damit das Gewicht als eben merklich schwerer empfunden wird. Diese Beziehung erwies sich auch für andere Empfindungsintensitäten (Lautstärke, Helligkeit etc.) mit guter Annäherung als zutreffend (vgl. HAJOS 1991, S. 27). So bedeutet in einem abgedunkelten Raum, der durch eine Glühbirne erhellt ist, das Hinzufügen einer weiteren Glühbirne einen subjektiv stärkeren Helligkeitszuwachs als wenn zu zehn Glühbirnen eine weitere hinzukommt. FECHNER formulierte 1860 das Ergebnis in mathematischer Form und nannte es zu Ehren Ernst WEBERs das **WEBERsche Gesetz**:

Sinneswahrnehmung

$$\frac{\Delta S}{S} = k$$

WEBERsches Gesetz

Dabei ist ΔS der für den eben merklichen Empfindungsunterschied notwendige Reizzuwachs, S der Bezugsreiz und k die WEBERsche Konstante. Diese variiert zwischen $^1/_5$ bzw. $^1/_{250}$ und ist von den unterschiedlichen Empfindungsintensitäten wie Tastsinn, Lautstärke, Helligkeit etc. abhängig (vgl. HAJOS 1991, S. 27). FECHNER fand weiters eine Beziehung zwischen Reizintensität und Empfindungsintensität, die als **FECHNERsches Gesetz** bezeichnet wird:

FECHNERsches Gesetz

$$E = c \cdot \log S$$

E ist die Empfindungsintensität, *S* die Reizintensität und *c* eine für die Empfindungsart spezifische Konstante. Dies bedeutet, um die Empfindungsintensität linear (arithmetisch) anwachsen zu lassen, muss der Reiz nichtlinear (geometrisch) zunehmen.

Sowohl das WEBERsche wie das FECHNERsche Gesetz gelten zwar lediglich für den mittleren Intensitätsbereich und dort nur annäherungsweise, dennoch hat die Entdeckung der ersten Gesetzmäßigkeiten für den Bereich des Subjektiven, des Erlebens eine kaum zu überschätzende wissenschaftshistorische Bedeutung (vgl. HÜBNER 1980, S, 17 f.).

> „Die Psychologie als exakte Naturwissenschaft schien in greifbare Nähe gerückt. Zudem war die mathematische Formulierung eines Sachverhalts gelungen, den Jahrhunderte der Philosophie zum Gegenstand von Vermutungen und Spekulationen machten, einer Beziehung zwischen subjektiv-seelischen Erleben und der Welt der Dinge." (HÜBNER 1980, S. 18)

Schließlich war es Wilhelm **WUNDT**, dem es gelang, die physiologische Psychologie zu organisieren und der Psychologie den Status einer eigenen Wissenschaft zu verleihen (vgl. KIVITS 1994, S. 140). Im Jahre 1879 errichtete er an der Universität in Leipzig das erste *psychologische Laboratorium*. Die Psychologie wurde als Wissenschaft verstanden, in der genauso experimentiert wird wie in der Physik oder in der Chemie. Anfangs orientierte sich WUNDT auch an der physiologischen Psychologie und führte vor allem sinnespsychologische Untersuchungen, besonders zur Wahrnehmung (Tastsinn, visuelle und akustische Wahrnehmung) durch. Er beginnt aber schon bald Bewusstseinsphänomene zu untersuchen. Als Methode wählte WUNDT dabei die Selbstbeobachtung, die sogenannte *Introspektion*.

WUNDT vertrat die Auffassung, dass die *Psychologie* die Dinge von innen heraus untersuchen muss, während die *Physiologie* sich damit beschäftigt, was von außen an die Sinnesorgane gelangt. Dennoch ist die Methode der Psychologie naturwissenschaftlich orientiert, insofern sie

Wilhelm WUNDT

psychologisches Laboratorium

Introspektion

Psychologie, Physiologie

nämlich ihre Gegenstände empirisch und experimentell untersucht. Die experimentelle Introspektion ist nach WUNDT keinesfalls spekulatives Phantasieren, sondern eine präzise und objektivierende Beobachtung, wie sich bestimmte Bewusstseinsprozesse vollziehen (vgl. KIVITS 1994, S. 172). Ziel der Untersuchungen war die Zerlegung der Bewusstseinsinhalte in ihre Elemente. Im Zentrum seines Interesses stehen nun psychische Vorgänge, vor allem Empfindungen, Vorstellungen und Gefühle. Leitende Idee bei den Forschungsarbeiten war die Vorstellung, komplexes psychisches Geschehen - analog der Physik - auf dessen Elemente zurückführen zu können (vgl. ULICH 1993, S. 66).

Ebenfalls mit der Methode der Introspektion arbeitete WUNDTs Zeitgenosse der *Gedächtnisforscher* Hermann von *EBBINGHAUS*. Er führte die ersten bedeutenden Untersuchungen zu einer objektiven, quantifizierenden Messung des Behaltens durch und veröffentlichte die Resultate dieser Arbeiten 1885 in seinem Buch „Über das Gedächtnis". EBBINGHAUS verwendete bei seinen Selbstversuchen (Introspektion) sinnlose Silben wie z.B. BAX, GUR, LOC, um Assoziationen mit anderen Gedächtnisinhalten zu verhindern. Dabei lernte er eine Liste sinnloser Silben so lange, bis er sie zweimal hintereinander auswendig aufsagen konnte. Danach überprüfte er in verschiedenen Zeitabständen, wie lange er benötigte, die Liste wieder vollständig aufsagen zu können. (vgl. ZIMBARDO 1983, S. 260)

EBBINGHAUS: Gedächtnis-psychologie

Abb. 1: Vergessenskurve von EBBINGHAUS

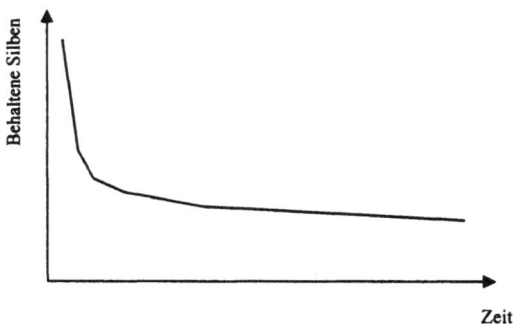

Seine in der Psychologie klassisch gewordene *„Vergessenskurve"* stellt die Menge derjenigen Elemente dar, die in bestimmten Zeitabständen nach dem Lernen noch behalten werden können. EBBINGHAUS erbringt mit seinen Forschungen den Beweis, dass das Gedächtnis untersucht werden kann und erweitert damit den Gegenstandsbereich der Psychologie (vgl. KIVITS1994, S. 189).

Vergessens-kurve

Übungsaufgabe 2

Vergleichen Sie diese Ausführungen über EBBINGHAUS mit dessen Definition von Psychologie im Kapitel 1.1. (Siehe „Lösungen zu den Übungsaufgaben")

Übungsaufgabe 2

1.2.2 Gestaltpsychologie

An die Stelle der Vorgehensweise der Psychophysiker, nämlich Prozesse und Phänomene in die Einzelteile zu zerlegen, um sie dann zu untersuchen, legten die Gestaltpsychologen den Schwerpunkt auf Organisationsprozesse als ein Hauptmerkmal der Wahrnehmung. Die Gestalt wird als grundlegende Einheit der Wahrnehmung aufgefasst. Das Ganze bestimmt danach auf vielfältige Weise den Charakter und das Verhalten der Teile, anstatt umgekehrt.

Der Begriff „Gestaltqualität" wurde von Christian von **EHRENFELS** in die Psychologie eingeführt (vgl. KIVITS 1994, S. 194). Mit seiner - aus der Antike übernommenen - berühmt gewordenen Aussage

> „das Ganze ist mehr als die Summe seiner Teile"

unterstreicht er, dass das, was wir wahrnehmen, mehr ist als die Summe der einzelnen Teilwahrnehmungen. Als Beispiel nennt er die Melodie. Sie lässt sich nicht als Summe der einzelnen Töne erklären. So kann sie beispielsweise transponiert werden, das heißt, obwohl bei einem Wech-

Melodie
- Übersummativität
- transponierbar

sel des Tonhöhenniveaus alle Töne geändert werden, bleibt die Melodie erhalten. Die beiden Merkmale Übersummativität und Transponierbarkeit sind nach Ehrenfels konstituierend für alle echten Gestalten (Ehrenfelskriterien).

Als Begründer der **Gestaltpsychologie** gelten Max **WERTHEIMER**, Kurt **KOFFKA** und Wolfgang **KÖHLER**. Unter anderem orientierten sie sich auch an der Lehre über die Gestaltqualität von EHRENFELS. Bei seinen Versuchen beobachtete WERTHEIMER, dass eine leuchtende Linie, die zunächst senkrecht steht und dann kurz darauf waagerecht dargeboten wird, bei günstiger Zeitfolge als bewegt erscheint. Das Gleiche ereignet sich, wenn zwei Lichtpunkte kurz nacheinander an zwei unterschiedlichen Orten erscheinen. WERTHEIMER nennt diese optische Täuschung einer Scheinbewegung das **Phi-Phänomen**.

Begründer

Übungsaufgabe 3

Konstruieren Sie am Computer (z.B. in Power-Point auf zwei verschiedenen Folien) zwei Punkte, die sie in kurzen Zeitintervallen alternierend erscheinen lassen. Welcher Eindruck stellt sich bei Ihnen ein?
(Siehe „Lösungen zu den Übungsaufgaben")

Übungsaufgabe 3

Die Gestaltpsychologen bemühten sich intensiv Gesetzmäßigkeiten, sogenannte **Gestaltgesetze** der Wahrnehmung, zu finden. Wenn es ihnen auch nie gelang, alle Gesetzmäßigkeiten in eine Theorie zu integrieren, so haben diese bis heute in unterschiedlichen Bereichen wie z.B. Gestaltung und Werbung eine zentrale Bedeutung (vgl. LÜCK/RIPPE u. TIMAEUS 1984, S. 71). Dabei handelt es sich jedoch nicht um Gesetze im naturwissenschaftlichen Sinne, sondern vielmehr um zum Teil durch Erfahrungen und kulturell geprägte Prinzipien, nach denen Wahrnehmungen verlaufen.

Gestaltgesetze

Der Mensch sieht die Welt um sich herum als geordnetes Ganzes, dies hilft ihm sie einfach zu deuten. Wir nehmen z.B. einen Stuhl - auch wenn er teilweise verdeckt ist – als ein Ganzes wahr und müssen ihn nicht erst mühsam aus seinen Einzelteilen zusammensetzen. Wir nehmen also Gestalten wahr, dabei unterliegt unsere Wahrnehmung bestimmten Gesetzmäßigkeiten, den *Gestaltgesetzen*. Es sind dies vor allem:

- *Das Gesetz der Nähe* (law of proximity):
  Elemente, die sich räumlich oder zeitlich nahe beieinander befinden, werden als Einheit wahrgenommen.
- *Das Gesetz der Ähnlichkeit* (law of similarity):
  Ähnliche Elemente werden als zusammengehörig wahrgenommen.
- *Das Gesetz der guten Fortsetzung* (law of continuity, law of good continuation):
  Reize, die einander überlagern, werden als fortlaufende Linie wahrgenommen.
- *Das Gesetz der Geschlossenheit* (law of closure):
  Wir neigen dazu, nicht vorhandene Teile einer Figur zu ergänzen.

Abb. 2: Gestaltgesetze

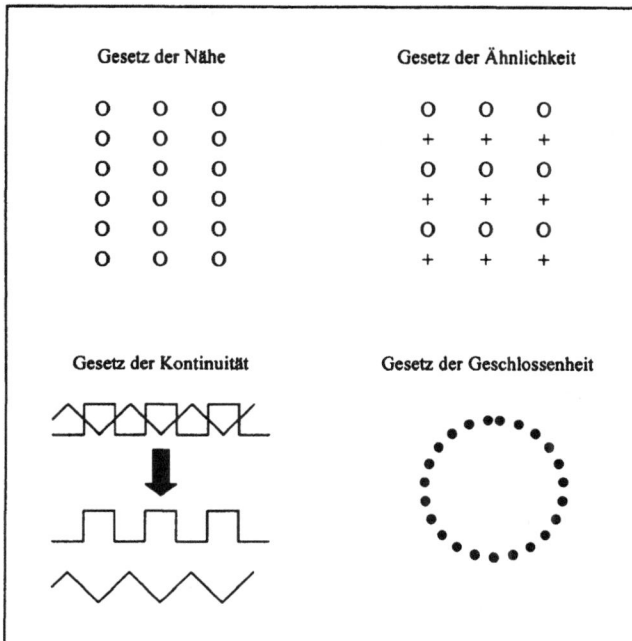

Wolfgang **KÖHLER** zeigte mit seinen Schimpansenversuchen auf Teneriffa, die Wirkweise von Einsicht und Geschlossenheit als Lernprinzipien
und Problemlösungsstrategien. Auch psychische Phänomene wie Lernen
werden nicht als Produkt einfacher Addition, sondern immer als Gestalten verstanden. Grundauffassung dabei ist, dass die Psyche ein dynami-
sches Ganzes ist, das sich in einem bestimmten „Feld" bewegt. Denken,
Wahrnehmen und Erinnern finden dementsprechend immer innerhalb
eines Feldes statt (vgl. KIVITS 1994, S. 209). In KÖHLERs „Umweg-
Experiment" befand sich das Futter für einen Hund hinter einem Hindernis. Der Hund zögerte kurz, ging dann aber ohne Probleme einen
Umweg. Er hatte die Gesamtsituation als zusammengehöriges Ganzes
erfasst und durch **Einsicht** gelernt. (siehe Kapitel „Lernen")   **Einsicht**

Das Hauptinteresse von Kurt **LEWIN**, einem weiteren Gestaltpsycholo-   **Kurt LEWIN**
gen, war vor allem Motivation und Sozialpsychologie. Dabei spielt das
Konzept des Feldes eine zentrale Rolle. Der Begriff Feld wurde ursprünglich in der Gestaltpsychologie zur Bezeichnung der Umgebung
verwendet. Das Feld besteht danach aus einem oder mehreren Objekten, die wahrgenommen werden (Figur), und dem Hintergrund bzw.
dem Umfeld der Objekte (Grund). LEWIN definiert ein Feld jedoch nicht
nur als Figur-Grund-Komponenten der physikalischen Umgebung, sondern auch als Einstellungen, Gefühle, Ziele und Alternativen eines Individuums. Es schließt bei ihm also auch eine kognitive Komponente ein
(vgl. LEFRANCOIS 1994, S. 102).

In seiner **Feldtheorie** verwendete LEWIN den Begriff des **Lebensraums**,   **Feldtheorie,**
um die Welt so zu bezeichnen, wie sie zu einem bestimmten Individuum   **Lebensraum**
in Beziehung steht. Der Lebensraum ist die Umgebung, wie sie von der
Person wahrgenommen wird und nicht, wie sie tatsächlich existiert. Auch
ist er entsprechend dem Lebensalter, den Bedürfnissen, den sozialen
Normen etc. unterschiedlich strukturiert. Es handelt sich dabei um eine
Zusammenstellung all dessen, was für das Individuum in der jeweiligen
Situation relevant ist. LEWIN stellt den Lebensraum als sogenannte **Jor-**   **Jordan-Kurve**
dan-Kurve dar, wobei es sich um eine topologische Darstellung der

relevanten Regionen, das heißt Verhaltensmöglichkeiten, Ziele und An-
sprüche handelt (vgl. LÜCK/RIPPE u. TIMAEUS 1984, S. 71 ff.).

Abb. 3: Die Jordankurve

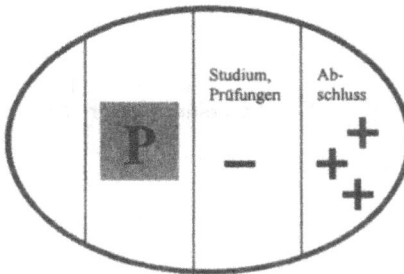

Um z.B. den begehrten Abschluss eines Studiums zu erreichen, muss
eine Person P zuerst das Studium mit den oft unangenehmen Prüfungen
etc. durchlaufen. Der Abschluss wirkt auf die Person P positiv, das heißt,
es handelt sich dabei um eine Region mit positivem Aufforderungscharakter. Diese Region ist jedoch erst nach Durchschreiten des Studiums
mit den Prüfungen (negativer Aufforderungscharakter) erreichbar. LE-
WIN bezeichnet das Durchschreiten einer Region als *Lokomotion* und   **Lokomotion**
die subjektive Bedeutung der Regionen als Aufforderungscharakter oder
Valenz.   **Valenz**

Abb. 4: Vektorielle Darstellung der Feldkräfte

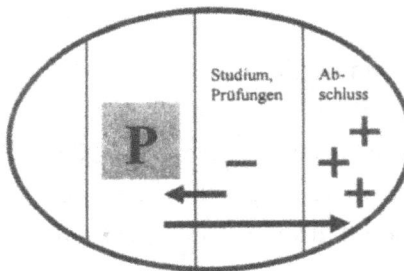

Die Feldtheorie geht davon aus, dass auf einen Menschen eine Reihe
von Kräften einwirkt, die sein Verhalten beeinflussen. Diese Feldkräfte
können als *Vektoren* dargestellt werden. Die Vektoren zeigen die Rich-   **Vektoren**

tung an, in die ein Verhalten geht, und durch ihre Länge die Kraft dieses Verhaltens. Da die Richtung und Stärke der Feldkräfte jedoch subjektiv, einige Faktoren dem Individuum oft auch unbekannt sind, ist eine vektorielle Darstellung jedoch nur beschränkt möglich (vgl. LEFRANCOIS 1994, S. 104 f.).

Das Verhalten (Behavior B) ist nach LEWIN die Funktion einer Person (P) und der Umgebung (Environment E):

$$B = f(P, E)$$

Das bedeutet, bei der Beschreibung des Verhaltens einer Person wird das Verhalten der Umgebung, also anderer Personen mit eingeschlossen. Person und Umwelt stehen in einem gegenseitigen Beeinflussungsverhältnis. Dieses dynamische Interdependenzkonzept der Feldtheorie führte zur Weiterentwicklung der Gestaltpsychologie zur **Sozialpsychologie** (vgl. RECHTIEN 1986, S. 488).   **Sozialpsychologie**

Nach seiner Emigration in die Vereinigten Staaten 1933 forschte LEWIN u.a. in Bereichen der Handlungsmotivation, der Aktionsforschung sowie der Gruppendynamik, die er entwickelte. Bei der Betrachtung der **Motivation** hebt er die Bedeutung der subjektiv bewerteten Situation hervor (siehe Kapitel "Motivation"). So sieht LEWIN die wesentlichen Bestimmungselemente von Leistungsmotivation neben den individuellen Eigenschaften in der subjektiven Bedeutung des Ziels sowie der Wahrscheinlichkeit seiner Realisierung (vgl. OSTERKAMP 1986, S. 370). In Abhängigkeit von der individuellen Situation gewinnen bestimmte Gegebenheiten positiven oder negativen Aufforderungscharakter. Eine monotone, unbefriedigende Arbeit kann z.B. dadurch Antrieb erhalten, indem sie in eine Konkurrenzsituation gestellt wird.   **Motivation**

Zu den wohl bekanntesten experimentellen feldtheoretischen Untersuchungen von Vorgängen in Gruppen zählen diejenigen zur Erforschung von **Führungsstilen** von LIPPIT und WHITE. Dabei wurden drei Gruppen   **Führungsstile**

Jugendlicher jeweils von einem Erwachsenen entweder demokratisch, autoritär oder laissez–faire geführt. Der Untersuchung lag die Annahme zugrunde, dass die Atmosphäre in einer Gruppe zu den Gestaltqualitäten gehört, die unmittelbar mit der Struktur der Gruppe und dem Verhalten der Gruppenmitglieder zusammenhängt (vgl. LEWIN 1975, S. 112 ff.).

Übungsaufgabe 4

Lesen sie in der psychologischen Literatur nach, welche Auswirkungen die unterschiedlichen Führungsstile auf das Verhalten der Gruppenmitglieder hatten.

Übungsaufgabe 4

Noch in LEWINs Berliner Zeit fällt die Entdeckung des **ZEIGARNIK-Effekts**. Kellner können die Bestellung ihrer Kunden, auch wenn sich diese für längere Zeit im Lokal aufhalten, problemlos im Kopf behalten. Sobald aber die Rechnung bezahlt ist, sind die Posten aus dem Gedächtnis der Kellner verschwunden. Bluma ZEIGARNIK, eine Studentin LEWINs, untersuchte diese Beobachtung genauer und kam zur Erklärung, dass Menschen unter einer gewissen Spannung stehen, solange eine Aufgabe nicht abgeschlossen ist. Unerledigte Handlungen bleiben deswegen länger im Gedächtnis, weil ein primäres Bedürfnis nach Erledigung zu einer bewussten oder unbewussten Weiterbeschäftigung mit der begonnenen Tätigkeit führt (vgl. RECHTIEN 1986, S. 487).

ZEIGARNIK-Effekt

1.2.3 Behaviorismus

Während die Gestaltpsychologie sich vor allem mit geistigen Prozessen wie Bewusstsein, Wahrnehmung etc. auseinandersetzte, zeigte die amerikanische Psychologie zu Beginn des 20. Jahrhunderts eine mehr auf das beobachtbare Verhalten ausgerichtete Orientierung. Eine in den Vereinigten Staaten immer stärker dominierende von **John B. WATSON** begründete psychologische Strömung war der **Behaviorismus**. Er wurde

John B. WATSON

Behaviorismus

schließlich zur zentralen psychologischen Wissenschaftsrichtung und be-
herrschte die Psychologie bis in die 60er Jahre des 20. Jahrhunderts.
Unter Behaviorismus wird die Auffassung verstanden, dass nur von außen beobachtbares Verhalten (behavior) Gegenstand psychologischer
Forschung sein darf. Diese Richtung geht davon aus, dass das beobachtbare Verhalten aus Reaktionen besteht, die mit beobachtbaren Bedingungen zusammenhängen. Es sind dies Bedingungen, die entweder
dem Verhalten vorausgehen oder diesem folgen. Ziel einer behavioristischen Psychologie ist es, Gesetze abzuleiten, die die Beziehungen zwischen den unterschiedlichen dem Verhalten vorausgehenden Bedingungen (Reizen), dem Verhalten (Reaktionen) und den Konsequenzen
(Belohnung, Bestrafung) erklären (vgl. LEFRANCOIS 1994, S. 17).

Gegenstand der Psychologie = beobachtbares Verhalten

Ein Großteil der Theorien WATSONs basiert auf früheren Untersuchungen des russischen Physiologen Iwan Petrowitsch PAWLOW. Im
Verlauf seiner Untersuchungen über die Speicheldrüse an Hunden beobachtete PAWLOW zufällig, dass einige der Versuchstiere Speichel ab-
sonderten, bevor sie das Fressen bekamen. Daran anschließende Versuche zeigten, dass auch neutrale Reize wie z.B. ein Glockenton die Speichelsekretion auslösen konnten, wenn sie einige Male in zeitlicher Nähe
zum Futter gegeben wurden. Um eine wissenschaftliche Erklärung für
diese Beobachtungen zu erhalten, entwickelte PAWLOW das Modell der
klassischen Konditionierung.

PAWLOW

Klassische Konditionierung

Abb. 5: PAWLOWs Hund (aus LEFRANCOIS 1994, S. 18)

Bei seinen Versuchen zur klassischen Konditionierung ging PAWLOW von einem Reflex, dem Speichelreflex aus. Reflexe sind angeborene, automatische Reaktionen auf bestimmte Reize wie z.B. der Lidschlagreflex, der Kniesehnenreflex oder eben die Speichelsekretion. Auf die Wahrnehmung des Futters durch den Hund erfolgt eine automatische Speichelabsonderung. Wird nun dieser ungelernte bzw. unkonditionierte Reiz Futter (UCS = unconditioned stimulus) mehrmals mit einem neutralen Reiz (z.B. Glockenton), der zu keiner Speichelabsonderung führt, dargeboten, so tritt ein Lerneffekt ein. Der vormals neutrale Reiz löst dann auch ohne Futterabgabe eine Speichelsekretion aus. Ein gelernter bzw. konditionierter Reiz (CS = conditioned stimulus) führt nun zu einer gelernten Reaktion (CR = conditioned response). Eine ungelernte bzw. unkonditionierte Reaktion (UCR = unconditioned response) wird zu einer gelernten bzw. konditionierten Reaktion (CR = conditioned response).

UCS = unkonditionierter Stimulus

CS = konditionierter Stimulus

UCR = unkonditionierte Reaktion

CR = konditionierte Reaktion

Abb. 6: Klassische Konditionierung

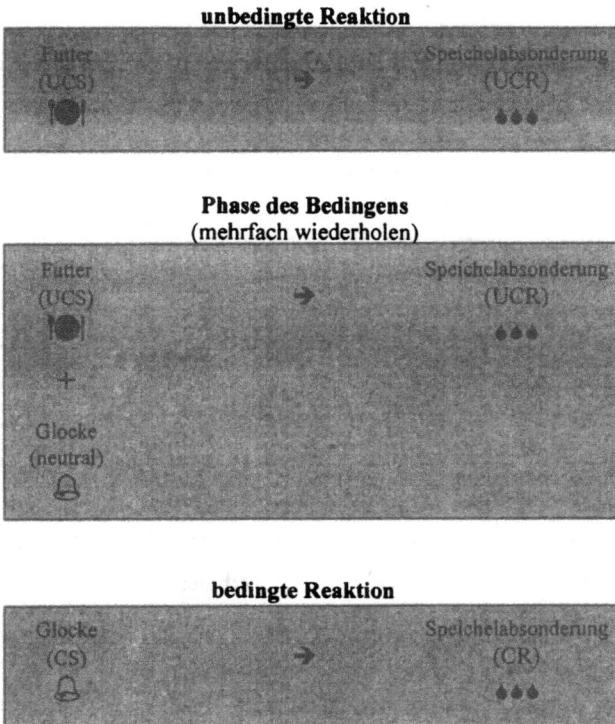

WATSON geht nun davon aus, dass es praktisch keine individuellen Un-
terschiede gebe und alle Säuglinge über eine beschränkte Anzahl von
Reflexen verfügen, die durch unkonditionierte Stimuli aufgerufen werden. Zu diesen Reflexen zählen ungelernte Verhaltensweisen wie z.B.
der Lidschlagreflex sowie emotionelle Reaktionen wie Furcht, Liebe und
Wut. Die Reflexe können durch konditionierte Stimuli in erwünschtes
Verhalten übergeleitet werden. Verhalten ist so durch die Prinzipien der
Konditionierung modifizierbar. Da der Mensch nach Vorstellung der Be-   **Verhalten wird**
havioristen aber lediglich über wenige angeborene Instinkte und Ver-   **gelernt**
haltensweisen verfügt, kann er sein Überleben nur durch Lernen von
Verhaltensgewohnheiten sicherstellen. Nach WATSON sind wir das, was
wir zu sein gelernt haben (vgl. ZIMBARDO 1983, S. 39).

Aufgabe einer behavioristischen Psychologie ist es, menschliches Verhalten zu erklären, vorherzusagen und zu kontrollieren.

> „Das Interesse des Behavioristen am Verhalten des Menschen ist mehr
> als bloße Neugier – er möchte die Reaktionen des Menschen kontrol-
> lieren, so wie die Physiker andere Naturgegebenheiten kontrollieren
> und manipulieren möchten. Es ist die Aufgabe der behavioristischen
> Psychologie, menschliches Verhalten vorherzusagen und zu kontrollie-
> ren. Zu diesem Zweck müssen wissenschaftliche Daten mit Hilfe expe-
> rimenteller Methoden zusammengetragen werden. Nur dann kann ein
> erfahrener Behaviorist voraussagen, welche Reaktion auf einen be-
> stimmten Reiz hin eintreten wird, oder kann umgekehrt bei einer be-
> stimmten Reaktion feststellen, welche Situation oder welcher Reiz die-
> ser Reaktion zugrundeliegt." (WATSON 1968, S. 44)

Die von WUNDT entwickelte Methode der Introspektion wird von den
Behavioristen als unwissenschaftlich abgelehnt. Ihre Forschungsmetho-
de ist das *Experiment*, mit dessen Hilfe sie Verhalten unter kontrollier-   **Experiment**
ten Bedingungen messen können. Nur das beobachtbare Verhalten ist
Forschungsgegenstand einer behavioristischen Psychologie, wobei Verhalten als die Verbindung von Reizen und Reaktionen verstanden wird
(vgl. ULICH 1993, S. 93). Nicht direkt beobachtbares Verhalten bzw. in

der Person liegende Ursachen für das Verhalten wie Einstellungen, Stimmungen, Motive, Denken, Gefühle etc. wurden aus dem Bereich der Psychologie verbannt. Den Forschungen lag das S-R-Modell zugrunde, in dem das Individuum als weitgehend passive „Black Box" angesehen wird.

Mensch = Black Box

Abb. 7: Das S-R Modell

S-R Modell

Für ihre Experimente verwendeten die Behavioristen vorwiegend Tiere. Diese sind leichter verfüg- sowie manipulierbar und die Bedingungen und Wirkungen ihres Verhaltens sind leichter überschaubar. Neben den Tierexperimenten gibt es jedoch auch eine Reihe von Forschungen mit Menschen. Eine der wohl bekanntesten Arbeiten von WATSON ist das Experiment mit „Little Albert".

Albert war ein elf Monate alter Junge in einem Krankenhaus, der sich mit einer weißen Ratte angefreundet hatte. Am kleinen Albert wollte nun WATSON beweisen, dass er ihn durch Konditionierung dazu bringen kann, vor dieser weißen Ratte Angst zu haben. Dazu führte WATSON eine *Furchtkonditionierung* durch, indem er jedes Mal, wenn Albert die Ratte gezeigt wurde, direkt hinter seinem Kopf mit einem Hammer auf einen Eisenstab schlug. Das Kind fuhr vor Schreck auf, fiel vornüber und vergrub sein Gesicht im Sofa, begann zu schluchzen oder versuchte weinend wegzukrabbeln. Nach einer gewissen Zeit reichte schon alleine der Anblick der Ratte und Albert begann zu weinen oder wich erschreckt zurück. Solche Reaktionen zeigte Albert jedoch auch bei anderen Stimuli, die ein fellähnliches Äußeres hatten, wie zum Beispiel Kaninchen und Hunde. Anschließend wollte WATSON durch Konditionierung bei Albert wieder eine positive Reaktion auf weiße Ratten erreichen. Dies wird als *Gegenkonditionierung* bezeichnet. Aber unglück-

Konditionierung

Gegen-konditionierung

licherweise wurde der Junge aus dem Krankenhaus entlassen, bevor Watson mit der Gegenkonditionierung beginnen konnte. (vgl. LEFRAN-COIS 1994, S. 20 f.)

Die Behavioristen entwickelten das einflussreichste Forschungsprogramm der Psychologie. In Tausenden von Experimenten wurden Zusammenhänge zwischen unterschiedlichen Reizen und Reaktionen untersucht. Meist standen dabei Fragen zur Optimierung des Lernens und Verhaltens im Mittelpunkt. Zunehmend erwies es sich jedoch als notwendig, die Bedingungen des Lernens über die äußeren, physikalisch definierten Reize hinaus zu erweitern. Entgegen den Forderungen von WATSON waren zur Erklärung von Lernvorgängen und Verhalten auch innere Bedingungen mit einzubeziehen. (vgl. ULICH 1993, S. 96 f.)

Mit der Einführung von vermittelnden Bedingungen (*intervenierenden Variablen*) motivationaler und kognitiver Art entwickelte sich der Behaviorismus zum **Neo-Behaviorismus**. Das S-R Modell menschlichen Verhaltens wurde durch das S-O-R Modell abgelöst. Innerpsychische Vorgänge wie Einstellungen, Motive, Vorwegnahme von Verhalten und Verhaltensfolgen etc. fanden in diesem Modell nun Berücksichtigung.

Intervenierende Variable

Neo-Behaviorismus

Abb. 8: Das S-O-R Modell

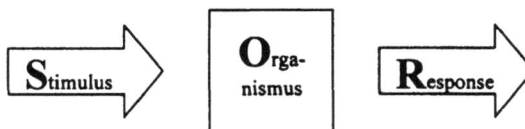

$$\boxed{\textbf{S}\text{timulus}} \Rightarrow \boxed{\begin{array}{c}\textbf{O}\text{rga-}\\ \text{nismus}\end{array}} \boxed{\textbf{R}\text{esponse}} \Rightarrow$$

S-O-R Modell

Das Bewusstsein kehrt jedoch noch nicht in die Psychologie zurück, denn Voraussetzung für die Berücksichtigung innerer Vorgänge ist, dass diese indirekt beobachtbar sind. Der Neobehaviorismus ist weiterhin strikt naturwissenschaftlich orientiert, nicht beobachtbare, rein abstrakte Gegebenheiten finden keine Berücksichtigung. (vgl. LÜCK/RIPPE u. TIMAEUS 1984, S. 37 sowie ULICH 1993, S. 97 f.)

Der heute wohl bekannteste Vertreter dieser Richtung ist Burrhus Fre- **SKINNER**
deric *SKINNER*. Anstatt sich mit unfreiwilligem Verhalten zu befassen,
das automatisch durch einen vorangegangenen Reiz ausgelöst wird, untersuchte er Verhalten, das Organismen freiwillig zeigen und verstärkt
dieses. Unter *Verstärkung* wird ein Reiz bezeichnet, der einer Reaktion **Verstärkung**
folgt und die Wahrscheinlichkeit dieses Verhaltens erhöht. Wird z.B. ein
bestimmtes Verhalten belohnt, so erhöht sich die Wahrscheinlichkeit,
dass dieses Verhalten wieder auftritt. Die Belohnung stellt den Verstärker dar. Die Wahrscheinlichkeit des Auftretens eines Verhaltens kann
aber auch verringert werden. Hat ein Verhalten unangenehme Konsequenzen (Bestrafung) entweder durch Beendigung einer Belohnung o-
der Einsetzen einer Strafe, so wird dieses Verhalten weniger häufig auftreten. Diejenigen Reaktionen, auf welche die Umwelt angenehm reagiert, sind wahrscheinlicher und zeigen eine größere Verhaltenshäufig-
keit als solche, für jene dies nicht zutrifft. Umgekehrt gilt auch, dass die
Reaktionen, auf welche die Umwelt unangenehm reagiert, weniger häufig auftreten. SKINNER nennt diese Art des Konditionierens *operantes* **operantes**
Konditionieren (siehe Kapitel „Lernen"). **Konditionieren**

Berühmt geworden sind auch die Versuchsanordnungen SKINNERs, die
sogenannte *SKINNER-Box* (siehe Kapitel „Lernen"). Es handelt sich **SKINNER-Box**
dabei um eine Apparatur, in der die Auswirkung verschiedener Reize
untersucht werden kann, ohne dass ablenkende Reize, die normaler-
weise in der Umwelt vorhanden sind, stören. Weiters war mit ihr eine
präzise Registrierung und statistische Auswertung des Verhaltens der
Tiere (insbesondere Ratten und Tauben) möglich.

In den 50er Jahren beschäftigte sich SKINNER vor allem mit der Weiterentwicklung seiner Methoden zum programmierten Lernen. Mit Hilfe
des programmierten Unterrichts bzw. entsprechender Lernmaterialien
lassen sich Informationen und Fertigkeiten an Schüler vermitteln, indem
durch eine Folge von Fragen, deren richtige Beantwortung direkt zu einer Belohnung führt, gelernt wird (vgl. ZIMBARDO 1983, S. 40 f.).

Einer der bekanntesten Vertreter des Behaviorismus in Europa – allerdings sehr stark biologisch orientiert - ist Hans Jürgen **EYSENCK**. Unter
anderem wurde von ihm die behavioristisch orientierte *Verhaltensthe-*   **Verhaltens-**
rapie beeinflusst. Dabei wird versucht, die experimentellen Laborergeb-   **therapie**
nisse bezüglich der Aneignung und Löschung von Angstreaktionen auf
die Behandlung von neurotischen Ängsten zu übertragen.

Übungsaufgabe 5

Ein kleines Kind fürchtet sich vor dem Hund seines Onkels. Jedes Mal wenn
dieser nun zu Besuch kommt, erhält das Kind beim Anblick des Hundes eine   *Übungsaufgabe 5*
Schokolade, die es sehr gerne hat. Wie wird sich das Kind nach dem Modell
des klassischen Konditionierens bald in Bezug auf den Hund des Onkels verhalten?

Der Behaviorismus trug wesentlich zur Weiterentwicklung der Psychologie bei. Viele seiner Forschungsergebnisse und wissenschaftlichen Arbeiten gelten heute als psychologisches Grundlagenwissen. Ein weiterer
Verdienst liegt in der Entwicklung einer erfahrungswissenschaftlichen
Methodik für die Psychologie. Dennoch gelang es dem Behaviorismus
nicht, soziale Einstellungen, Motive, Empfindungen, Stimmungen etc.
überzeugend einzubeziehen und zu erklären (vgl. LÜCK/RIPPE u. TI-
MAEUS 1984, S. 37).

1.2.4 Kognitive Psychologie

In den 60er Jahren des 20. Jahrhunderts wurde die Vorherrschaft des
Behaviorismus durch kognitive Theorien zurückgedrängt. In diesen Er-
klärungsmodellen für menschliches Verhalten waren es weder Triebe
oder Instanzen der Person wie bei FREUD, noch äußere Reize wie bei
den Behavioristen, sondern die Gedanken, die unsere Handlungen be-
einflussen *(kognitive Wende)*. Das behavioristische Modell des passiv-   **kognitive Wende**
reagierenden Organismus wich langsam der Auffassung, dass Individuen

selbsttätig Informationen verarbeiten sowie Handlungen planen, ausführen und bewerten können (vgl. NEISSER 1996, S. 13 ff.).

Spätestens in den 80er Jahren übernahm dann die kognitive Psychologie die Führungsrolle. Gründe für das starke Interesse an kognitiven Er-
klärungsmodellen lagen vor allem im Fehlen von Antworten auf kognitive Vorgänge durch den Behaviorismus sowie im Aufkommen der Infor-
mationstheorie und der Computerwissenschaft (vgl. ANDERSON 1996,
S. 9 f.). Der Begriff **Kognition** bezieht sich auf alle Prozesse des Erwerbs,   **Kognition**
der Organisation, der Speicherung und der Anwendung von Wissen
(vgl. NEISSER 1974). Wobei die eigentlichen kognitiven Prozesse im gedanklichen Vorwegnehmen von Folgen, im Einschätzen von Erfolgsaus-
sichten, im Beurteilen der eigenen Fähigkeit in Relation zur gestellten
Aufgabe, im Vergleichen von Ergebnissen mit den gesetzten Zielen, in
der Bewertung von eigenen Fähigkeiten und Leistungen sowie im Ab-
wägen von Wahrscheinlichkeiten bestehen (vgl. ULICH 1993, S. 105).

Um das Verhalten einer Person zu verstehen, genügt es nach der Auffassung kognitiver Psychologie nicht nur ihre objektive, reale Umwelt zu
kennen, es ist auch wichtig, wie diese Person die Umwelt subjektiv
wahrnimmt und welche Motivation, Einstellung etc. sie hat. Mit kogniti-
ven Vorgängen beschäftigten sich in der Frühzeit der Psychologie unter   **Vorläufer der**
kognitiven
anderem bereits die Psychophysik, Wilhelm WUNDT und die Gestalt-   **Psychologie**
psychologie. Kurt LEWIN berücksichtigte im Rahmen seiner Feldtheorie
Erwartungen und Bewertungen von Personen, Leon **FESTINGER** untersuchte die Auswirkungen kognitiver Dissonanz etc.

Die Grundannahme der Theorie der **kognitiven Dissonanz** des LEWIN-   **Kognitive**
Dissonanz
Schülers FESTINGER ist, dass Menschen Inkonsistenzen nicht ertragen
können und versuchen, diese zu eliminieren oder zu reduzieren. Ein Zustand der Dissonanz entsteht, sobald eine Person gleichzeitig zwei kognitive Vorstellungen hat, die inkonsistent sind. Es kann sich dabei um
einzelne Wissenselemente, wahrgenommene Effekte oder Meinungen
und Einstellungen handeln. Es sind jedoch stets dauerhafte und bewusst

wahrgenommene psychische Prozesse (vgl. KROEBER-RIEL u. WEIN-BERG 1996, S.183 f.). Da eine Dissonanz als unangenehm empfunden wird, ist die Person motiviert, diese Dissonanz zu verringern, um eine stärkere Konsonanz zu erreichen. Die Stärke der Dissonanz hängt von der Bedeutung der kognitiven Elemente für die Person ab.

Findet z.B. eine Person P_1 eine zweite Person P_2 sympathisch und ein Objekt O (z.B. Bergwanderungen) unsympathisch, so tritt eine kognitive Dissonanz auf. Um diese zu reduzieren, kann entweder P_1 die Person P_2 davon überzeugen, dass Bergwanderungen nicht besonders sympathisch sind, oder P_1 findet P_2 nicht mehr so sympathisch oder wie hier abgebildet, P_1 entdeckt seine Liebe zu Bergwanderungen.

Abb. 9: Kognitive Dissonanz

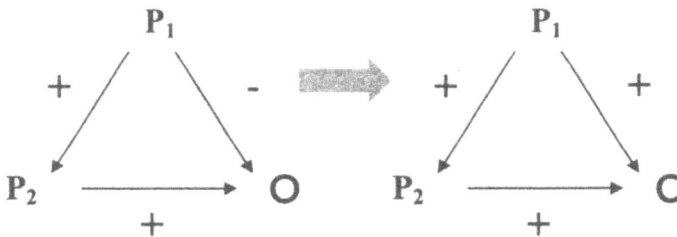

$$P_1 \quad + \diagup \quad - \quad \Longrightarrow \quad + \diagup \quad + \quad P_1$$

$$P_2 \longrightarrow O \qquad P_2 \longrightarrow O$$
$$+ \qquad\qquad\qquad +$$

Die Beziehung P_1-P_2-O lässt sich recht einfach analysieren. Betrachtet man nur die Vorzeichen der drei Relationen und verknüpft diese nach der Regel der Multiplikation so zeigt ein negatives Ergebnis eine Dissonanz und ein positives eine Konsonanz an.

In der kognitiven Psychologie wird der Mensch als informationsverarbeitendes System verstanden. Charakteristisch für diesen Informationsverarbeitungsansatz sind (vgl. FLADE u. KALWITZKI 1985, S. 76 f.):

Informations-verarbeitungs-ansatz

– Die Erregungsmuster auf der Rezeptorenoberfläche werden **kodiert** und in nicht-analoger Form im Gehirn abgebildet.

- Kodierung

– Die Kodierung ist meist mit einem Informationsverlust

verbunden, da nur eine begrenzte Informationsmenge verarbeitet werden kann.

- Die Informationsverarbeitung erfolgt innerhalb eines Systems in mehreren Stufen.

- Kapazität ist begrenzt

- Mehrstufige Verarbeitung

Abb. 10: Modell der Informationsverarbeitung (nach MURCH u. WOODWORTH 1978)

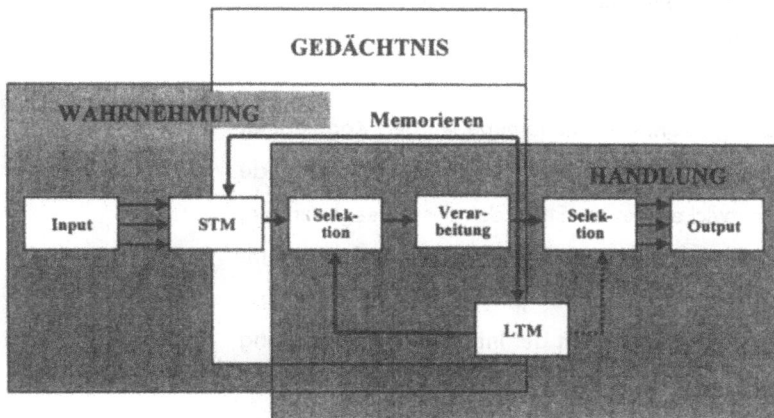

Durch die Überschneidung der verschiedenen Stufen in der obigen Abbildung soll angedeutet werden, dass eine genaue Abgrenzung von Wahrnehmung, Gedächtnis und Handlung nicht möglich ist. Der Verhaltensbegriff wird durch den Handlungsbegriff ersetzt, was darauf hinweist, dass Personen sich auch intentional, zielgerichtet, planvoll, bewusst, regelgeleitet und selbst-reflexiv verhalten (vgl. ULICH 1993, S. 114).

Informationsverarbeitung ist eine Bezeichnung für alle Vorgänge mittels derer Informationen aufgenommen, bearbeitet, abgerufen, verglichen, beurteilt, mit anderen Informationen verknüpft, eingeordnet und interpretiert werden. Ergebnisse dieser Informationsverarbeitung sind Urteile, Entscheidungen, Wissen, Handlungspläne, Problemlösungen, Zieländerungen etc. Die kognitive Psychologie beschäftigt sich mit Fragen des Ablaufes der Informationsverarbeitung, den notwendigen Voraussetzungen und den Verbesserungsmöglichkeiten, wobei eine enge Zusammenarbeit mit anderen Wissenschaften wie z.B. der Informatik, der Neurologie und der Linguistik stattfinden. (vgl. ULICH 1993, S. 108)

Eng mit der Entwicklung des Informationsverarbeitungsansatzes sind die Forschungen zur **künstlichen Intelligenz** verbunden. Dabei werden Computerprogramme entwickelt, die intelligentes menschliches Verhalten simulieren, indem sie Konversation betreiben oder Probleme lösen. (vgl. ANDERSON 1996, S. 10 f.)

künstliche Intelligenz

Mit der Wiederentdeckung kognitiver Phänomene wurden Kognitionen bei der Verhaltenssteuerung intensiver beachtet sowie entsprechende Modelle und Theorien entwickelt. An die Stelle des passiv-reagierenden, sich verhaltenden Organismus trat ein Individuum, das selbsttätig Informationen verarbeiten sowie Handlungen planen, ausführen und bewerten kann. Durch die Beschäftigung mit der Informationsverarbeitung hat die kognitive Psychologie neue und wichtige Fragestellungen erschlossen sowie das psychologische Wissen in verschiedenen Bereichen wie z.B. Lernen, Gedächtnis, Motivation, Wahrnehmung etc. maßgeblich erweitert. (vgl. ANDERSON 1996 u. ULLICH 1993, S. 115)

Verhalten vs. Handeln

Übungsaufgabe 6

Einzelne Zellen besitzen nur zwei Reaktionsarten, entweder reagieren sie auf einen Reiz mit einem Energieimpuls oder sie reagieren nicht. Die Übersetzungsregel wird auch als Code bezeichnet. Wie würden Sie z.B. die Farben Rot, Grün, Blau und Gelb mit einem zweistelligen Binärcode darstellen.

Übungsaufgabe 6

Übungsaufgabe 7

Warum wird in der kognitiven Psychologie der Begriff Handeln dem Begriff Verhalten vorgezogen?

Übungsaufgabe 7

1.2.5 Konstruktivistischer Ansatz

Der Konstruktivismus geht v.a. zurück auf Heinz v. **FOERSTER**, Ernst v. **GLASERSFELD** sowie Paul **WATZLAWICK**. Er wurzelt u.a. in den Theorieansätzen von Jean PIAGET zur Konstruktion der Wirklichkeit bei Kleinkindern wobei konstruktivistische Ansätze weit über PIAGET hinausgehen.

Nach der radikal konstruktivistischen Position stellt der Mensch ein in sich abgeschlossenes „autopoetisches" System dar, das aus sich heraus eine Vorstellung von Wirklichkeit immer nur als interne Wirklichkeit innerhalb des Systems konstruiert. Eine äußere, objektive Wirklichkeit gibt es nach diesem Verständnis nicht. Anders als bei dieser extremen konstruktivistischen Position wird bei den gemäßigten konstruktivistischen Ansätzen davon ausgegangen, dass eine externe Welt zwar existiert, diese aber nicht in einer objektiven Weise wahrgenommen werden kann (vgl. HOLZINGER 2001, S. 146). Sinneswahrnehmungen sind keine objektiven Abbilder der Wirklichkeit, sondern individuelle Konstruktionen. Die eigentliche Wahrnehmung ist das Ergebnis kognitiver Prozesse und findet nicht in den Sinnesorganen statt. Dabei werden nie alle Signale verwendet, sondern durch unsere Aufmerksamkeit stets eine relativ kleine Auswahl, die zudem durch erinnerte Wahrnehmung je nach Bedarf ergänzt wird (vgl. GLASERFELD 1992, S. 22).

autopoetisches System

Wahrnehmung = individuelle Konstruktion

Wissen entsteht nach konstruktivistischer Auffassung durch eine interne subjektive Konstruktion von Ideen und Konzepten und immer in Bezug auf das Vorwissen.

> „Constructivists believe that knowledge is constructed, not transmitted. Individuals make sense of their world and everything with which they come in contact by constructing their own representations or models of their experiences." (JONASSEN u.a. 1999, S. 3)

Wissen wird im Akt der Erkenntnis konstruiert, es existiert nicht unabhängig vom erkennenden Subjekt. Es wird dynamisch generiert und

Wissen wird dynamisch konstruiert

nicht fest gespeichert, wodurch es nicht einfach an andere übermittelt werden kann ohne deren eigene Rekonstruktion (vgl. SCHULMEISTER 1997, s. 74).

Der Sichtweise von Lernen als einen Informationsverarbeitungsprozess wie dies im Kognitivismus der Fall ist wird die Vorstellung von Wissen als individuelle Konstruktion gegenübergestellt. Dabei ist das Vorwissen des Lernenden von entscheidender Bedeutung, da das neue Wissen immer im Bezug darauf konstruiert wird. Beim Lernen spielt die Aktivierung von Vorkenntnissen, ihre Ordnung, Korrektur, Erweiterung, Ausdifferenzierung und Integration eine entscheidende Rolle. Durch Lernen werden individuelle Konstrukte aufgebaut, verknüpft, reorganisiert und modifiziert. Lernen ist die zweckmäßige Modifikation kognitiver Strukturen (vgl. KLIMSA 1993, S. 134).

Lernen als individuelle Konstruktion

Im Gegensatz zum Behaviorismus betonen der Kognitivismus und der Konstruktivismus interne Prozesse. In Abgrenzung zum Kognitivismus lehnt der Konstruktivismus jedoch die Annahme einer objektiven externen Präsentation und deren Wechselwirkung mit dem internen Verarbeitungsprozess ab. Stattdessen wird der individuellen Wahrnehmung, Interpretation und Konstruktion eine wesentlich stärkere Bedeutung eingeräumt (vgl. TULODZIECKI 1996, S. 46).

Behaviorismus Kognitivismus Konstruktivismus

Lösungen zu den Übungsaufgaben

Übungsaufgabe 2

In seiner Definition weist EBBINGHAUS darauf hin, dass es die Psychologie mit Gegenständen der Innenwelt zu tun hat. Diese Innenwelt kann durch Introspektion erschlossen werden. Besonders gut ersichtlich ist diese Vorgehensweise am Beispiel seiner Gedächtnisforschung, die u.a. zur Entwicklung der „Vergessenskurve" führte.

Übungsaufgabe 3

Es entsteht der Eindruck als handele es sich um einen Punkt, der hin und her springt. Wir können uns diesem Eindruck auch nicht entziehen, wenn uns der wirkliche Sachverhalt bewusst ist.

Übungsaufgabe 5

Das kleine Kind wird die Furcht vor dem Hund bald verlieren, da es ihn mit der Schokolade in Verbindung bringt.

Übungsaufgabe 6

Folgende Kodierung wäre möglich:

Grün	00
Rot	01
Blau	10
Gelb	11

Übungsaufgabe 7

Der Begriff Handeln verweist auf ein zielgerichtetes, bewusstes Verhalten. Kognitivistische Theorien gehen davon aus, dass Individuen ihr Verhalten selbst steuern können. Sie sind mit einem Bewusstsein ausgestattet, mit dem sie Situationen wahrnehmen und interpretieren sowie Handlungen planen und bewerten. Individuen sind keine passiv auf Reize reagierenden Organismen, zwischen einem Reiz und einer Reaktion sind kognitive Prozesse wirksam, die das Handeln steuern.

2. Wahrnehmung

2.1 Vorbemerkungen

Um die verschiedenen auf uns einwirkenden Reize wahrzunehmen, besitzt der Mensch unterschiedliche Arten von **Rezeptoren**. Diese nehmen Reize aus der Umwelt auf (Netzhaut – Licht, Schnecke – Geräusche etc.) und wandeln sie in Nervenimpulse um, die dann über neuronale Bahnen an das Gehirn weitergeleitet werden. Wahrnehmung ist jedoch mehr als die Umwandlung physikalischer Energie. Das Wahrgenommene wird von uns gefiltert, strukturiert sowie in unsere bisherigen Erfahrungen integriert und damit auch gedeutet. Nur so ist es möglich, die Vielzahl unterschiedlich auf uns einwirkender Informationen zu verarbeiten und darauf entsprechend zu reagieren.

Rezeptoren

die Umwelt-information wird interpretiert

Schätzungsweise empfängt der Organismus etwa 10^{10} bit/s an Reizen aus der Umwelt. Verarbeitet werden je nach Konzentrationszustand aber lediglich bis zu 10^2 bit/s. Bei der Weiterleitung u.a. an die Muskeln erfolgt wiederum eine Ausweitung der Signale auf bis zu 10^7 bit/s.

Verdichtung und Ausweitung von Information

Sowohl bei der Umwandlung der Umweltreize wie bei der Interpretation des Wahrgenommenen machen wir jedoch Fehler. Auf einige Wahrnehmungsvorgänge und manche dabei gemachten Fehler soll im Folgenden eingegangen werden. Da der Mensch sich sehr stark an den visuellen und akustischen Wahrnehmungen orientiert, werden hier die Aufnahme und Verarbeitung von optischen und akustischen Informationen behandelt.

2.2 Visuelle Wahrnehmung

2.2.1 Visuelle Informationsverarbeitung

Die Umwandlung des Lichts in Nervenimpulse erfolgt durch einen pho-
tochemischen Prozess auf der Netzhaut (Retina). Zwei verschiedene Typen von lichtempfindlichen Zellen (Rezeptoren) sind dafür zuständig, die
Stäbchen und die **Zapfen** (vgl. GOLDSTEIN 1997, S. 40 ff.). Die Zapfen
bringen eine hohe Auflösung und ermöglichen uns das Farbsehen, während die Stäbchen zwar eine geringere Auflösung besitzen, dafür aber
weniger Lichtenergie benötigen. Daraus ergibt sich, dass sie im Allgemeinen für weniger scharfes Schwarz-Weiß-Sehen zuständig sind, wie
wir es zum Beispiel nachts erleben.

Stäbchen und Zapfen wandeln Licht in Nerven-impulse um.

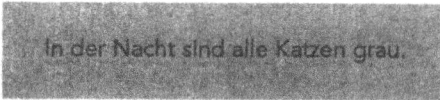

> In der Nacht sind alle Katzen grau.

Eine hohe Dichte an Zapfen befindet sich im **Gelben Fleck (Fovea)**. Fi-
xieren wir ein Objekt, so bewegen wir unsere Augen so, dass das Objekt
auf die Fovea fällt, wodurch wir die Auflösung maximieren.

Gelber Fleck

Abb. 11: Das Auge (aus ANDERSON 1996)

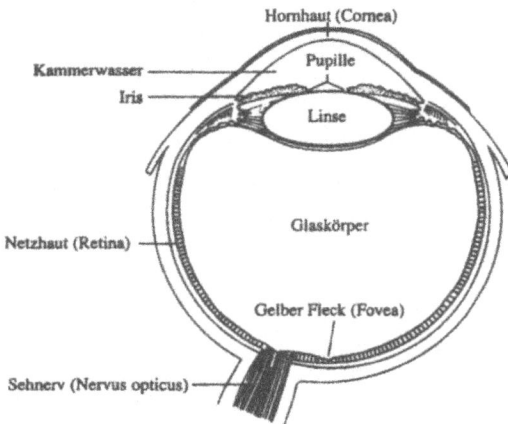

An der Stelle, an der der Sehnerv aus dem Auge austritt, befindet sich
der **blinde Fleck**. Schließen wir ein Auge und führen einen Bleistift vor   **blinder Fleck**
dem offenen Auge vorbei, so verschwindet die Spitze für einen kurzen
Augenblick.

Die Nervenzellen sind untereinander verbunden, dadurch kann eine ein-   **laterale Hem-
zelne aktivierte Zelle nicht nur andere Zellen erregen, sondern auch be-   mung**
nachbarte Zellen in ihrer elektrischen Aktivität hemmen (*laterale Hemmung*).

Abb. 12: HERINGsches Gitter (nach KEBECK 1997, S. 27)

Beim HERINGschen Gitter (auch nach seinem eigentlichen Entdecker oft
HERMANN-Gitter genannt) erscheinen an den Kreuzungspunkten der
weißen Streifen bereits nach kurzer Betrachtung graue Flecken, die
durch die laterale Hemmung von Netzhautzellen entstehen.

Wie in jedem Fotoapparat steht die Abbildung auf der Netzhaut auf
dem Kopf. Wir nehmen das Bild jedoch „richtig" wahr. Das Gehirn leis-
tet diese Umwandlung nach einiger Gewöhnungszeit, auch wenn man
längere Zeit eine sogenannte Umkehrbrille trägt.

Die Nervenimpulse werden über verschiedene neuronale Bahnen zur

Sehrinde im hinteren Teil der Großhirnrinde (**Cortex**) weitergeleitet. Dabei überkreuzen sich die optischen Nerven beider Augen derart, dass
die Nerven der rechten Innenseite beider Augen mit der rechten Gehirnhälfte und die Nerven der linken Innenseite beider Augen mit der
linken Gehirnhälfte verbunden sind. Dies bedeutet, dass die linke Hirnhemisphäre Informationen über den rechten Teil der Welt und die rechte Hirnhemisphäre Informationen über den linken Teil der Welt verarbeitet.

**Großhirnrinde =
Cortex**

Abb. 13: Nervenbahnen vom Auge zum Gehim

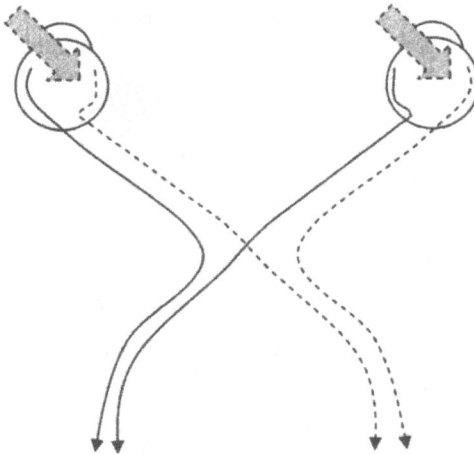

**linke Hirnhemi-
sphäre rechter
Teil der Welt,
rechte Hirnhemi-
sphäre linker Teil
der Welt.**

Übungsaufgabe 8

Tragen Sie in die unten angeführte Zeichnung ein, wie die optische Information
(↑) auf der Netzhaut erscheint. (Siehe „Lösungen zu den Übungsaufgaben")

Übungsaufgabe 8

Abb. 14: Abbildung auf der Netzhaut

Übungsaufgabe 9

Dass man Objekte, deren Abbildung auf den blinden Fleck trifft, tatsächlich   Übungsaufgabe 9

nicht sieht, kann man auch ganz leicht am untenstehenden Beispiel überprüfen.

Schließen Sie ein Auge und blicken mit dem anderen fest auf den Fixierpunkt in

der Mitte. Wenn Sie nun die Entfernung zur Vorlage variieren, verschwindet bei

einem bestimmten Abstand (ca. 20 cm) der schwarze Punkt.

Abb. 15: Versuch zum „Blinden Fleck" (aus KEBECK 1997)

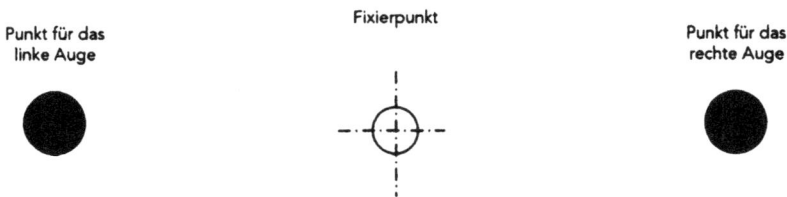

Punkt für das   Fixierpunkt   Punkt für das
linke Auge   rechte Auge

Zum Sehen gehört jedoch mehr, als die Lichtimpulse umzuwandeln und

an das Sehzentrum im Gehirn weiterzuleiten. Das Wahrgenommene wird

mit abgespeicherten Informationen verglichen und interpretiert. Diese   **Interpretation**

Interpretation ist von unseren Vorerfahrungen, aber auch von gewissen   **des Wahrge-**

Gesetzmäßigkeiten der Wahrnehmung abhängig. Dies macht zwar die   **nommenen**

Wahrnehmung unschärfer, doch hilft es auch, uns in einer reizüberflute-

ten Umwelt zurechtzufinden.

2.2.2 Gestaltgesetze und Formwahrnehmung

Bei der Organisation von Objekten zu Einheiten folgen wir bestimmten

Gesetzen. Diese Gesetze werden nach der **Gestalt-Psychologie**, deren   **Gestaltgesetze**

Anhänger sie zuerst formuliert haben, Gestaltgesetze genannt.

Abb. 16: Beispiele für Gestaltgesetze

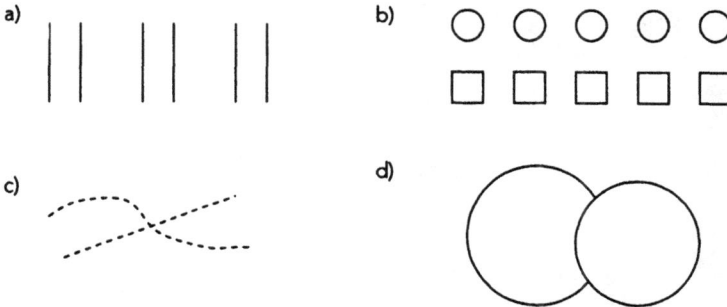

Einige Gestaltgesetze sind in Abbildung 16 dargestellt. Das Gesetz der Nähe (a), das Gesetz der Ähnlichkeit (b), das Gesetz des glatten Verlaufs bzw. der guten Kurve (c) und das Gesetz der Geschlossenheit bzw. der guten Gestalt (d). (vgl. dazu auch GOLDSTEIN 1997, S. 168 ff.)

In Abbildung 17 verlaufen die verschiedenen Linien zwar kreuz und quer, dennoch gliedern wir sie u.a. nach bestimmten Gestaltgesetzen, um so zur Wahrnehmung einer Reihe von einzelnen Objekten zu gelangen.

Abb. 17: Anwendung der Gestaltgesetze

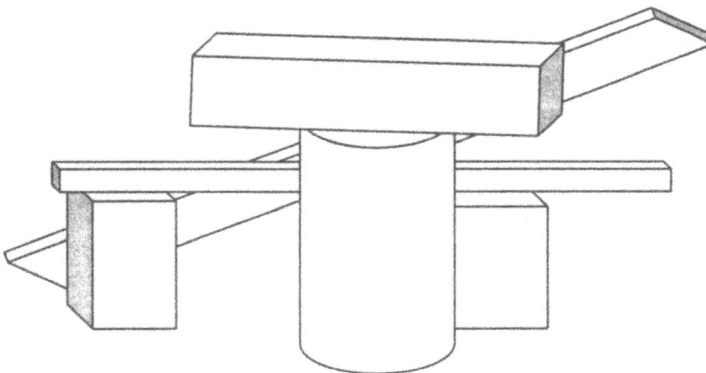

Unser visuelles System besitzt weiters die Fähigkeit, bestimmte Elemente als Figuren aufzufassen und das übrige visuelle Feld als Hintergrund erscheinen zu lassen.

Abb. 18: Figur-Grund

Eher als Figur wahrgenommen werden symmetrische und konvexe Figuren, kleine Flächen, vertikale und horizontale Orientierungen sowie be-
deutungsvolle Gegenstände. Die Unterscheidung von Figur und Grund
lässt zu einem Zeitpunkt jedoch immer nur eine Interpretation zu, etwas
ist entweder Figur oder Grund, nicht aber beides zugleich. Die Fähigkeit
der Figur-Grund-Unterscheidung ist eine grundlegende Voraussetzung
für eine sichere und schnelle Orientierung.

**eher als Figur
wahrgenommen**

Von Hand gezeichnete Figuren oder die Handschriften, die oft sehr unterschiedlich aussehen, können dennoch meist mehr oder weniger problemlos identifiziert werden. Diese Tendenz zur „guten Gestalt" wird als
Prägnanztendenz bezeichnet.

Prägnanztendenz

Abb. 19: Prägnanzeffekt

Figuren, Formen etc. müssen nicht immer gleich oder vollständig sein,
um erkannt zu werden. Auch dies deutet darauf hin, dass Wahrnehmung
ein aktiver Verarbeitungsprozess ist. Besonders deutlich wird dies bei
sogenannten „*Scheinkonturen*".

Scheinkonturen

Abb. 20: Scheinfigur

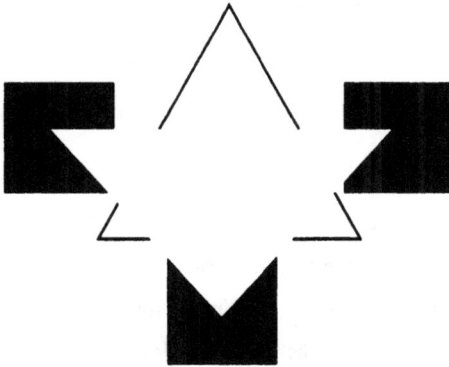

COREN (1972) hat die Wahrnehmung solcher subjektiven Figuren auf spezifische Hinweisreize der Tiefenwahrnehmung (Überlagerung) zurückgeführt. Aussparungen und Unterbrechungen werden als durch die Scheinkontur überlagerte Bereiche der Hintergrundelemente interpretiert, die als in Wirklichkeit geschlossene Formen gedeutet werden. Da die Scheinkontur daher vor den übrigen Elementen liegen muss, wird sie als Figur wahrgenommen. Sie erscheint deshalb auch gegenüber objektiv gleich hellen Umgebungen als heller.

Neben verschiedenen Wahrnehmungsmechanismen wird unsere Wahrnehmung auch durch kulturelle Einflüsse, Erfahrungen etc. gelenkt (vgl. dazu auch ZWIMPFER 1994).

Übungsaufgabe 10

Betrachten Sie die beiden Figuren in Abbildung 21 und ordnen Sie diesen dann die Begriffe „Maluma" und „Takete" zu.

Abb. 21: Zwei Figuren: Maluma und Takete (aus FELSER 1997)

Übungsaufgabe 10

Die meisten Personen nehmen ohne zu überlegen eine spontane Zuordnung vor. Offenbar wird der Laut „Maluma" in Verbindung mit
„weich, sanft, rund" und der Laut „Takete" mit „scharf, hart, eckig" gebracht.

Auch Schriften erzeugen bestimmte Assoziationen wie „verträumt" oder   **Assoziationen bei**
„würdevoll, ernst". Schriften, die früher verwendet wurden, wirken alt   **Schriften**
und bunte Schrifttypen verspielt bzw. wenig ernsthaft. Solche würden
wir sicher nicht in einer Todesanzeige verwenden. Die in diesem Text
verwendete Schrift wiederum wirkt auf uns sachlich und modern. (vgl.
FELSER 1997, S. 287)

2.2.3 Visuelle Mustererkennung

Aufgabe der Mustererkennung ist die Identifizierung von Objekten.
Muster werden als komplexe (d.h. aus mehreren Elementen wie Linien,
Punkten, Winkeln etc. zusammengesetzte) Reize aufgefasst. Typische
Beispiele sind Buchstaben und Ziffern. Beim Menschen ist die Mustererkennung sehr flexibel, wir können Schriften trotz oft relativ starker Ab-   **Erkennen von**
weichung oder unvollständiger Abbildung immer wieder identifi-   **Buchstaben,**
zieren.   **Wörtern und Zif-**
                                                                               fern

Eine Grundannahme der Mustererkennung ist der *Schablonenabgleich*
(template-matching) bzw. die *konzeptgesteuerte Mustererkennung*
(vgl. ANDERSON 1996, S. 45 ff.) Diese Wahrnehmungstheorie beruht   **konzeptgesteu-**
auf der Annahme, dass ein Vergleich des visuellen Reizes mit einem im   **erte Muster-**
Gedächtnis bereits vorhandenen Datenmuster stattfindet. Diese Daten-   **erkennung**
muster stammen aus früheren Wahrnehmungen und stellen Schablonen
für bestimmte Figuren dar. Dabei werden Objekte in ihrem üblichen
Kontext besser bzw. schneller wahrgenommen.

Ein Beispiel für eine konzeptgesteuerte Wahrnehmung ist in der folgenden Abbildung dargestellt. Den Dalmatiner auf dem Foto erkennen viele Versuchspersonen erst dann, wenn sie zuvor informiert werden, dass
ein Hund abgebildet ist.

Abb. 22: Beispiel für eine konzeptgesteuerte Wahrnehmung (aus KEBECK 1997)

**konzeptgeste-
uerte Muster-
erkennung**

Eine weitere Grundannahme in der Wahrnehmungspsychologie ist, dass
die Mustererkennung auf einer *Merkmalsanalyse* beruht (vgl. ANDER-
SON 1996, S. 47 f.). Dies bedeutet, jeder Reiz wird als Kombination e-
lementarer Merkmale angesehen. Beispielsweise wird der Buchstabe A
als Kombination zweier geneigter Striche und eines waagerechten Stri-
ches aufgefasst. Zwar handelt es sich genau genommen hier auch um
Schablonen (Mini-Schablonen), jedoch sind die Merkmale einfacher
strukturiert. Neben den Merkmalen als solche ist auch ihre Beziehung
untereinander von Bedeutung. So sind entscheidende Merkmale des A,
dass sich die beiden geneigten Striche an der Spitze treffen und der
waagerechte Strich die beiden schneidet.

Merkmalsanalyse

In den meisten Wahrnehmungsprozessen scheinen Schablonenabgleich und Merkmalsanalyse simultan abzulaufen und miteinander zu interagieren.

Abb. 23: Merkmalsanalyse und Schablonenabgleich (nach KEBECK 1997)

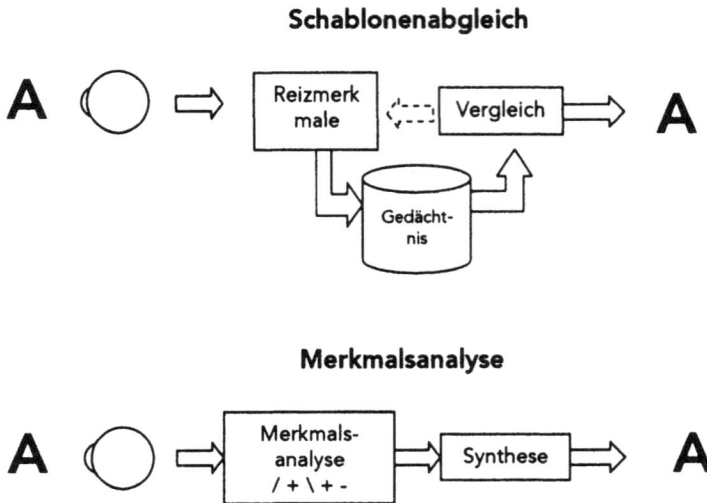

Schablonenabgleich

Merkmalsanalyse

Meist treten Objekte jedoch nicht isoliert, sondern im Kontext auf. So können bei der Buchstabenerkennung Merkmalsinformationen durch den Wortkontext und bei der Worterkennung durch den Satzkontext ergänzt werden. Zux Bexspxel xanx max jexen xrixtex Buxhsxabxn exnex Saxzex duxch xin x erxetxen xnd xan xanx ihx imxer xocx lexen – xenx auxh mxt exwax Müxe (nach LINDSAY u. NORMAN, 1981). Auch beim Erkennen von Gesichtern und Szenen können Merkmalsinformationen durch Kontextinformationen ergänzt werden.

Kontextinformationen

2.2.4 Tiefenwahrnehmung

Um die Umwelt visuell als räumlich wahrzunehmen, obwohl sie sich auf der Netzhaut zweidimensional abbildet, bedient sich das visuelle System

Hinweisreize

sogenannter *Hinweisreize*. So scheinen Gegenstände mit steigender Entfernung vom Betrachter zusammen zu rücken. GIBSON (1973) hat diesen Hinweis als *Texturgradienten* bezeichnet. Obwohl es sich bei der Darstellung in Abbildung 24 um ebene Flächen handelt, führt die Veränderung in der Textur zum Eindruck von Tiefe.

Abb. 24: Beispiele für Perspektive und Texturgradienten

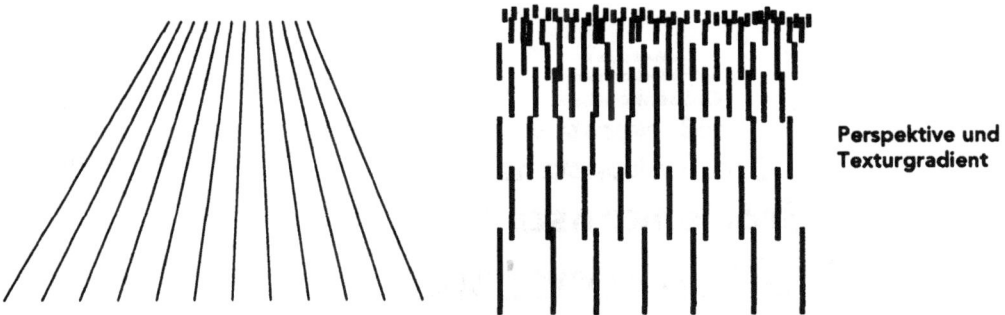

Perspektive und Texturgradient

Ein anderer Hinweisreiz für die räumliche Wahrnehmung ist die *Stereopsie*, die sich auf die Tatsache bezieht, dass beide Augen ein leicht unterschiedliches Bild der Welt erreicht. 3-D-Brillen, die z.B. für dreidimensionale Fernsehsendungen verwendet werden, beruhen auf diesem Prinzip. Sie filtern jedem Auge ein etwas unterschiedliches Bild aus der zweidimensionalen Darbietung am Bildschirm heraus.

Stereopsie

Ein dritter Hinweisreiz ist die sogenannte *Bewegungsparallaxe*. Bewegen wir den Kopf, so bewegen sich nahe Objekte schneller über die Netzhaut als weiter entfernte Objekte.

Bewegungsparallaxe

Weitere Hinweisreize sind z.B. *Überlagerung* (wird ein Objekt teilweise durch ein anderes überlagert, so wird es als dahinterliegend wahrgenommen), die *Helligkeit* von Objekten, *Schatten*, die *Luftperspektive* (weit entfernte Gegenstände verschwimmen zunehmend, sie weisen weniger scharfe Konturen und weniger klare Details auf) und die *gewohnte Größe (Größenkonstanz)*.

Überlagerung

Helligkeit

Schatten

Luftperspektive

gewohnte Größe

Der Mechanismus der Größenkonstanz sorgt dafür, dass wir Objekten
ihre gewohnte Größe zuschreiben. In Abbildung 25 scheinen die unterschiedlich großen Worte „Größenkonstanz" auf einen Fluchtpunkt hin zu
laufen – dies werten wir als Tiefenhinweis. Unterschiedlich große Worte
„Größenkonstanz" auf unserer Netzhaut müssen von unterschiedlichen
Entfernungen stammen.

Abb. 25: Beispiele für den Hinweisreiz „Größenkonstanz"

Größenkonstanz
Größenkonstanz
Größenkonstanz
Größenkonstanz
Größenkonstanz
Größenkonstanz
Größenkonstanz

Größenkonstanz

Der Effekt der Luftperspektive wird durch die in der Luft enthaltenen
Schwebeartikel bedingt, die den Blick durch das Medium Luft bei zu-
nehmender Distanz immer stärker beeinträchtigen und dadurch Objekte
weniger klar erscheinen lassen. Dieser Effekt ist jedoch nicht konstant,
sondern vom Anteil der Schwebeartikel – d.h. der Luftverschmutzung –
abhängig. In Abbildung 26 wird beim ersten Bild der Eindruck erweckt
das dunkle Zentrum sei vorne, beim zweiten Bild erscheint das helle
Zentrum hinten.

Abb. 26: Beispiele für den Hinweisreiz „Luftperspektive"

Luftperspektive

Die Wahrnehmung von Räumlichkeit in einem zweidimensionalen Bild mittels verschiedener Hinweisreize wie Größenkonstanz, Überlagerung, Texturgradient etc. scheint durch Erfahrung bedingt zu sein. Dabei spielen kulturelle Einflüsse, die eine solche individuelle Erfahrung erst ermöglichen, offenbar eine zentrale Rolle. Wie stark unsere Wahrnehmung insbesondere von der kulturell vermittelten Erfahrung abhängt, zeigt eine interkulturelle Studie von HUDSON (1960), die er in Südafrika durchgeführt hat.

Wahrnehmung als kultureller Lernprozess

Abb. 27: Bildvorlage im Experiment von HUDSON (1960)

HUDSON verwendete in seinem Experiment Bildvorlagen, die diverse Hinweisreize für die Tiefenwahrnehmung (Größe der dargestellten Objekte, Überlagerung und Zentralperspektive) beinhalteten (siehe Abbildung 27). Um zwischen zweidimensionaler und räumlicher Interpretation unterscheiden zu können, wurden die Versuchspersonen neben der räumlichen Anordnung der dargestellten Objekte auch nach den dargestellten Handlungen gefragt. Vor allem die mit Abbildungen unvertrauten Mitglieder relativ isoliert lebender Stämme deuteten die Bilder zweidimensional. So gaben sie z.B. an, der Mann in Abbildung 27 richte seinen Speer auf den Elefanten, da dieser ihm näher sei als die Antilope. HUDSON schloss aus den Ergebnissen seiner Untersuchung, dass die Tiefenwahrnehmung von zweidimensionalen Bildern das Ergebnis eines kulturellen Lernprozesses sei.

Aber nicht nur die Fähigkeit zur räumlichen Wahrnehmung von zweidimensionalen Bildern, sondern die Tiefenwahrnehmung als solche ist
wahrscheinlich von kulturellen Lernprozessen abhängig. TURNBULL hat
bei seinen Studien unter den im Urwald lebenden Pygmäen beobachtet,
dass diese z.B. auf offener Fläche einige tausend Meter weit entfernt
grasende Büffel als Insekten interpretierten (vgl. ZIMBARDO 1983, S.
310 f.).

In vielen Situationen hat unser Wissen jedoch keinen Einfluss auf die
Wahrnehmung. Oft bleiben Wahrnehmungstäuschungen auch dann bestehen, wenn wir ihre objektiven Eigenschaften kennen. Wir können
durch unsere Erfahrung die dabei entstehenden subjektiven Eindrücke
nicht korrigieren (siehe Kapitel Wahrnehmungstäuschungen).

2.2.5 Farbwahrnehmung

2.2.5.1 Physiologische Grundlagen

Von den Rezeptoren in der Retina sind nur die Zapfen in der Lage, unterschiedliche Farben zu kodieren. Nachtaktive Tiere, in deren Netzhaut
ausschließlich Stäbchen vorhanden sind, sehen keine Farben. In unserer
Netzhaut befinden sich drei unterschiedliche Arten von Zapfen, α-, β-
und γ-Rezeptoren, die auf unterschiedliche Wellenlängen besonders **unterschiedliche Arten von Zapfen**
stark reagieren. Es handelt sich dabei um die Grundfarben Rot, Grün
und Blau. Die Retina enthält also nicht für jede Farbe entsprechende
Rezeptoren, sondern erfasst diese als Kombinationen verschiedener An-
teile dieser drei Farben. Bei der additiven Farbmischung ist es möglich, **additive Farbmi-schung**
durch die Kombination der drei Primärfarben Rot, Grün und Blau jeden
beliebigen Farbton zu erzeugen.

Schließt man das sichtbare Wellenspektrum zu einem Kreis, so erhält **Farbenkreis, Komplementär-farben**
man den *Farbenkreis*. Die *Komplementärfarben* (z.B. Rot-Grün und

Gelb-Blau) liegen sich im Farbenkreis gegenüber (vgl. dazu FISCHER 1994 sowie HAJOS 1991).

Abb. 28: Spektrum der elektromagnetischen Wellen

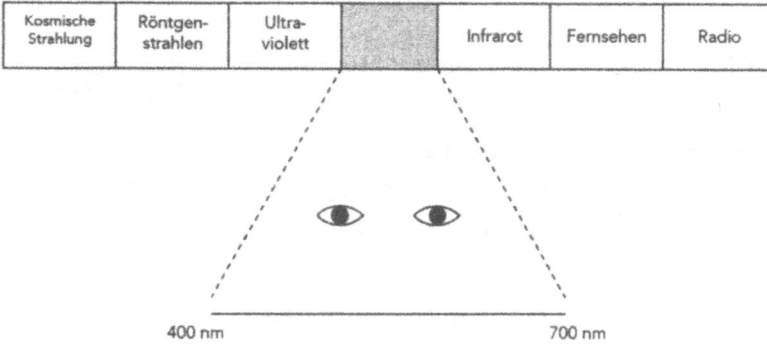

| Kosmische Strahlung | Röntgen-strahlen | Ultra-violett | | Infrarot | Fernsehen | Radio |

400 nm   700 nm

Um verschiedene Empfindungsphänomene erklären zu können, wird angenommen, dass die Informationen der drei Rezeptoren in zwei Komplementärfarbensysteme (Rot-Grün und Gelb-Blau) zusammengefasst werden (vgl. KEBECK 1997, S. 56 f. u. GOLDSTEIN 1997). Zu einem gegebenen Farbton erzeugt unser Auge nach dieser Theorie immer simultan dessen Komplementärfarbe, wenn diese objektiv fehlt. Die Gegenfarbe entsteht durch *laterale Hemmung* erst im Auge des Betrachters.

laterale Hemmung

Blicken wir z.B. auf eine weiße Fläche, die von einer grünen Fläche umgeben ist, so erscheint die innere Region nicht mehr weiß, sondern zeigt einen schwachen Farbton, der der Komplementärfarbe (hier Rot) entspricht. Die Zellen rufen durch *laterale Hemmung* diesen sogenannten *Simultankontrast* hervor. Eine Verschiebung des Gleichgewichts im Rot-Grün System der Region hat den Farbeindruck Rot zur Folge. Bietet man eine Farbfläche jedoch vor komplementärfarbigem Hintergrund, so führt dieser ursprünglich negative Effekt nun zur Erhöhung der Farbwirkung der entsprechenden Fläche.

Simultankontrast = wechselseitiger Einfluss

Verwendung des Simultankontrastes

Übungsaufgabe 11

Zeichnen Sie am Computer nebeneinander vier Quadrate mit den Farben Gelb, Blau, Orange und Grün. Legen Sie darüber nun jeweils einen roten Kreis. Ob-

Übungsaufgabe 11

wohl der Kreis eine einheitliche Farbe besitzt, entstehen deutlich unterschiedliche Rottöne. Die Veränderung des Farbtones kommt durch einen **Simultankontrast** zustande, bei dem die Umgebungsfarben in den Kreis ihre Gegenfarben
induzieren, die sich dann mit dem Rot mischen. Auf dem komplementären Grün
wird der Rotton zur vollen Leuchtkraft gesteigert.

Der sogenannte **Nacheffekt** (Sukzessivkontrast) bei der Farbwahrnehmung entsteht, wenn das Auge für eine längere Zeit einer Farbe ausgesetzt wird. Betrachten wir beispielsweise längere Zeit einen grünen Kreis
und blicken dann auf eine weiße Fläche, so entsteht der Eindruck eines
schwachen roten Kreises. Das Komplementärfarbensystem Rot-Grün ist
nicht mehr im Gleichgewicht. Die Farbe Rot dominiert für kurze Zeit in
der betreffenden Netzhautregion und lässt so einen roten Kreis entstehen, der objektiv nicht existiert.

**Nacheffekt =
Sukzessivkontrast**

Übungsaufgabe 12

Zeichnen Sie am Computer auf einem schwarzen Hintergrund untereinander
drei ca. 12 cm breite und 3 cm hohe Rechtecke in den Farben Weiß, Türkisblau
und Blau. Betrachten Sie nun etwa 30 Sekunden lang diese Rechtecke und blicken Sie anschließend auf einen weißen Hintergrund. Zu welcher Nation gehört
die Flagge, die Sie nun sehen?

Übungsaufgabe 12

weiß
türkisblau
blau

Nicht alle Phänomene in der Farbwahrnehmung lassen sich durch physiologische Mechanismen erklären. Auch hier haben kognitive sowie andere psychologische Prozesse maßgeblichen Einfluss auf die Wahrnehmung.

2.2.5.2 Psychologische Wirkung

Objekte, die einen typischen Farbton aufweisen, werden unter Rückgriff
auf den im Gedächtnis gespeicherten prototypischen Farbton wahrgenommen. **Gedächtnisfarben** führen dazu, dass wir z.B. Tomaten häufig
in einem intensiveren Rot wahrnehmen, als sie tatsächlich sind und dass

Gedächtnisfarben

wir eine Wiese auch noch bei Dämmerung in der Farbe Grün zu sehen glauben.

Übungsaufgabe 13

Zeichnen Sie im folgenden Diagramm ein, wie Sie die beiden Farben Blau und Rot empfinden (empfinden Sie Rot z.B. eher kalt oder eher warm bzw. empfinden Sie Blau eher leicht oder schwer usw.) und verbinden Sie anschließend die Punkte für die Farbe Rot sowie die Punkte für die Farbe Blau miteinander. (Siehe Text und „Lösung zu den Übungsaufgaben")

Übungsaufgabe 13

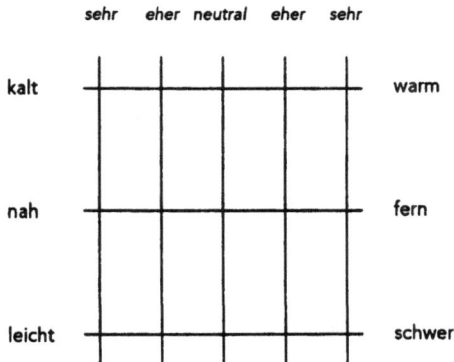

Farben werden nicht nur physikalisch wahrgenommen, sondern haben auf den Betrachter auch eine emotionale Wirkung. So wirken langwellige Farben (z.B. Gelb, Orange, Rot) auf uns eher warm, kurzwellige (z.B. Blau, Grün-Blau, Blauviolett) eher kühl. Die warme bzw. kalte emotionale Wirkung von Farben hängt mit der Erfahrung zusammen und lässt sich dadurch erklären, dass mit Rot, Gelb und Orange Feuer und Sonne assoziiert wird sowie Wasser, Eis und Schnee mit der Farbe Blau in Verbindung gebracht werden, ebenso erscheinen auch die Schatten des Sonnenlichts blau. In kalten Ländern, wo man sich nach Wärme sehnt, hat Rot eine positive Bedeutung, in Russland z.B. ist Rot gleichbedeutend mit „wertvoll" und „schön". Die „rote Ecke" war der Ehrenplatz für die Ikonen. Mit warmen Farben werden auch Gemütlichkeit, Geborgenheit und Zuneigung verbunden, mit kalten Farben Frische und Sauberkeit. (vgl. EDELMANN 1993, S. 114 sowie HELLER 1998)

**warme Farben,
kalte Farben**

Farben können auch die Illusion von Perspektive und somit von Raum   **perspektivische**
schaffen. Eine Farbe wirkt umso näher, je wärmer sie ist und umso ent-   **Wirkung von Far-**
                                                                            ben
fernter, je kälter sie ist. Weiters wirken intensive Farben näher als blasse
Farben (vgl. ZWIMPFER 1994).

Übungsaufgabe 14

Zeichnen Sie am Computer ein großes blaues Quadrat und legen Sie darüber
ein kleineres grünes Quadrat. Darüber dann ein noch kleineres rotes Quadrat.   *Übungsaufgabe 14*
Daneben zeichnen Sie genau dieselben Quadrate nur mit umgekehrter Farbrei-
henfolge. Beobachten Sie nun die Nah- und Fernwirkung der beiden Bilder.

Wir verbinden Farben mit Entfernungen, weil sich diese durch Entfernungen verändern. Je weiter ein Gegenstand entfernt ist, desto blasser
und bläulicher wirkt er, da er von mehr Luftschichten überdeckt wird.
Deshalb wirken kräftige Farben näher als blasse und blaue Objekte
scheinen weiter entfernt zu sein als rötliche.

In einem Betrieb der Elektroindustrie beschwerten sich einige Frauen
über das Gewicht der schwarzen Kisten, die sie tragen mussten. Der Ar-
beitgeber wurde gebeten, kleinere Kisten zu beschaffen. Die Kisten   **schwere Farben,**
                                                                            leichte Farben
wurden jedoch lediglich hell angestrichen, was die Frauen nicht bemerk-
ten (vgl. VILMAR u. KIßLER, 1982, S. 204). Gleiche Gegenstände wirken
in unterschiedlichen Farben verschieden schwer. Objekte in hellen Farben erscheinen uns leichter als Objekte in dunklen Farben.

Farben lösen in uns oft unbewusste Reaktionen aus. Dies ist die Folge
von Erfahrungen, die wir verinnerlicht haben. Neben Wärme und Kühle,
Nähe und Ferne sowie Leichtigkeit und Schwere haben Farben noch
weitere psychologische Wirkungen. (vgl. HELLER 1998 sowie FRIELING
1980)

HELLER (1998) hat mittels einer Umfrage bei beinahe 1.900 Frauen und
Männern aller Altersgruppen die Wirkung von Farben untersucht. Die
drei beliebtesten Farben sowohl bei Männern wie bei Frauen sind Blau

(36% Frauen und 40% Männer), Rot (20% Frauen und Männer) sowie Grün (12% Frauen und Männer). Die drei unbeliebtesten Farben sind bei Frauen Braun mit 29%, Orange mit 14% sowie Violett mit 10% Ablehnung und bei Männern Braun mit 24% sowie Violett und Rosa mit jeweils 12% Ablehnung.

Die Zuordnung von Farben zu Begriffen aus verschiedensten Gefühls- und Erfahrungsbereichen brachte u.a. folgende Ergebnisse (vgl. HELLER 1998):

Zuordnung von Farben

Rot

Die Liebe (90%), die Erotik (44%), die Leidenschaft (61%), Wut/Zorn (60%), Aggressivität (58%), die Sexualität (53%), die Hitze (51%), die Gefahr (48%), die Energie (44%), die Begierde (39%), das Verbotene (37%), das Verführerische (37%), die Nähe (33%), die Aktivität (32%).

Blau

Die Ferne (65%), die Kühle (51%), das Vertrauen (44%), das Männliche (43%), die Sportlichkeit (40%), die Harmonie (34%), die Sympathie (32%), die Treue (31%).

Grün

Das Giftige (68%), die Erholung (63%), die Hoffnung (59%), das Beruhigende (56%), das Natürliche (53%), das Saure (50%), die Lebendigkeit (42%), das Herbe (41%), das Gesunde (34%), die Jugend (33%), die Ruhe (32%).

Gelb

Die Eifersucht (54%), der Neid (53%), das Saure (50%), der Geiz (34%), die Verlogenheit (31%).

Braun

Die Faulheit (48%), das Altmodische (45%), die Gemütlichkeit (44%), das Biedere (39%), das Spießige (37%), das Aromatische (36%), das Mittelmäßige (31%), das Angepasste (31%), das Unsympathische (31%).

Schwarz

Das Böse (69%), die Magie (62%), die Macht (56%), das Schwere (53%), die Brutalität (47%), das Harte (51%), die Leere (44%), das Konservative (43%), der Lärm (32%), das Verbotene (32%).

Weiß

Die Reinheit (88%), die Unschuld (86%), die Neutralität (63%), die Wahrheit (48%), das Gute (47%), die Ehrlichkeit (45%), das Leichte (42%), das Salzige (41%), die Frömmigkeit (37%), das Zarte (36%), das Neue (35%), die Funktionalität (34%), das Leise (32%), die Sachlichkeit (32%).

Silber

Die Schnelligkeit (39%).

Gold

Das Teure (66%), die Pracht (58%), die Angeberei (37%).

Offenbar haben Farben häufig recht unterschiedliche Bedeutungen, zum Teil sogar sich scheinbar widersprechende, wie z.B. Liebe und Wut/Zorn bei Rot oder das Giftige und das Lebendige bei Grün. Auch verbinden wir mit jedem Gefühl in der Regel mehrere Farben, entscheidend ist der Kontext, in dem wir eine Farbe wahrnehmen (vgl. HELLER 1998, S. 13 ff.). Grüne Früchte wirken unreif (so z.B. auch der Grünschnabel!), ins Grüne fahren verbinden wir hingegen mit einem angenehmen Gefühl. Blau passt gut zu Frischem und Kühlem, bei Nahrungsmitteln ruft diese Farbe jedoch Abneigung hervor.

die Bedeutungen widersprechen sich teilweise

Auch bei einer *kreativen Farbgestaltung* gilt es einige Grundregeln zu beachten. Damit eine ungewöhnliche Farbgestaltung akzeptiert wird, muss sie *verständnisgerecht*, *materialgerecht* sowie *verbrauchsgerecht* sein. (vgl. HELLER 1998, S. 42 f.)

kreative Farbgestaltung: verständnis-, material- und verbrauchsgerecht

Verschiedene Farben haben in bestimmten Zusammenhängen eine ver-
innerlichte Bedeutung. So bedeutet bei Wasserhähnen ein rotes Symbol
Warmwasser und ein blaues Symbol Kaltwasser und bei Signaleinrich-
tungen hat ein rotes Licht eine Stop- oder Warnfunktion. Hier neue Farben einführen zu wollen, würde zu Verwirrung bzw. Missverständnissen
führen und sicher nicht als kreative Farbgestaltung angesehen werden.

**verständnisge-
rechte Farbge-
bung**

Je vertrauter für uns die Farbe eines Produktes ist, desto natürlicher und
materialgerechter wirkt diese. Ein grüner Pullover wirkt natürlich, auch
wenn es sich dabei um grün gefärbte Wolle handelt. Ebenso wirkt ein
grüner Lodenmantel natürlich, obwohl es auch keinen grünen Loden
gibt. Grün gefärbte Haare wirken jedoch künstlich und fallen auf. Je un-
üblicher eine Farbe für ein bestimmtes Produkt ist, desto künstlicher
wirkt sie und umso mehr fällt sie auf. Bei Modeartikeln oder in der Werbung (Lila Kuh) wird dies oft bewusst eingesetzt.

**materialgerechte
Farbgestaltung**

Ungewöhnliche Farben werden bei

- 	*billigen* Produkten,
- 	*kurzlebigen* Produkten sowie
- 	bei Produkten *ohne persönlichen Bezug*

eher akzeptiert. Die Farbe des neuen Autos ist wichtiger, als die Farbe
des Einwegfeuerzeuges.

**verbrauchsge-
rechte Farbge-
staltung**

Mit der Beziehung zwischen Farben und Formen hat sich der Maler
Wassily KANDINSKY besonders auseinandergesetzt (vgl. 1955). Seiner
Theorie zufolge korrespondieren Farben mit bestimmten Formen, das
bedeutet, Farben werden durch bestimmte Formen in ihrer Wirkung
verstärkt oder abgeschwächt. Zur Untermauerung dieser These ließ er
seine Studenten am Bauhaus die drei geometrischen Grundformen
Dreieck, Quadrat und Kreis mit der ihrer Meinung nach passenden
Grundfarbe füllen. Die weitaus größte Zahl der Studenten ordnete dem
Dreieck das Gelb, dem Quadrat das Rot sowie dem Kreis die blaue Farbe zu und bestätigte damit KANDINSKYs Theorie der Wesensverwandt-
schaft von Farbe und Form.

2.2.6 Einflussfaktoren in der sozialen Wahrnehmung

Neben den Gestaltgesetzen, den Hinweisreizen zur Tiefenwahrnehmung etc. wird unsere Wahrnehmung noch von einer Reihe anderer Faktoren beeinflusst. Insbesondere gilt dies für die soziale Wahrnehmung. Wir interpretieren das Gesehene auf der Grundlage unseres Vorwissens sowie gefärbt durch unsere persönlichen und kulturellen Wertvorstellungen, Einstellungen und Interessen.

Vorwissen, Wertvorstellung, Interesse

Zwei gravierende Beurteilungsfehler in der Wahrnehmung, die unbewusst auftreten, sind der *Haloeffekt* (Hofeffekt) und die Stereotypie. Der Haloeffekt ist die Tendenz, eine liebenswürdige oder intelligente Person auch in anderer Hinsicht positiv zu bewerten oder z.B. einer sich distanziert verhaltenden Person, negative Eigenschaften zuzuschreiben. Dies gilt auch für andere Sachverhalte wie z.B. das tragen von gepflegter Kleidung oder bestimmter Statussymbole. Männern mit Rolex-Uhren oder BMW-Fahrern werden oft bestimmte Eigenschaften zugeschrieben. In alten Western konnten z.B. die „bad guys" recht einfach an ihren schwarzen Hüten erkannt werden, John Wyhne trug selbstverständlich einen hellen Hut. *Stereotypen* sind vorgefasste Meinungen, welche Eigenschaften bestimmte Gruppen von Menschen (z.B. Serben, Politiker, Frauen etc.) besitzen. (vgl. ZIMBARDO 1983, S. 429 ff.)

Haloeffekt

Stereotypen

Weiters gibt es auch angeborene Wahrnehmungsbeeinflussungen. Kindliche Formen wie ein rundes großes Gesicht mit großen Augen, kurze Extremitäten (*Kindchenschema*) wirken als emotionaler Schlüsselreiz und sprechen den Pflegeinstinkt an, wobei wir spontan freundliche und liebevolle Gefühle empfinden. Die Spielzeugindustrie hat sich das Kindchenschema bei Puppen und Plüschtieren zu Nutze gemacht, wobei verschiedene Einzelmerkmale des Kindchenschemas vielfach stark übertrieben werden. Auch in der Werbung werden oft Kinder mit großen dunklen Augen sowie kleine Tiere als Aktivierungstechnik eingesetzt bzw. mit den beworbenen Produkten in Verbindung gebracht.

Kindchenschema

2.2.7 Wahrnehmungstäuschungen

Oft gibt es Situationen, in denen unser Wissen keinen Einfluss auf die Wahrnehmung ausübt. Viele Figuren sehen phänomenal subjektiv ganz anders aus als es den objektiven Gegebenheiten entspricht. Die Wahrnehmungstäuschung, also die Abweichung der subjektiven von den objektiven Verhältnissen, bleibt hier auch dann bestehen, wenn wir die „wirklichen" Eigenschaften der Vorlagefigur kennen. Einige dieser Wahrnehmungstäuschungen sollen im Folgenden unter der Berücksichtigung ihrer möglichen bzw. vermuteten Ursachen dargestellt werden.

Manche dreidimensionalen Konstruktionen sind zwar auf dem Papier möglich, nicht jedoch in der Realität. Dennoch lassen wir uns davon immer wieder täuschen und versuchen diese Phantasiekonstruktionen als reale Gegenstände zu interpretieren.

Abb. 29: Imaginäre Treppe

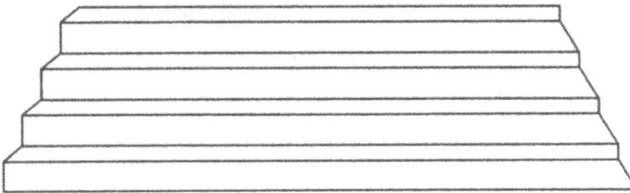

Die Täuschungsphänomene können unter anderem erklärt werden durch

- *Halluzinationen*,
- *physiologische Ursachen*,
- *funktionale Korrekturmechanismen* sowie
- *Assimilations- und Kontrasteffekte*.

Visuelle *Halluzinationen* entstehen durch Medikamente, Krankheit, Übermüdung oder *sensorische Deprivation*. Der künstliche Entzug von sensorischen Reizströmen (sensorische Deprivation), die dem Menschen

Halluzinationen

sensorische Deprivation

sonst stetig zufließen, führt neben dem Verlust des Zeitgefühls, der Einschränkung der Denkfähigkeit etc. auch zu Halluzinationen. Die sensorische Deprivation wird oft als modernes Folterinstrument eingesetzt.

Zu den *physiologisch begründeten* Täuschungen zählen die laterale
Hemmung (Simultankontrast) bzw. der Nacheffekt (Sukzessivkontrast).

**physiologische
Ursachen**

Abb. 30: Simultankontrast

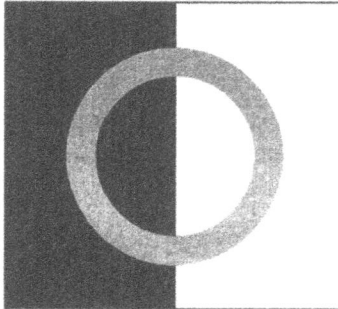

Legt man einen Bleistift auf die Grenze zwischen dem schwarzen und
weißen Rechteck, so erscheint die linke Hälfte des grauen Ringes heller
als die rechte. Dieser Effekt, dem wir ständig unterliegen, sodass er gar
nicht mehr als Täuschung betrachtet wird, hilft uns Flächen stärker voneinander abzugrenzen.

Ebenfalls auf die laterale Hemmung kann die Überschätzung von Winkeln zurückgeführt werden (vgl. KEBECK 1997, S. 146 f.). Bei einem spit-
zen Winkel wird die Netzhautregion innerhalb des Winkels stärker gehemmt als die äußere, wodurch der Eindruck eines größeren Winkels
entsteht. So erscheinen bei der POGGENDORFF-Täuschung die beiden
schrägen Linien gegeneinander versetzt. Durch Auflegen eines Lineals
kann aber leicht festgestellt werden, dass es sich um zwei Teile einer
unterbrochenen geraden Linie handelt. Wir haben jedoch subjektiv den
Eindruck, das rechte Teilstück sei zu hoch, um als Verlängerung der Linie
links unten gesehen werden zu können.

**Überschätzung
von Winkeln**

Abb. 31: POGGENDORFF-Täuschung bei amodalen Konturen (nach KEBECK 1997)

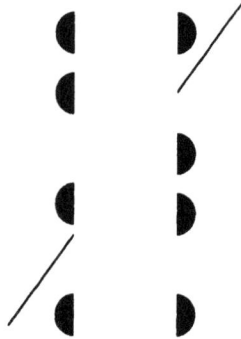

Ein weiteres Beispiel für die durch laterale Hemmung erklärbare Verzerrung der Winkel ist die ZÖLLNERsche Täuschung. Bei diesen Figuren treten „verbogene" Linien auf, die durch Überschneidung mit anderen Linienelementen bzw. durch die dabei entstehenden Winkel verursacht werden.

Abb. 32: ZÖLLNERsche Täuschung

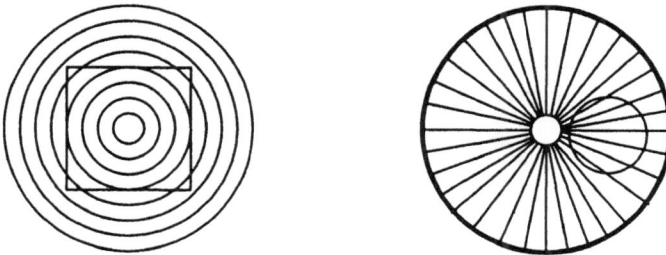

Korrekturmechanismen helfen uns bei reduzierten Informationen, die Realität als adäquat wahrzunehmen und sind daher funktional. So fehlt uns bei Bildvorlagen zwar die räumliche Tiefe, dennoch nehmen wir diese durch diverse Hinweisreize dreidimensional wahr. Die Hinweisreize können jedoch bei entsprechend gestalteten Vorlagen auch zu Täuschungen führen.

Korrekturmechanismen

Abb. 33: PONZO-Täuschung (welcher Balken ist länger?)

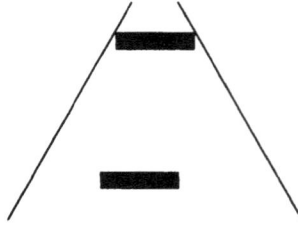

Die **Assimilations-** und **Kontrasteffekte** bewirken, dass tatsächlich bestehende Unterschiede zwischen einzelnen Elementen in einer Figur entweder übersehen oder überbewertet werden. Die MÜLLER-LYER-Täuschung wird z.B. damit erklärt, dass die Pfeilspitzen an den Enden der Linien in die Schätzung der Streckenlängen einbezogen werden.

Assimilations- und Kontrasteffekte

Abb. 34: MÜLLER-LYER-Täuschung

Als **_Quantitätskontrast_** wird das Größenverhältnis von Flächen bezeichnet. Objekte verschiedener Größe beeinflussen sich gegenseitig wie dies in Abbildung 35 der Fall ist. Trotz gleichem Durchmesser erscheint der linke innere Kreis kleiner als der rechte.

Quantitäts-kontrast

Abb. 35: Quantitätskontrast (Welcher innere Kreis ist größer?)

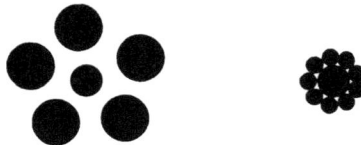

Vertikale Linien erscheinen uns länger als horizontale, auch ist unser
Sichtfeld in der horizontalen Dimension viel weiter ausgeprägt als in der
vertikalen. Dies kann dadurch erklärt werden, dass sich Menschen von
Anfang an auf horizontaler Ebene bewegt haben und sich daher die Op-
tik vorwiegend in die Breite orientiert hat, denn die Gefahrenzone lag
hauptsächlich seitlich. Bei Vögeln und Fischen besteht keine Differenzierung zwischen der Horizontalen und Vertikalen. (vgl. FRUTIGER 1998, S.
25)

**vertikale Linien
wirken länger**

Abb. 36: Horizontal-Vertikal-Täuschung

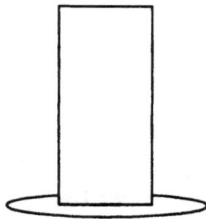

Übungsaufgabe 15

Welche Wahrnehmungstäuschungen sind in Abbildung 37 enthalten?
(Siehe „Lösungen zu den Übungsaufgaben")

Übungsaufgabe 15

Abb. 37: Wahrnehmungstäuschungen (nach GILLAM 1986)

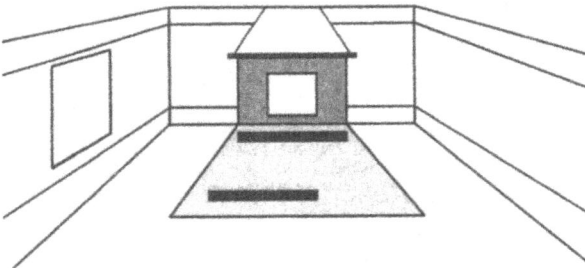

Auch im Bereich der Bewegungswahrnehmung finden wir eine Reihe
von Täuschungen. Leuchten z.B. zwei Lichtquellen kurzzeitig nacheinander auf, so nehmen wir nicht zwei sukzessiv aufleuchtende statische Lich-

ter wahr, sondern einen sich bewegenden Lichtpunkt. Diese Scheinbewegung wurde vom Gestaltpsychologen WERTHEIMER *Phi-Phänomen*
genannt und findet heute in Kino und Fernsehen Verwendung.

Phi-Phänomen

Eine andere Art von Scheinbewegung kennen wir z.B. von Zugreisen.
Oft waren wir schon enttäuscht, wenn wir glaubten unser Zug fährt ab,
jedoch ein anderer Zug am Nachbargleis gerade den Bahnhof verlässt.
Hier handelt es sich um eine sogenannte *induzierte Bewegung*. Geringe Richtungsänderungen innerhalb unseres Gesichtsfeldes können wir
nur schwer feststellen, deshalb kann es bei langsamen Relativbewegun-
gen zu Verwechslungen kommen.

**induzierte Bewe-
gung**

Auch beim *autokinetischen Phänomen* handelt es sich um eine Scheinbewegung. Blicken wir in einem abgedunkelten Raum längere Zeit auf
einen hellen Punkt, so scheint dieser Punkt sich mit der Zeit zu bewegen. Erklärt wird dieses Phänomen durch das Fehlen eines Bezugsrah-
mens, woran sich die ständig bewegenden Augen orientieren können.

**autokinetisches
Phänomen**

Oft haben wir bei einem Western den Eindruck, die Speichenräder der
Postkutsche bewegen sich rückwärts. Hervorgerufen wird diese Täuschung durch eine falsche Korrespondenz. Bewegt sich eine Speiche
zwischen zwei Bildern im Film relativ weit und befindet sich eine nachfolgende Speiche im zweiten Bild kurz vor der zuvor beobachteten Speiche, so folgern wir, die Speiche hat sich langsam in die entgegengesetz-
te Richtung bewegt.

Wagenradeffekt

Abb. 38: Der Wagenradeffekt

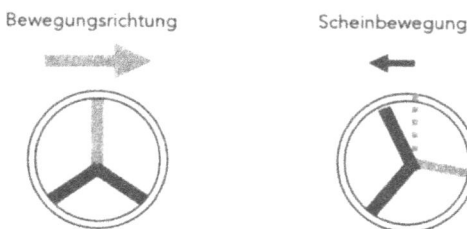

Bewegungsrichtung   Scheinbewegung

2.3 Auditive Wahrnehmung

2.3.1 Physikalische Grundlagen

Anders als die elektromagnetischen Wellen des Lichtes benötigt der Schall ein Medium (physikalischen Träger) für seine Ausbreitung, üblicherweise handelt es sich dabei um Luft. Ein Geräusch entsteht durch die Erzeugung von Druckwellen (Luftdruckänderungen), wobei die Luftteilchen eine der Schallquellenbewegung analoge Hin- und Herbewegung ausführen. Schallwellen breiten sich in Luft mit einer Geschwindigkeit von ca. 340 m/s aus; zum Vergleich: im Wasser beträgt die Schallgeschwindigkeit etwa 1500 m/s.

Schall benötigt ein Medium

Abb. 39: Schematische Darstellung von Schallschwingungen (aus HAJOS 1991)

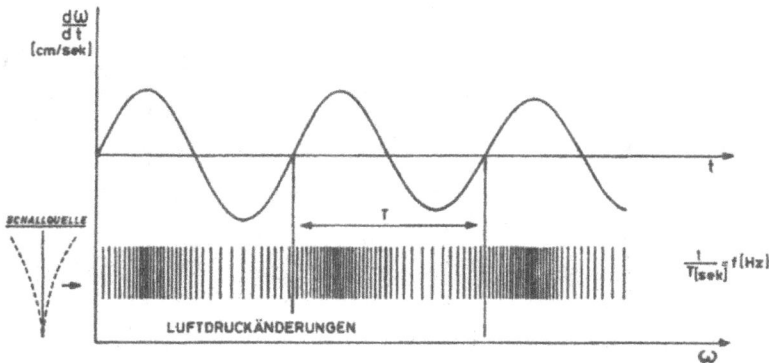

Der Unterschied zwischen dem unverdichteten Ausgangszustand und dem Zustand der maximalen Verdichtung wird als *Amplitude* der Schallwelle bzw. als *Schalldruck* bezeichnet und entspricht der *Lautstärke* des Schallereignisses. Je höher die Amplitude, desto größer der Schalldruck und um so lauter das Geräusch. Der Schalldruck und damit die Lautstärke nehmen mit der Entfernung von der Schallquelle ab.

Amplitude = Lautstärke

Das zweite wichtige Merkmal des Schalls ist die *Frequenz (f)*. Dabei handelt es sich um die Anzahl der Schwingungen pro Sekunde, ihre

Frequenz = Tonhöhe

Maßeinheit ist das Hertz (1 Hertz (Hz) = 1 Schwingung pro Sekunde). Die
Frequenz ist der reziproke Wert der **Periodendauer** *T*, der Zeit, die ein
Teilchen für die volle Schwingung benötigt. Höhere Frequenzen werden
auf dem Schallweg stärker absorbiert, weshalb z.B. ein naher Donner im
ganzen Frequenzspektrum kracht und ein ferner nur noch tief grollt.

Periodendauer

Die meisten Geräusche bzw. Töne bestehen aus sehr komplexen
Schallwellen. Alle Schallarten lassen sich jedoch als Summe von sinus-
förmigen Schwingungen darstellen (**FOURIER-Transformation**).

**FOURIER-
Transformation**

Übungsaufgabe 16

Stellen Sie am Computer folgende Funktion dar:

$$Y = \sin x + \frac{1}{3}\sin(3x) + \frac{1}{5}\sin(5x) + \frac{1}{7}\sin(7x)$$

Welche Kurvenform wird durch die Aufsummierung dieser vier Sinuskurven erzeugt? (Siehe „Lösungen zu den Übungsaufgaben")

Übungsaufgabe 16

Die relativ geringe Ausbreitungsgeschwindigkeit des Schalls ermöglicht
es uns, den sogenannten **DOPPLER-Effekt** direkt wahrzunehmen. Nä-
hert sich z.B. ein pfeifender Zug oder ein hupendes Auto, so erscheint
uns der Ton höher und bewegt sich das Fahrzeug wieder fort, tiefer als
es der erzeugten Frequenz entspricht. Die Schwingungen werden beim
Näherkommen komprimiert und beim Entfernen gedehnt.

DOPPLER-Effekt

2.3.2 Auditive Informationsverarbeitung

Die Sinnesorgane für auditive Reize sind die Ohren. Das Ohr wird in drei
Hauptabschnitte geteilt, das Außenohr (Ohrmuschel und Gehörgang),
das Mittelohr (Trommelfell mit den Gehörknöchelchen Hammer, Amboss und Steigbügel) sowie das Innenohr (ovales Fenster, Schnecke und
rundes Fenster). Schallwellen werden durch die Ohrmuschel eingefan-

gen und an den Gehörgang weitergeleitet. Das **Trommelfell** am Ende des Gehörganges wird in Schwingung versetzt und gibt diese Schwingungen über die drei **Gehörknöchelchen** an das **ovale Fenster** und von dort an die **Schnecke** weiter, wo die Umsetzung der mechanischen Schwingung in Nervenimpulse stattfindet. (vgl. GOLDSTEIN 1997, S. 320 ff.)

Trommelfell

Gehör-knöchelchen, ovales Fenster, Schnecke

Abb. 40: Schematische Darstellung des Ohrs (aus KEBECK 1997)

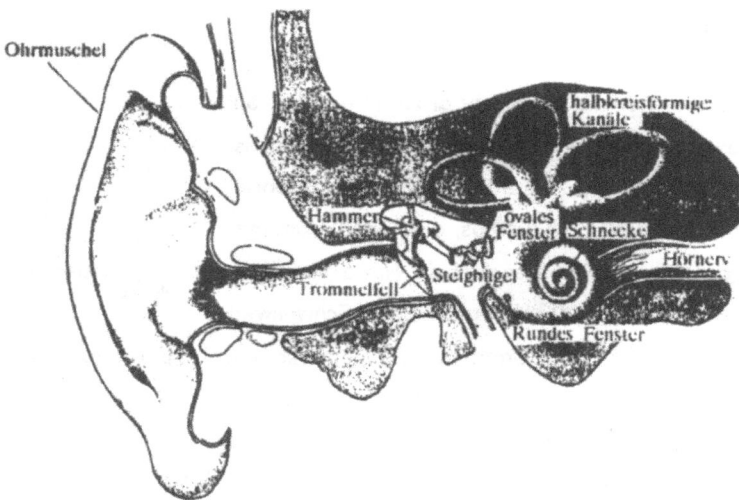

Die mechanische Weiterleitung der Schallschwingungen durch die Gehörknöchelchen hat vor allem zwei Funktionen: Zum einen werden die Schwingungen um etwa das 30fache verstärkt; zum anderen sind die Gehörknöchelchen durch die Veränderung ihrer Anordnung in der Lage, sehr große Schalldrücke abzufangen und ihre Wirkung auf das ovale Fenster stark zu reduzieren (vgl. KEBECK 1997, S. 90).

Wird das ovale Fenster in Schwingung versetzt, so führt dies zu einer Bewegung der Flüssigkeit in der Schnecke, wobei die Membran des runden Fensters für einen Druckausgleich sorgt. Als Rezeptoren dienen **Haarzellen**, die die mechanischen Bewegungen in elektrische Impulse umwandeln und über den Hörnerv an die auditiven Regionen des Cortex weiterleiten.

Rezeptoren = Haarzellen

Bietet man dem Ohr hintereinander einen kurzen Ton und verringert die Pausen, so nehmen wir ab einem bestimmten Zeitpunkt einen durchgehenden Ton wahr. Das Ohr benötigt eine sogenannte *Einschwingzeit* von etwa 0,25 Millisekunden ab der erst Unterschiede festgestellt werden können (vgl. WEBERS 1989, S. 114).

Einschwingzeit

2.3.3 Lautstärke und Tonhöhe

Das menschliche Ohr reagiert innerhalb eines sehr großen Bereiches auf Schalldruck. Das Verhältnis zwischen dem niedrigsten und dem höchsten registrierbaren Druck beträgt etwa 1 : 5 000 000. Das Zustandekommen eines Gehöreindruckes setzt u.a. voraus, dass ein bestimmter *Mindestschalldruck* auf das Ohr einwirkt, bei dem die Haarzellen überhaupt erst eine Reizung erfahren. Bei 1000 Hz wurde dieser Schwellwert bei einem Schalldruck von etwa $2 \cdot 10^{-4}$ *µbar* ermittelt. Ab einer bestimmten Lautstärke empfinden wir diese als schmerzhaft. Das kommt dadurch zu Stande, dass bei einem derart hohen Schalldruck das Gelenk zwischen Amboss und Steigbügel seitlich ausknickt. Das Ausknicken stellt einen Überlastschutz für das Innenohr dar.

Mindestschall-druck

$p_0 = 2 \cdot 10^{-4}$ µbar

Der Hörbereich ist nach unten durch die durchschnittlich niedrigste gerade noch wahrnehmbare und nach oben durch die höchste ohne Schmerzgefühl zu ertragende Lautstärke begrenzt. Er umfasst einen sehr großen Schalldruckbereich von etwa sechs Zehnerpotenzen, was eine logarithmische Darstellung nahelegt. Dies empfiehlt sich zusätzlich auch wegen des *FECHNERschen Gesetzes* das besagt, dass das Lautstärkeempfinden dem Logarithmus des Schallpegels proportional ist (vgl. HAJOS 1991, S. 27 f. und WEBERS 1989, S. 102 f.).

Psychophysiker Gustav FECHNER $E \sim \log p$

Als Bezugspunkt für den Schalldruckpegel gilt der eben merkliche Schwellwert von $2 \cdot 10^{-4}$ µbar. Für den praktischen Gebrauch wurde das logarithmierte Verhältnis aber zu klein empfunden und daher mit 20 (Schallintensität mit 10, daher die Einheit *Dezibel*) multipliziert. Somit wird der Schalldruckpegel folgendermaßen errechnet:

$$L = 20 \cdot \log \frac{p_i}{p_0}$$

L = Schalldruckpegel in dB (Dezibel)

p_0 = Schwellwert $2 \cdot 10^{-4}$ μbar

p_i = bestimmter Schalldruck

Die logarithmische Einheit wird *Dezibel* (nach Alexander Graham BELL) genannt.

Dezibel = Dezi-BELL

Abb. 41: Der Hörbereich

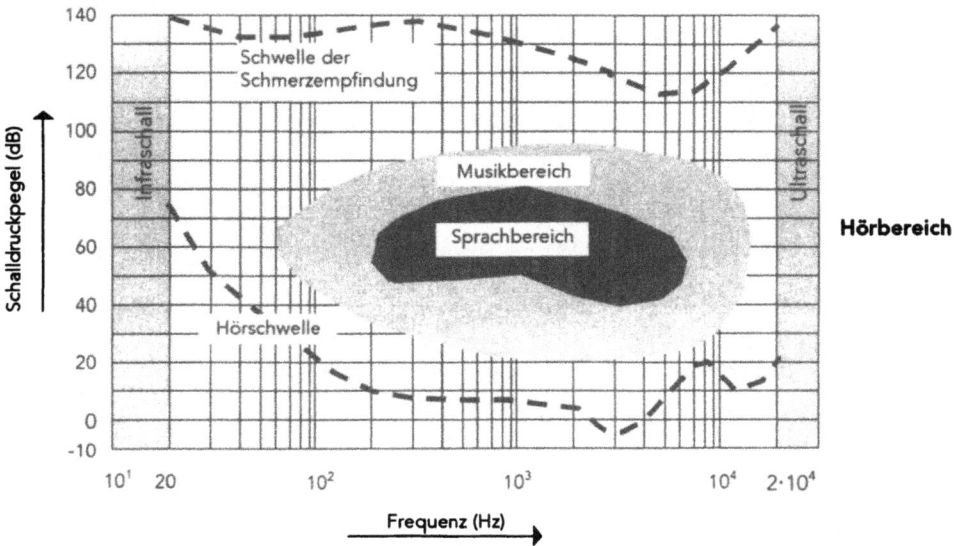

Hörbereich

Eine wichtige Eigenschaft des menschlichen Gehörs ist die Fähigkeit, seine Empfindlichkeit dem gerade herrschenden mittleren Schallpegel anzupassen, ähnlich wie das Auge bei verschiedenen Helligkeitsgraden. Einmal können dadurch gleichmäßige Hintergrundgeräusche zurückgedrängt werden und weiters kann sich das Gehör an verschiedene Wiedergabepegel innerhalb bestimmter Grenzen anpassen. Das Gehör bil-

det aus den Reizeinwirkungen ein Bezugssystem, an dem sich die einzelnen Urteile wie laut oder leise, aber auch hell oder dunkel bzw. hoch
oder tief orientieren (vgl. DICKREITER 1987, S. 113).

Mit der Anpassung verbunden ist der **Verdeckungseffekt**. Ein Ton, der
für sich alleine gut hörbar ist (z.B. leises Sprechen), kann durch weitere
Geräusche (z.B. Kirchenglocken) vollständig überlagert werden. Dieser
Verdeckungseffekt wird als **akustische Maskierung** bezeichnet und z.B.
zur Datenreduktion bei der Mini-Disk verwendet. Hier werden zur Verringerung der Datenmenge verdeckte Töne erst gar nicht aufgenommen.

**Verdeckungs-
effekt = akusti-
sche Maskierung**

Mini-Disk

Verdeckungserscheinungen gelten nicht nur für gleichzeitig auftretende
Schallereignisse, sondern auch für zeitlich aufeinanderfolgende Signale.
Die **Nachverdeckung** lässt Töne, die auch bei simultaner Darbietung
verdeckt werden, nach Abschalten des lauten Signals eine kurze Zeit
lang unhörbar bleiben. Die Zeitspanne der Nachverdeckung hängt von
der Signalart sowie Signaldauer ab und liegt im Bereich von einigen ms
bis einige 10 ms (vgl. DICKREITER 1987 S. 114).

Nachverdeckung

Ein zweites wesentliches Merkmal neben der Lautstärke ist die **Tonhöhe**
bzw. die Frequenz des akustischen Signals. Der hörbare Frequenzbereich liegt beim Menschen ca. zwischen 20 Hz und 20 kHz und wird als
Tonfrequenzbereich bezeichnet. Frequenzen, die darunter liegen nehmen wir als Erschütterungen oder bei quasistationären Vorgängen, z.B.
bei einer Talfahrt mit dem Auto, sogar direkt als Druckänderung im Ohr
wahr. Der hörbare Frequenzbereich ist v.a. vom Alter abhängig. Während in jüngeren Jahren Frequenzen bis 20 kHz gehört werden, sinkt
diese Grenze im Alter bis unter 10 kHz (vgl. WEBERS 1989 S. 94 f.).

**Tonhöhe =
Frequenz**

Lediglich ein Teil des Frequenzbereiches wird für Sprache und Musik
verwendet, wobei die Einzeltöne in der Regel Mischtöne sind (siehe Abbildung 41). Wie bereits in den physikalischen Grundlagen erwähnt, ist
jeder nichtsinusförmige Ton aus einer Summe von Sinussignalen zu-

sammengesetzt und zwar aus einer Grundwelle plus verschiedener O-berwellen. Die Tonhöhe wird durch die Grundwelle bestimmt, ist diese nicht vorhanden, so bildet das Gehör einen Tonhöheneindruck, der dem fehlenden Grundton entspricht (vgl. DICKREITER 1989, S. 114).

Tonhöhe wird durch Grundwelle bestimmt

Übungsaufgabe 17

Zeichnen Sie im folgenden Diagramm ein, wie Sie tiefe und hohe Töne empfinden. Empfinden sie einen tiefen Ton z.B. eher klar oder eher verschwommen, eher hart oder eher weich etc. Verbinden Sie anschließend die Punkte für hohe Töne sowie für tiefe Töne miteinander, sodass sich zwei Linienverläufe ergeben. (Siehe „Lösungen zu den Übungsaufgaben")

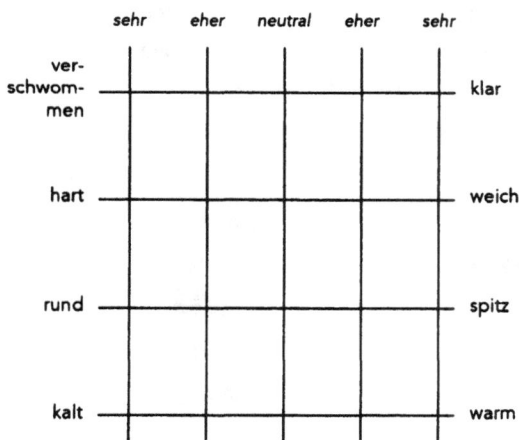

	sehr	eher	neutral	eher	sehr	
ver-schwom-men						klar
hart						weich
rund						spitz
kalt						warm

Übungsaufgabe 17

Höhere Töne erscheinen uns schärfer, spitzer, schneidender, klarer, kälter und härter, während tiefere Töne schwerer, voluminöser, verschwommener, wärmer und weicher wirken. Um die Bedeutungsstruktur von Schallereignissen näher zu beschreiben werden im Allgemeinen Polaritätslisten verwendet.

Wirkung von verschiedenen Frequenzen

KLEINEN fand drei wesentliche Dimensionen zur Beschreibung von Klängen: Helligkeit (dunkel-hell), Volumen (voll-leer) und Rauhigkeit (stumpf-glatt). Diese Dimensionen sind bei kulturvergleichenden Studien in unterschiedlichen Ländern übereinstimmend gefunden worden. (vgl. KEBECK 1997 S. 215)

Wie bei den meisten Sinneswahrnehmungen gilt auch beim Tonhöhe-
empfinden, dass dieses nicht linear mit der Frequenz steigt, sondern mit
dem Änderungsverhältnis. So ruft ein Frequenzanstieg von 100 Hz auf
120 Hz die gleiche Änderungsempfindung hervor wie ein Anstieg von
3000 Hz auf 3600 Hz. Das bedeutet, die Tonhöheempfindung ändert
sich mit dem Logarithmus der Frequenz *(FECHNERsches Gesetz)*. Aus
diesem Grund wird auch bei graphischen Darstellungen von Frequenz-
abhängigkeiten für die Frequenz ein logarithmischer Maßstab gewählt
(siehe Abbildung 41).

**FECHNERsches
Gesetz
E ~ log f**

Übungsaufgabe 18

Versuchen Sie, ein Musikstück Ihrer Wahl mit dieser Polaritätenliste zu beurteilen. Kreuzen Sie in den durch die Adjektivpaare gebildeten Skalen die Ihrem
Gefühl nach entsprechenden Ausprägungen an und verbinden Sie diese Punkte
zu einem „Polaritätenprofil" (nach KEBECK 1997).

nervös	1—2—3—4—5—6—7	gelassen
unangenehm	1—2—3—4—5—6—7	angenehm
gespannt	1—2—3—4—5—6—7	gelöst
schlecht	1—2—3—4—5—6—7	gut
wachsam	1—2—3—4—5—6—7	schläfrig
hässlich	1—2—3—4—5—6—7	schön
rastlos	1—2—3—4—5—6—7	träge
belastet	1—2—3—4—5—6—7	unbelastet
aktiv	1—2—3—4—5—6—7	passiv
ärgerlich	1—2—3—4—5—6—7	vergnüglich
ungemütlich	1—2—3—4—5—6—7	gemütlich
unerträglich	1—2—3—4—5—6—7	erträglich
lebhaft	1—2—3—4—5—6—7	verträumt
hastig	1—2—3—4—5—6—7	besonnen
uninteressant	1—2—3—4—5—6—7	interessant
erschöpft	1—2—3—4—5—6—7	frisch
unruhig	1—2—3—4—5—6—7	ruhig
unkonzentriert	1—2—3—4—5—6—7	konzentriert

Übungsaufgabe 18

2.3.4 Sprache und Musik

2.3.4.1 Sprachwahrnehmung

Die Sprache gehört zu den komplexesten und gleichzeitig für uns bedeutsamsten akustischen Reizen. Ein großes Problem bei der Spracherkennung ist das Erkennen der Gliederung von Objekten. Zwar scheinen zwischen den gesprochenen Wörtern deutlich abgegrenzte Pausen zu liegen, aber meist ist das eine Täuschung, da wir mit der eigenen Sprache vertraut sind und die einzelnen uns bekannten Wörter selbst voneinander abgrenzen. Dies wird besonders deutlich, wenn wir eine fremde Sprache hören, sie erscheint uns oft als ein fortlaufender Strom von Lauten ohne erkennbare Wortgrenzen.

Eine Sprache weist nicht die strukturellen Einheiten der Schrift (Silben, Wörter etc.) auf, sondern ist aus einer begrenzten Zahl von Lautelementen, den sogenannten **Phonemen**, zusammengesetzt. Ein Phonem stellt so etwas wie das Grundvokabular von Sprachlauten dar und ist als die kleinste sprachliche Einheit definiert, deren Veränderung zu einer Änderung der Bedeutung einer Äußerung führen kann. Das Wort *Rippe* z.B. gliedert sich in die Phoneme (r), (i), (p) und (e). Ersetzen wir das Phonem (r) durch (l), so erhalten wir Lippe, mit (a) anstelle von (i) erhalten wir Rappe und mit (l) anstelle von (p) erhalten wir Rille. (vgl. ANDERSON 1996, S. 52 ff.)

Phonem

Die Phoneme sind jedoch nicht in der gleichen Weise voneinander getrennt wie Buchstaben, auch bestehen zwischen verschiedenen Sprechern oft erhebliche Unterschiede bei denselben Phonemen und weiters wird das Klangmuster durch den Kontext der anderen Phoneme mitbestimmt. Auf Grund der Komplexität der Sprache wird davon ausgegangen, dass die Sprachwahrnehmung spezielle Mechanismen umfasst, die über die allgemeinen Mechanismen der akustischen Wahrnehmung hinausgehen (vgl. ANDERSON 1996, S. 54 ff. und KEBECK 1997, S. 104).

Ein theoretischer Ansatz versteht die Sprachwahrnehmung als ein Pro-

zess der **Merkmalsanalyse**. Danach basiert diese auf der Grundlage eines sehr guten Auflösungs- und Differenzierungsvermögens des auditiven Systems. So wie Buchstaben können auch die Phoneme als aus einzelnen Merkmalen (z.B. Anstiegs- und Übergangszeiten, Amplitudenver-
läufen etc.) bestehend aufgefasst werden, wobei sich die Merkmale darauf beziehen, wie ein Laut erzeugt wird. Zu den Merkmalen gehören das
Konsonanzmerkmal (Konsonant-Vokal), die Stimmhaftigkeit (stimmhaft-
stimmlos) und der Artikulationsort.

Merkmalsanalyse

Die Phoneme unterscheiden sich auf Grund ihrer unterschiedlichen arti-
kulatorischen Erzeugung. Der theoretische Ansatz der **kategorialen
Wahrnehmung** geht nun davon aus, dass wir die akustischen Reize als
einzelnen Kategorien zugehörig wahrnehmen. Dabei neigen wir dazu,
Stimuli derselben Kategorie als gleich zu bezeichnen, auch wenn fest-
stellbare Unterschiede vorhanden sind. Dies erklärt, warum wir die zwischen verschiedenen Sprechern oft vorhandenen Unterschiede bei denselben Phonemen richtig zuordnen können.

**kategoriale
Wahrnehmung**

Stimuli treten im **Kontext** auf und wir nutzen dies, um die Mustererkennung zu steuern. Häufig verarbeiten wir uneindeutige oder unvollständige Sprachreize interpretierend und fügen fehlende Informationsanteile
meist automatisch und unbewusst von uns aus ein. Mit diesem Ansatz
lässt sich auch gut die Fähigkeit erklären, in einer kontinuierlichen Abfolge von Lauten problemlos einzelne Wörter zu unterscheiden. Die
Wahrnehmung der Wörter beruht demnach vollständig auf der Interpretation der akustischen Information.

**Kontext-
information**

2.3.4.2 Musikwahrnehmung

Wie bei der visuellen Informationsverarbeitung interpretiert offensichtlich auch das auditive System aktiv die Umweltreize und bildet sie nicht

einfach ab. Dabei gelten ebenfalls verschiedene **Gestaltgesetze**. Wird
z.B. wie in Abbildung 42 ein durchgehender Ton durch völlige Stille unterbrochen, so nehmen Versuchspersonen eine deutliche Pause wahr,
wird der Ton jedoch durch Rauschen unterbrochen, haben sie den Eindruck, dass der Ton unter dem Rauschen fortgesetzt wird (vgl. HA-
SEBROOK 1995, S. 45).

Gestaltgesetze

Abb. 42: Gestaltgesetze beim Hören (nach HASEBROOK 1995)

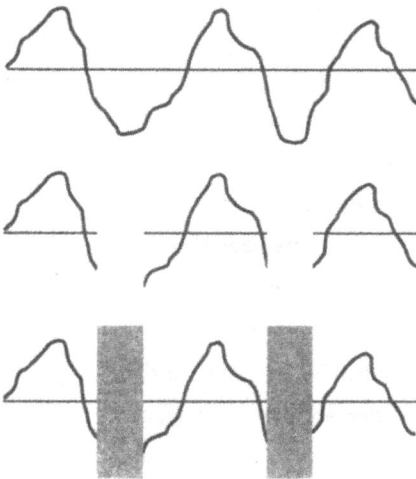

**Gestaltgesetz
der guten
Fortsetzung**

Besonders deutlich wird die Interpretation physikalischer Reize durch
das auditive System beim subjektiven Erleben von Musik. Eine **Melodie**
besteht in der Regel aus einer strukturierten Abfolge von Tönen. Töne
unterscheiden sich von Geräuschen vor allem dadurch, dass sie über einen eindeutig wahrnehmbaren Grundton verfügen und - außer bei rei-
nen Sinussignalen - eine Reihe von Obertönen besitzen, die in einem
ganzzahligen Vielfachen zum Grundton stehen. Der Grundton, der von
der tiefsten vorhandenen Frequenz der Grundschwingung abhängt, bestimmt die subjektiv empfundene **Tonhöhe**. Eine Melodie besteht aus
verschiedenen Grundtönen, wobei jedes Instrument und auch die
menschliche Stimme verschiedene weitere höhere Schwingungen (Obertöne) erzeugen, die wir als typische **Klangfarbe** wahrnehmen. Durch die

**Melodie =
strukturierte Ab-
folge von Tönen**

**Tonhöhe =
Grundton**

**Obertöne =
Klangfarbe**

variierenden Klangfarben der Instrumente und der menschlichen Stim-
men entstehen sehr unterschiedliche akustische Eindrücke, auch wenn
die gleiche Melodie in der gleichen Tonart und Tonhöhe gespielt bzw.
gesungen wird.

Das Empfinden einer Klangfarbe ist jedoch nicht das Ergebnis einer einfachen Summation der Teilkomponenten, sondern ein Bewertungsvor-
gang. Dabei ist neben den Amplituden der Obertöne auch das Verhältnis ihrer Frequenzen zur Frequenz des Grundtones von ausschlagge-
bender Bedeutung.

Zwar kommen als Grundtöne in einer Melodie eine Vielzahl unterschiedlicher Frequenzen in Frage, wir empfinden jedoch nur eine bestimmte
Anzahl als zusammenpassend. Töne, die in einem ganzzahligen Verhältnis zueinander stehen wirken für uns harmonisch, wobei das Verhältnis
1:2 das charakteristische Intervall, die **Oktave** ist. Innerhalb der Oktave
werden zwölf Abstufungen, das sind halbe Töne, unterschieden. Der
dreizehnte besitzt genau die doppelte Frequenz wie der erste und erscheint diesem sehr viel ähnlicher zu sein wie den anderen. Wir nehmen
ihn sogar als den gleichen Ton, nur in einer höheren Lage wahr. Innerhalb der zwölf Abstufungen sind zwei Kombinationen mit jeweils sieben
Tönen in bestimmten Intervallabständen heute am gebräuchlichsten, es
sind dies die Dur- sowie die Moll-Tonleiter. Melodien, die aus Tönen
bestehen, deren Intervallabstände diesen Tonleitern entsprechen, wirken auf uns harmonisch.

Oktavabstand = doppelte Frequenz

Die Ordnungsprinzipien, aber auch die verwendeten Töne selbst sind
sowohl kultur- wie epochenabhängig. So erscheint z.B. vielen Mitteleu-
ropäern eine türkische Melodie auf dem Saiteninstrument Suz gespielt
als nicht harmonisch bzw. lehnen ältere Menschen oft neuere Melodien
ab.

Abb. 43: Transponierbarkeit von Melodien

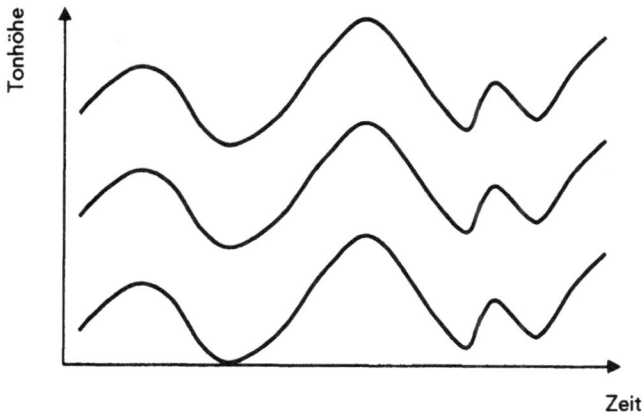

Tonhöhe

Transponierbar-
keit = Gestaltei-
genschaft

Zeit

Eine Melodie wird jedoch nicht durch die absolute Höhe ihrer Töne, sondern ausschließlich durch die Abfolge sowie Zeitdauer der einzelnen Töne und Pausen bestimmt. Die Melodie ändert sich nicht, wenn sie z.B. einen halben Ton höher gespielt wird, die Gestalt bleibt erhalten. Diese *Transponierbarkeit* von Melodien ist nach dem Gestaltpsychologen Christian von EHRENFELS (1859 - 1932) eine besondere Gestalteigenschaft.

Rauhigkeit kennzeichnet Schallereignisse, die eine starke zeitliche Strukturierung besitzen. Ein Ton wirkt umso rauher, je schneller sich die Amplitude ändert, wobei die Rauhigkeit bei etwa 70 Schwankungen pro Sekunde am größten ist (vgl. DICKREITER 1987, S. 115).

Rauhigkeit

Im Gegensatz zu Melodien, können die meisten Menschen Tonhöhen ohne Referenzton nicht identifizieren. Nur wenige Menschen, die über ein sogenanntes *„absolutes Gehör"* verfügen, sind in der Lage isoliert dargebotene Töne korrekt zu bestimmen.

absolutes Gehör

Die Untersuchungen zum Einfluss von Musik auf die individuelle Leistung zeigen, dass bei monotonen Beschäftigungen Musik zu empfehlen ist, die zu einem angenehmen Klima führt, kaum ins Bewusstsein ein-

**Hintergrund-
musik**

dringt sowie in Rhythmik und Tempo auf ein optimales Erregungsniveau abgestimmt ist (vgl. GRANDJEAN 1967). Eine mittlere Hintergrundlautstärke führt zu Aktivitätssteigerungen, während ein zu geringer bzw. zu starker Lautstärkepegel eine leistungsmindernde Wirkung hat. Dies gilt auch für übliche Hintergrundgeräusche. So mussten z.B. in Großraumbüros wegen deutlicher Leistungsrückgänge zum Teil Schallisolierungen wieder entfernt werden, um eine „normale" Geräuschkulisse herzustellen (vgl. NEUMANN u. TIMPE 1976, S. 92).

2.3.5 Räumliches Hören

In wesentlich stärkerem Maße als die visuelle Raumwahrnehmung von den unterschiedlichen Informationen zweier Augen abhängt (neben einer Reihe von Hinweisreizen), ist die auditive Raumwahrnehmung auf das Vorhandensein zweier Ohren angewiesen. Mit nur einem Ohr können Schallquellen kaum im Raum lokalisiert werden. Das ***Richtungshören*** erlaubt uns auch die Konzentration auf eine interessierende Schallquelle, so dass Nebengeräusche viel weniger registriert werden als es ihrem tatsächlichen Schalldruck am Ohr entspricht. Davon kann man sich leicht überzeugen, wenn z.B. eigene Konzertwahrnehmungen mit Rundfunkübertragungen verglichen werden. Die Wiedergabe ist durch Nebengeräusche, wie Husten und Stühleknarren, in hohem Maße gestört, obwohl man selbst solche Störgeräusche im Saal als viel weniger störend wahrnimmt.

Richtungshören

Die Lokalisation der Schallquelle wird durch Unterschiede der Signale an beiden Ohren ermöglicht. Dabei treten zwischen den beiden Ohrsignalen *Laufzeitunterschiede*, *Intensitätsunterschiede* sowie *Klangfarbenunterschiede* auf.

_Laufzeit
_Intensität
_Klangfarbe

Ein Signal trifft in dem der Schallquelle zugewandten Ohr früher ein, als

im anderen Ohr. Bereits ein *Laufzeitunterschied* von 0,03 Millisekunden, dies entspricht einem Winkel von ca. 3⁰, ist für das Schätzen der
Richtung ausreichend. Bei etwa 0,6 Millisekunden nehmen wir die
Schallquelle genau seitlich im rechten Winkel wahr. Die Unterscheidung,
ob ein Signal von vorne oder hinten eintrifft, wird uns durch die Richt-
wirkung beider Ohren ermöglicht. (vgl. DICKREITER 1987, S. 118 f.)

**Laufzeit-
unterschied**

Durch die Form der Ohrmuschel wird Schall, der aus verschiedenen
Richtungen eintrifft, unterschiedlich reflektiert. Insbesondere bei höheren Frequenzen entstehen große Unterschiede, wenn sich die gleiche
Schallquelle vor oder hinter, über oder unter dem Ohr befindet. GARD-
NER u. GARDNER (1973) konnten in einem Experiment nachweisen,
dass das räumliche Ortungsvermögen stark beeinträchtigt wird, wenn
die Unregelmäßigkeiten in den Ohrmuscheln durch Wachs ausgefüllt
und damit Reflexionen weitgehend unterbunden werden.

Abb. 44: Laufzeit- und Intensitätsunterschiede

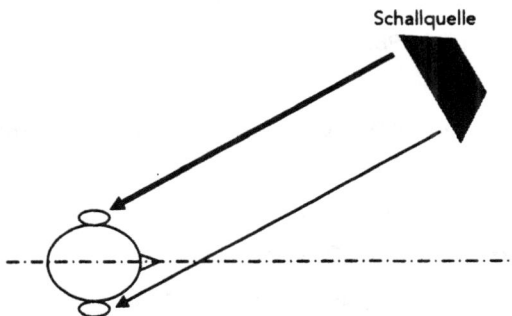

Die Schallenergie nimmt quadratisch mit der Entfernung ab. Bei Schallquellen, die sich in unmittelbarer Nähe des Kopfes befinden, hat der
Abstand zwischen den Ohren einen relativ großen Anteil an der Ge-
samtstrecke des Schalls, so dass die *Amplitudendifferenz* entsprechend
deutlich ausfällt, daher wird sie auch als Information über die Entfernung
der Schallquelle genutzt. Bei größeren Entfernungen ist dieser Unterschied jedoch sehr gering, hier überwiegt der Einfluss der *Schattenwir-
kung*. Bei hohen Frequenzen nimmt die Intensität eines Tones bei dem

**Intensitätsunter-
schiede durch**

- Weglänge

- Schatten

Ohr, das weiter von der Schallquelle entfernt ist, ab, da dort ein sogenannter Schatten entsteht. Bei niederen Frequenzen kann dieser Schatten nicht auftreten, was dazu führt, dass wir Schallquellen, die sich nicht
in unserer unmittelbaren Nähe befinden bei Frequenzen unterhalb von
ca. 300 Hz nicht mehr orten können. Deshalb ist es wichtig, Höhenlaut-
sprecher richtig zu platzieren, während Basslautsprecher auch irgendwo
stehen können.

Eine Unterscheidung zwischen von vorne oder hinten von oben oder
unten einfallenden Schall erfolgt auch dadurch, dass sich der Kopf unbewusst stets in Bewegung befindet. Aus den sich dabei ergebenden
Änderungen der Laufzeit- und Intensitätsunterschiede kommen wir zu
einer genauen Richtungsentscheidung.

Die durch Beugungseffekte hervorgerufenen frequenzabhängigen Inten-   **Klangfarbe**
sitätsunterschiede haben auch eine Veränderung der **Klangfarbe** zur
Folge. Hierbei ist jedoch im Gegensatz zur Schallortung durch Laufzeit-
oder Intensitätsunterschiede die Kenntnis der Klangfarbe bei frontalem
Schalleinfall Voraussetzung (vgl. DICKREITER 1987, S. 120).

Obwohl wir z.B. in geschlossenen Räumen **Reflexionen** ausgesetzt sind,   **Reflexion**
können wir im Allgemeinen die Schallquelle richtig orten und nehmen
die reflektierten Schallwellen nicht als Originalschall wahr. Dies gilt jedoch nur für Signale, deren Zeitunterschiede in der Größenordnung der
Einschwingzeit des Ohres liegen. Bei Verzögerungszeiten bis zu etwa 30
Millisekunden gilt das „Gesetz der ersten Wellenfront", auch **Preceden-**   **Precedence-**
ce-Effekt genannt. Wenn eine bestimmte Schallwelle das Ohr erreicht   **Effekt**
hat, werden innerhalb eines kurzen Zeitraumes nachfolgende identische
Wellen unterdrückt, so dass der primäre, direkt von der Schallquelle
kommende Schall die Wahrnehmung und damit die räumliche Ortung
bestimmt. Dabei kann der Pegel des nachfolgenden Schalls sogar bis zu
10 dB höher liegen (vgl. WEBERS 1989 S. 115 f.).

Erst ab Laufzeitunterschieden von 40 Millisekunden bemerken wir allmählich vorhandene Schallreflexionen, lokalisieren aber immer noch den zuerst eintreffenden Schall. Bei Verzögerungszeiten ab etwa 50 Millisekunden empfinden wir das reflektierte Signal als zeitlich verzögert sowie räumlich getrennt und nehmen es als *Echo* wahr (vgl. WEBERS 1989 S. 116).

Echo

Indirekte Schallwellen in Form von *Nachhall* sind für die auditive Wahrnehmung eines Raumes von zentraler Bedeutung. Das Ausmaß der Schallreflexionen und die dabei auftretenden Verzögerungszeiten bestimmen die „Akustik" eines Raumes.

Nachhall

Übungsaufgabe 19

Schalten Sie Ihre Stereoanlage auf mono damit beide Lautsprecher dasselbe Signal liefern und stellen Sie sich so zwischen die Boxen, dass beide Signale die gleiche Laufzeit benötigen. Das Schallereignis, z.B. die Stimme eines Sprechers, wird nun in der Mitte zwischen den beiden Lautsprechern lokalisiert. Bewegen Sie den Kopf langsam nach links oder rechts, so wird eine Schallquelle plötzlich vollkommen dominant, das Signal scheint nur noch aus dieser Richtung zu kommen.

Selbstversuch zum Precedence-Effekt

An der Wahrnehmung der Schalleinfallsrichtung sind also drei verschiedene Faktoren beteiligt wobei deren Beitrag jedoch von der Frequenz bzw. den Frequenzanteilen des Signals abhängt. Experimentelle Ergebnisse sprechen dafür, dass die Lokation vor allem bei niedrigen Frequenzen durch die Laufzeitunterschiede, bei hohen Frequenzen auch durch die Intensitätsunterschiede zu Stande kommt, was zur Formulierung einer *„Duplextheorie"* der auditiven Lokalisation geführt hat (vgl. KEBECK 1997, S. 102). Demnach können wir diejenigen Signale am besten lokalisieren, die sowohl tiefe wie hohe Frequenzanteile besitzen (z.B. Knack- oder Schlaggeräusche), da hier auf Laufzeit- und Intensitätsunterschiede zurückgegriffen werden kann.

Duplextheorie

Im Gegensatz zur Richtungswahrnehmung kann die *Entfernung* einer Schallquelle bei einohrigem Hören mit fast der gleichen Sicherheit fest-

Schallquellenentfernung

gestellt werden wie bei zweiohrigem Hören. Aber auch die Wahrnehm-
barkeit der Entfernung ist ähnlich wie das Richtungshören auf verschiedene Einflüsse zurückführbar. In geschlossenen Räumen wird mit größer
werdendem Verhältnis von indirektem Schall *(Nachhall)* zum direkten   **_Nachhall**
Schall der Eindruck einer größeren Entfernung erweckt. Im Freien sind
für das Entfernungsempfinden auch *Klangfarbenänderungen* verant-   **_Klangfarbe**
wortlich. Dies kommt dadurch zu Stande, dass der Anteil höherer Frequenzen mit der Entfernung abnimmt, der Schall erhält dadurch einen
zunehmend dumpferen Charakter. Ein typisches Beispiel dafür ist das
Donnergrollen eines weitentfernten Gewitters, im Gegensatz zum Don-
ner heller Klangfarbe bei nahem Einschlag. Ist die *Lautstärke* einer   **_Lautstärke**
Schallquelle aus der Erfahrung bekannt, so kann durch Lautstärkenänderungen auf Entfernungen geschlossen werden. Wichtig ist diese Fähigkeit, wenn es darum geht, eine Entfernungsänderung durch die Laut-
stärkenänderung abzuschätzen. Ein anschwellender Ton wird auch dann
stets als näherkommend und ein abnehmender Ton als sich entfernen-
der empfunden, wenn diese Lautstärkenänderungen künstlich hervorgerufen sind (vgl. WEBERS 1989, S. 123 f).

Lösungen zu den Übungsaufgaben

Übungsaufgabe 8

Abb. 35: Abbildung auf der Netzhaut

Übungsaufgabe 13

Häufig werden folgende Empfindungen in Zusammenhang mit den Farben Rot und Blau angegeben:

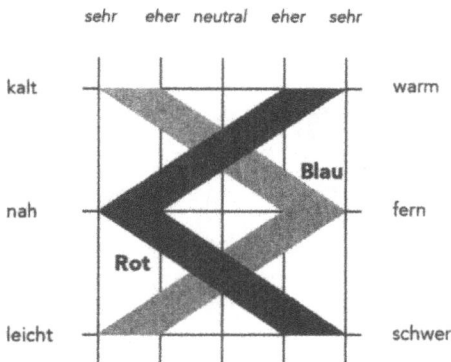

Übungsaufgabe 15

a) PONZO-Täuschung: Die beiden Balken vor dem Kamin erscheinen verschieden groß.

b) MÜLLER-LYER-Täuschung: Die vordere Teppichkante wirkt kürzer als die Rückwand.

c) POGGENDORFF-Täuschung: Die Wandleisten ober dem Kamin scheinen nicht auf gleicher Höhe zu sein.

Übungsaufgabe 16

Ein Rechtecksignal.

Übungsaufgabe 18

Häufig werden folgende Empfindungen in Zusammenhang mit hohen sowie mit tiefen

Tönen angegeben:

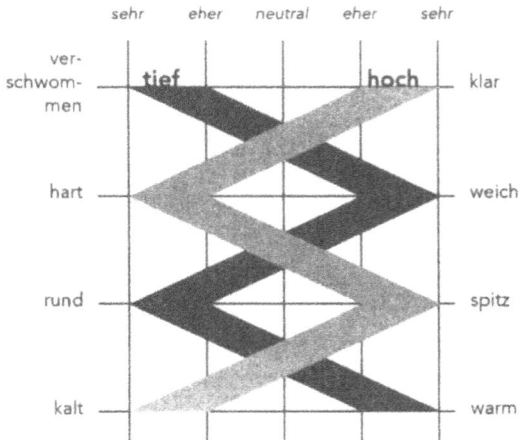

3. Motivation

3.1 Motivation als Erklärung für Verhalten

Mit dem Begriff Motivation wird versucht, die Frage nach dem „Warum"
menschlichen Handelns zu beantworten. Dabei wird von im Menschen
ablaufenden Prozessen ausgegangen, die nicht direkt beobachtbar sind
und mit dem Begriff Motivation umschrieben werden. Motivation ist also
ein **hypothetisches Konstrukt**, das heißt eine Hilfskonstruktion, die
zwischen den beobachtbaren Situationsgegebenheiten einerseits und
den beobachtbaren Verhaltensweisen andererseits erklärend vermitteln
soll.

hypothetisches Konstrukt

Übungsaufgabe 20

Nennen Sie einige weitere Beispiele für hypothetische Konstrukte.
(Siehe „Lösungen zu den Übungsaufgaben")

Übungsaufgabe 20

Wir neigen dazu, menschlichem Verhalten in der Regel eine Zielgerich-
tetheit zuzuschreiben. Als die menschliches Handeln antreibende Kräfte
werden dabei oft **Emotionen** oder **Triebe** angesehen. Emotionen werden im Wesentlichen von äußeren Reizen ausgelöst, während Triebe dagegen eine innere Stimulierung - die der Aufrechterhaltung eines biologischen Gleichgewichts dient - als Grundlage haben. Den beiden An-
triebskräften gemeinsam ist, dass sie das Individuum über Erregungsvorgänge dazu bringen in Richtung auf ein bestimmtes Ziel hin aktiv zu
werden. Um das Verhalten jedoch auf spezifische Ziele hin auszurichten,
sind kognitive Prozesse der Verhaltenssteuerung erforderlich. Im Begriff
Motivation werden die Antriebswirkungen von Emotionen und Trieben
sowie die kognitiven Wirkungen der Verhaltenssteuerung zusammengefasst, wobei die grundlegenden aktivierenden Vorgänge – Emotionen
und Triebe - untereinander und mit den kognitiven Vorgängen in
wechselseitiger Beziehung stehen. (vgl. KROEBER-RIEL u. WEINBERG
1996, S. 141 f.)

Emotionen
Triebe

Motivation

Motivation wird im Sinne einer Anregung zu zielstrebigem Verhalten gebraucht, sie verleiht dem Verhalten eine Richtung. Damit wird die innere Motivation zum Vorläufer der äußeren Handlung, zum Ursprung des Verhaltens.

Eine andere Erklärung des menschlichen Verhaltens kommt von den **Behavioristen**, die SKINNERs Ansatz des operanten Konditionierens folgen. Für sie sind nicht die einer Reaktion vorausgehenden Zustände wichtig, sondern das, was dem Verhalten regelmäßig folgt. Ihrer Ansicht nach ist die einer Reaktion folgende **Verstärkung** und nicht die einer Reaktion vorangegangene Motivation das wichtigste Element. Diese Annahme betont die wichtige Rolle der Umwelt als Kontrollfaktor und der Reizkontrolle des Verhaltens. Da die Betonung beim operanten Konditionieren auf den Wirkungen der Verstärkung liegt, sind die motivationalen Bedingungen von untergeordneter Bedeutung. (vgl. ZIMBARDO 1983, S. 345)

Behaviorismus

Verhalten als Folge von Verstärkung

In der Motivationspsychologie wird aber andererseits auch davon ausgegangen, dass die Motivation direkt auf das Verhalten einwirkt und diese mit erklären kann. Es handelt sich aus **kognitiver Sicht** dabei um einen bewussten Entscheidungsprozess, in dem eine Person vielfältige Informationen einholt und bewertet, Erwartungen ausbildet und mögliche Folgen gegeneinander abwägt. Dieser Prozess umfasst also die Wahrnehmung und Interpretation der Handlungssituation sowie Überlegungen zu den Ziel-Mittel-Beziehungen. Motivation kann danach als ein bewusstes Anstreben von Zielen, als erlebte Zielorientierung, als Wille, etwas zu tun etc., umschrieben werden. Dabei handelt es sich um manifeste und nicht um latente Persönlichkeitsdispositionen. (vgl. HECK-HAUSEN 1989 S. 10 f. sowie KROEBER-RIEL u. WEINBERG 1996, S. 143 f.).

Kognitivistische Sichtweise

Verhalten als Folge kognitiver Prozesse

Motivation umfasst einerseits eine **Antriebskomponente** und andererseits eine **kognitive Komponente** zielgerichteter Verhaltenslenkung. Zu den aktivierenden Komponenten zählen Triebe wie Hunger, Durst und

Sexualität sowie Emotionen wie Angst, Glück, Eifersucht und Sympathie.
Sie aktivieren das Verhalten und lenken es in eine bestimmte Richtung.
Die kognitive Motivationskomponente umfasst die Wahrnehmung und
Interpretation der Handlungssituation sowie Überlegungen zu den Ziel-
Mittel-Beziehungen. (vgl. KROEBER-RIEL u. WEINBERG 1996, S. 142 ff.)

Abb. 45: Der Motivationsbegriff nach KROEBER-RIEL
(aus KROEBER-RIEL u. WEINBERG 1996, S. 142)

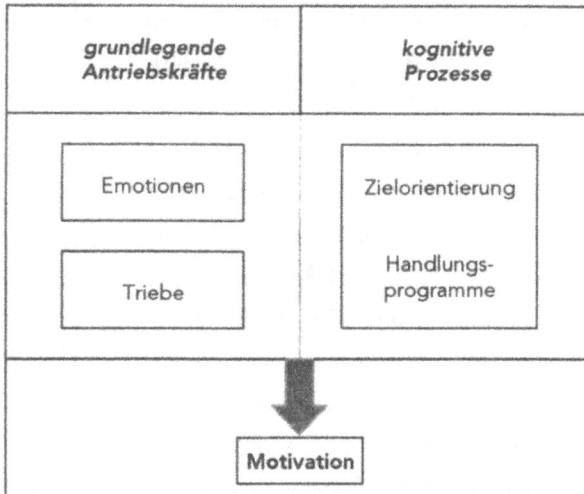

Motivation ist das Ergebnis einer Interaktion von Person und Situation,
in der die Person bestimmte Anreize wahrnimmt, die wiederum bestimmte Motive aktivieren. **Motive** sind überdauernde Persönlichkeits-   **Motive**
merkmale, die losgelöst von der konkreten Situation existieren und sowohl auf biologischen Trieben wie Emotionen oder kognitiven Überlegungen beruhen (vgl. ROSENSTIEL u. KIRSCH 1996, S. 131). Selbstverständlich können Motive nicht unmittelbar beobachtet werden, auch sie
sind eine gedachte Hilfe, also ein **hypothetisches Konstrukt**. Grundlage   **Hypothetisches**
einer erfolgreichen Motivation ist die genaue Kenntnis der individuellen   **Konstrukt**
Motive der fraglichen Personen.

3.2 Klassifikation von Motiven

Motive gelten als Dispositionen einer Person, die zeitlich überdauernd und relativ losgelöst von konkreten Situationen existieren. Es sind dies z.B. Tatbestände die durch Begriffe wie Grundbedürfnisse, allgemeine Wünsche, Werthaltungen sowie globale Ziele gekennzeichnet werden.

Eine weit verbreitete Einteilung von Motiven ist die **Bedürfnispyramide** von Abraham **MASLOW**. Seine Hierarchie der Bedürfnisse geht von physiologischen Bedürfnissen über Sicherheitsbedürfnisse und Bedürfnissen nach Zuneigung und Liebe bis zu Bedürfnissen der Wertschätzung und letztlich Selbstverwirklichung. Selbstverwirklichung kann erst verhaltensbestimmend werden, wenn alle übrigen Bedürfnisse befriedigt sind. Kommt es zu einem Konflikt zwischen Bedürfnissen verschiedenen Hierarchieniveaus, so setzt sich das „niederere" Bedürfnis durch. Die niedereren Bedürfnisgruppen bezeichnet MASLOW als Defizitbedürfnisse (deficiency needs), die durch Mangel an bedürfnisreduzierenden Reizen bestehen, die höheren als Wachstumsbedürfnisse (growth needs), die durch ein aktives Streben des Individuums gekennzeichnet sind und als letztes Ziel die individuelle Selbstverwirklichung des Individuums haben. (vgl. MASLOW 1996 sowie HECKHAUSEN 1989, S. 68 ff.)

Bedürfnis-pyramide von MASLOW

Abb. 46: Bedürfnispyramide nach MASLOW (1996)

Trotz seiner Anschaulichkeit und seines großen Anklanges weist MAS-
LOWs humanistisch orientiertes Hierarchie-Modell Mängel u.a. in der
empirischen Fundierung auf. Er ließ sich in seinem humanistischen Anliegen offensichtlich nicht nur von dem Verhalten wie es ist, sondern
auch wie es sein soll, leiten (vgl. HECKHAUSEN 1989, S. 68 ff. sowie
FRANKE u. KÜHLMANN 1990, S. 257 ff.).

Ein damit zusammenhängendes grundlegendes Problem für die konkrete Handlungsorientierung stellt der hohe Abstraktionsgrad der Mo-
tivgruppen dar. In Bereichen wie z.B. der Werbung gilt es nur selten an
elementare Bedürfnisse wie das nackte Überleben zu appellieren, meist
werden lediglich die oberen zwei Kategorien angesprochen. Wenn nun
der Grossteil der Fälle auf nur zwei von fünf Kategorien fällt, so diffe-
renziert ein solches Modell für die gegebenen Zwecke an der falschen
Stelle (vgl. FELSER 1997, S. 37).

KROEBER-RIEL hat für den Bereich Konsum u.a. folgende Motive als
bedeutsam hervorgehoben:

Abb. 47: Auswahl für den Konsum bedeutsamer Motive (aus KROEBER-RIEL
u. WEINBERG 1996, S. 115 und S. 153)

Biologisch begründete Konsumbedürfnisse	*Emotional begründete Konsumbedürfnisse*
- Hunger - Durst - Sexualität	- Prestige - Geselligkeit - Geborgenheit - Natürlichkeit - Abwechslung - Erfolg - Überlegenheit - Jugendlichkeit

Hier handelt es sich um eine pragmatische Auswahl von Motiven, die
über alle Branchen hinweg angesprochen werden. Da solche Listen jedoch einen gewissen „Beliebigkeitscharakter" besitzen bzw. die indi-

viduellen Werthaltungen sehr verschieden sind, wird z.B. in der Werbepsychologie zunehmend dazu übergegangen, empirisch zu erheben,
welche Motive den jeweils betrachteten Personen wichtig sind (vgl.
ROSENSTIEL u. KIRSCH 1996, S. 132 f.). Die Theorie stellt dabei ein
Modell bereit, das die Funktionsweise der Motivaktivierung beschreibt.

Diese Vorgehensweise berücksichtigt auch die Tatsache, dass die Werthaltungen der Menschen nicht völlig starr, sondern einem langsamen   **Wertewandel**
sog. *Wertewandel* unterworfen sind. Werthaltungen bewegen sich z.B.
von eher „materiellen" Werten wie Versorgung und Sicherheit hin zu
eher „postmateriellen" Werten wie Selbstverwirklichung und Verbesserung sozialer Beziehungen (vgl. INGLEHART 1989). Weiters verlieren
Normen und Werte immer mehr ihre Orientierungsfunktion, was eine
stärkere Individualisierung der Wertvorstellungen zur Folge hat (vgl.
JENCKS 1990 sowie PREGLAU u. RICHTER 1998).

Übungsaufgabe 21

Nennen Sie Beispiele für einen Wertewandel in der Gesellschaft.
(Siehe „Lösungen zu den Übungsaufgaben")   *Übungsaufgabe 21*

Mit Hilfe des Begriffs Motiv wird versucht die Konsistenz individuellen
Verhaltens zu erklären, die einerseits in einer Übereinstimmung über
verschiedene Situationen und andererseits im Unterschied des Verhaltens in denselben Situationen zwischen verschiedenen Personen zu beobachten ist. Anders ausgedrückt: es gilt zu klären, warum sich jemand
in unterschiedlichen Situationen gleich verhält bzw. warum verschiedene
Menschen in gleichen Situationen unterschiedlich handeln. Da der Begriff Motiv jedoch in der Regel auf solche Inhaltsklassen von Handlungs-
zielen eingegrenzt wird, die in Form relativ überdauernder und relativ
konstanter Wertungsdispositionen vorliegen, gibt es nicht für jede konkrete Situation ein eigenes Motiv. HECKHAUSEN geht von sogenannten
Grundsituationen aus, in die der Mensch immer wieder kommt und die   **Grundsituationen**
er in irgendeiner Weise bewältigen muss.

> „Motive sind (…) hochgeneralisierte Wertungsdispositionen für einzel-
> ne ‚Grundsituationen', die letztlich in der menschlichen Existenzweise,
> in den Notwendigkeiten der Daseinsfristung und Daseinsvorsorge unter
> den gegebenen Lebensbedingungen, begründet sind. In diesen
> Grundsituationen findet sich jeder Mensch im Laufe seines Lebens im-
> mer wieder vor. Man kann deshalb Motive auch als wiederkehrende
> Anliegen bezeichnen" (HECKHAUSEN 1986, S. 142).

Ein zentraler Bereich menschlichen Verhaltens ist die Grundsituation
Leistung. Das dabei wirksame Motiv, mit den für diese Grundsituation
spezifischen Anforderungen fertig zu werden, ist das *Leistungsmotiv*.

Leistungsmotiv

3.3 Das Leistungsmotiv

Der Begriff Leistungsmotiv ist aus der Verknüpfung dreier Sachverhalte
konstruiert. Dies sind einmal *kognitive Bezugssysteme* für die Beurtei-
lung einer Leistung, weiters *Normwerte* bezüglich des Schwierigkeits-
grades sowie *Selbstbekräftigung* im Sinne von Belohnung oder Bestrafung je nach Übereinstimmung von Leistung und Normwert. Zusammen mit den Bezugsystemen bilden die Normwerte konkrete *Gütemaß-
stäbe* für jede leistungsthematische Tätigkeit. Maßgebend für leistungsmotiviertes Handeln ist ein *Tüchtigkeitsmaßstab*, das heißt das Handlungsergebnis soll besser, ebenso gut, nicht viel schlechter sein als ein
individueller Gütemaßstab vorgibt. (vgl. HECKHAUSEN 1972)

**Belohnung,
Bestrafung**

Gütemaßstab

**Tüchtigkeits-
maßstab**

Die Erwartung einer Person hinsichtlich ihrer zukünftigen Leistung, das
sogenannte *Anspruchsniveau*, verschiebt sich je nach erlebtem Erfolg
oder Misserfolg. Eine Person erlebt Erfolg, wenn sie ihr gesetztes Ziel
erreicht oder übertrifft und Misserfolg, wenn sie das gesetzte Ziel nicht
erreicht. Erfolge führen nach HOPPE zu einer Erhöhung, Misserfolge zu
einer Senkung des Anspruchsniveaus. (vgl. WEISS 1991, S. 61 sowie

Anspruchsniveau

HECKHAUSEN 1989, S. 172 f.).

Das Leistungsmotiv kann nach HECKHAUSEN in zwei Tendenzen aufge- | **Hoffnung auf**
spaltet werden: in *Hoffnung auf Erfolg* und in *Furcht vor Misserfolg*. | **Erfolg**
Entsprechend diesen Motivtendenzen werden bestimmte Situationen | **Furcht vor Miss-**
gesucht oder geschaffen, andere werden gemieden. Ist das überdau- | **erfolg**
ernde Motiv, Erfolg zu erzielen, stärker als das Motiv, Misserfolg zu mei-
den *(Erfolgsmotivierte)*, so werden Aufgaben mit einem mittleren bis | **Erfolgsmotivierte**
leicht überhöhten Schwierigkeitsgrad bevorzugt. Hier besteht die größte
Unsicherheit bezüglich Erfolg oder Misserfolg. Der Ausgang ist am
stärksten von der eigenen Tüchtigkeit, der eigenen Fähigkeit, der auf-
gewendeten Anstrengung abhängig. Ist hingegen das überdauernde
Motiv, Misserfolg zu meiden, stärker *(Misserfolgsmotivierte)*, werden | **Misserfolgs-**
Aufgaben mit niedrigem, aber auch Aufgaben mit hohem Schwierig- | **motivierte**
keitsgrad gewählt. Bei Aufgaben mit niedrigem Schwierigkeitsgrad ist
die Wahrscheinlichkeit, Misserfolg zu erzielen, sehr gering, und bei
Aufgaben mit hohem Schwierigkeitsgrad kann der Misserfolg leicht auf
die Aufgabenschwierigkeit zurückgeführt werden (vgl. HECKHAUSEN
1972, S. 963 f. sowie WEISS 1991, S. 61 ff.).

Erfolgs- und Misserfolgsmotivierte zeichnen sich durch unterschiedliche
Ursachenerklärung *(Kausalattribuierung)* für Erfolg und Misserfolg aus. | **Kausal-**
Erfolgsmotivierte führen Erfolge auf hohe Begabung und hohe Anstren- | **attribuierung**
gung zurück, während Misserfolgsmotivierte für Erfolge zwar keine ein-
deutigen Attribuierungspräferenzen aufweisen jedoch oft auf Zufall oder
Glück verweisen. Misserfolg andererseits führen Erfolgsmotivierte auf
mangelnde Anstrengung zurück, Misserfolgsmotivierte dagegen auf
mangelnde Begabung. (vgl. WEINER 1976, S. 85 sowie WEISS 1991, S.
62 f.).

Begabung und Anstrengung gelten als innere, personenabhängige Ur-
sachenerklärung *(internale Kausalattribuierung)*. Aufgabenschwierig- | **internale und**
keit und Zufall sind dagegen äußere, umgebungsbedingte Ursachen- | **externale Kausal-**
zuschreibungen *(externale Kausalattribuierung)*. Der Grad der Zufrie- | **attribuierung**

denheit oder Unzufriedenheit (affektive Reaktion) ist je nach Ursachen-
zuschreibung unterschiedlich. Die affektive Reaktion ist stärker, wenn
das Ergebnis auf personengebundene Ursachen (Begabung, Anstrengung) zurückgeführt wird. Sie ist geringer, wenn sie mit äußeren Ursachen (Aufgabenschwierigkeit, Zufall) erklärt wird. Das heißt, die Befriedigung über eine gelungene Leistung ist größer, wenn man sie auf die
eigene Fähigkeit oder die eigene Anstrengung zurückführt als auf die
Leichtigkeit der Aufgabe oder den Zufall und das Selbstwertgefühl wird
weniger verletzt, wenn ein Misserfolg durch den Zufall oder die zu große
Schwierigkeit erklärt wird und nicht durch die mangelnde eigene Begabung.

Ein erfolgreicher Handlungsausgang führt zu Zufriedenheit und zu einer
Selbstbekräftigung. Weitere Folgen sind Fremdbekräftigungen wie
Anerkennung und gute Zensuren. Die erwarteten weiteren Folgen
haben instrumentellen Wert für die Erreichung weitergehender Ziele, sie
können sogar im Dienste anderer Motive stehen (vgl. HECKHAUSEN
1986, S. 152 f.).

Leistungsmotivation als der Beweggrund zum Handeln in einer spezifi-
schen leistungsorientierten Situation ist nach dem *Risiko-Wahl-Modell*   **Risiko-Wahl-**
von *ATKINSON* eine multiplikative Funktion von überdauerndem Motiv,   **Modell von**
subjektiver Erfolgs- und Misserfolgserwartung und schwierigkeitsabhän-   **ATKINSON**
gigem Anreiz. Als Formel:

Motivation = Motiv x **Anreiz** x **Erfolgswahrscheinlichkeit**

Das Produkt von Motiv und Zielanreiz entspricht der Valenz (Aufforderungscharakter) von *Kurt LEWIN*. Mit seiner *Feldtheorie* hat LEWIN die   **Feldtheorie von**
Motivationsforschung nicht nur entscheidend angeregt, sondern auch in   **Kurt LEWIN**
weiten Bereichen beeinflusst (vgl. HECKHAUSEN 1989).

Je größer nun die Erfolgswahrscheinlichkeit ist, desto niedriger wird der
Anreiz und umgekehrt, daraus ergibt sich:

Anreiz = 1 – Erfolgswahrscheinlichkeit

Dies bedeutet, dass die Motivation bei einem bestimmten Motiv dann am größten ist, wenn sowohl Anreiz als auch Erfolgswahrscheinlichkeit bei 0,5 liegen. Wie wir bereits gesehen haben, gilt dies für Erfolgsmotivierte. Überwiegt bei einer Person jedoch das Misserfolgsmotiv, so müsste sie der Bearbeitung einer Aufgabe aus dem Wege gehen. Da ein völliges Ausweichen vor Leistungsanforderungen aber kaum anzutreffen ist, nimmt ATKINSON zusätzliche, *nicht leistungsbezogene Motive* wie etwa Wunsch nach sozialem Anschluss, Furcht vor Strafe etc. an. Solche *extrinsische Motive* sind Beweggründe, die nicht dem eigentlichen Anforderungsgehalt einer Situation entsprechen. (vgl. HECKHAUSEN 1989, S. 177)

Maximale Motivation

nicht leistungsbezogene Motive

extrinsische Motive

Das Erfolgsmotiv ist ein überdauerndes Leistungsbedürfnis (Disposition). Ob eine Person eine Leistung in Angriff nimmt oder ihr aus dem Weg geht, ist abhängig von der Stärke der beiden Motive, Erfolg zu erzielen (*Hoffnung auf Erfolg*) mit dem nachfolgenden Gefühl des Stolzes bzw. Misserfolg zu meiden (*Furcht vor Misserfolg*) mit dem damit verbundenen Gefühl der Scham. Die subjektive Erwartung, dass der Erfolg mit einer gewissen Wahrscheinlichkeit eintreten wird, und der emotionale Anreiz des Erfolges sind Situationsvariablen, die in Verbindung mit dem Motiv den Zustand der aktuellen Motivation herbeiführen. Ein aktuelles leistungsmotiviertes Handeln findet besonders dann statt, wenn die Tendenz „Hoffnung auf Erfolg" die Tendenz „Furcht vor Misserfolg" überwiegt.

Hoffnung auf Erfolg als das Produkt aus dem *Motiv*, Erfolg zu erzielen (M_e), dem *Anreiz* des Erfolges (A_e) und der *Wahrscheinlichkeit* von Erfolg (W_e) muss größer sein wie die Furcht vor Misserfolg als das Produkt aus dem Motiv, Misserfolg zu meiden (M_m), dem Anreiz des Misserfolges (A_m) sowie der Wahrscheinlichkeit des Misserfolges (W_m):

Anreize = z.B. Erfolgsgefühl/ Misserfolgsgefühl

$$M_e \times A_e \times W_e \; > \; M_m \times A_m \times W_m$$

Die meidende Tendenz wird von der Aufsuchenden subtrahiert und gibt so die resultierende Tendenz der intrinsischen Motivation:

intrinsische Motivation = Hoffnung auf Erfolg - Furcht vor Misserfolg

Aber auch bei einem Überwiegen von „Furcht vor Misserfolg" kann es zu Anstrengung und Ausdauer beim Leistungshandeln kommen. Dies findet dann statt, wenn eine extrinsische Komponente zu der intrinsischen hinzutritt. Dabei kann es sich um eine *positive Verstärkung* (z.B. Versprechen einer Belohnung) oder um eine *negative Verstärkung* (z.B. Zwang etwas tun zu müssen, um negative Folgen zu vermeiden) handeln (vgl. EDELMANN 1993, S. 390 f.). Die aktuelle Leistungsmotivation lässt sich demnach ausdrücken durch:

positive und negative Verstärkung

Leistungsmotivation = Hoffnung auf Erfolg – Furcht vor Misserfolg + Belohnung/Zwang

                        intrinsische   **extrinsische**
                        Motivation   **Motivation**

intrinsische und extrinsische Motivation

Belohnung und Zwang sind nur situationsspezifisch wirkende Maßnahmen, wobei Belohnung dem Zwang nicht nur auf Grund seiner Erzeugung von negativen Emotionen wie Angst und Scham, sondern auch aus Effizienzgründen vorzuziehen ist (vgl. EDELMANN 1993; S. 160 ff.). Wird hingegen eine relativ überdauernde intrinsische Motivation bevorzugt, so ist eine unverzichtbare Voraussetzung, dass die Person beim Lernvorgang häufig Erfolge erzielt, wobei befriedigende Erfolgserlebnisse durch das Aufzeigen von Lernerfolgen erreicht werden können. Auch die beste Motivation hält aber nicht ewig, wenn sie nicht gepflegt wird, das heißt, Überforderungen sind zu vermeiden, indem z.B. große Lernziele in kleine Schritte mit kleinen, aber häufigen Erfolgserlebnissen aufgeteilt werden.

Besonders bei niedrig leistungsmotivierten Personen steigert Erfolg die

Leistung, während Misserfolg ihre Leistungsbemühungen hemmt. Bei
hoch Leistungsmotivierten können dagegen unter Umständen Misserfolge die Leistungsbemühungen noch steigern, da sie diese oft auf
mangelnde Anstrengungen zurückführen (*Kausalattribuierung*).

**Kausal-
attribuierung**

Intrinsische Motivation ist der extrinsischen vorzuziehen, denn Lernen
soll der Person Spaß bereiten, da sie an der Problemlösung interessiert
ist. Sie lernt in diesem Fall um der Sache willen, weil Sie Fragen hat, die
sie gerne beantwortet haben will und nicht, weil sie sich etwas anderes
(Sachfremdes) davon verspricht. Das Erreichen einer Zielsetzung ist zugleich Bedürfnisbefriedigung und Erfolgsgefühl. Lernen mit extrinsischer
Motivation ist weitaus schwieriger und problematischer. Tätigkeiten
werden nur dann ausgeführt, wenn eine Belohnung erwartet werden
kann oder ein Zwang ausgeübt wird. Die Bedürfnisbefriedigung ist die
Belohnung nach dem Erreichen des Ziels. Die Gefahr ist relativ groß,
durch Umgehen des eigentlichen Lernzieles bequemer und einfacher an
die erwünschte Belohnung zu kommen. Das Lernziel stellt eine Barriere
für die Bedürfnisbefriedigung dar. Eine intrinsische Motivation ist weiters
vorzuziehen, da diese eine leichtere Informationsaufnahme und ein
leichteres Behalten der Information zur Folge hat sowie über den Lernvorgang hinaus positive Einstellungen für zukünftiges Lernen gefördert
werden. (vgl. BEELICH u. SCHWEDE 1991, S. 26)

„Hoffnung auf Erfolg" und „Furcht vor Misserfolg" sowie die extrinsischen Faktoren treten in der Regel nicht isoliert auf. In den meisten Situationen überwiegt lediglich einer der beiden intrinsischen Faktoren.
Auch ist in leistungsthematischen Situationen nur selten ein Motiv vor-
herrschend, oft liegen verschiedene konkurrierende intrinsische und extrinsische Motivationen vor, wobei viele Zielsetzungen neben positiven
auch negative Aspekte aufweisen. So kann dem Wissensdrang, der
Freude an der Lösung eines Problems die Vernachlässigung des Part-
ners oder einer wichtigen Arbeit entgegenstehen.

Übungsaufgabe 22

Nennen Sie je drei Beispiele für intrinsische bzw. für extrinsische Motivation in einer Lernsituation. (Siehe „Lösungen zu den Übungsaufgaben")

Übungsaufgabe 22

Es existieren verschiedene Auffassungen von intrinsischer und extrinsischer Motivation, was Abgrenzung oder zugrundeliegende Prozesse anbelangt. Allen gemeinsam ist jedoch, dass intrinsisches Verhalten um seiner selbst oder eng damit zusammenhängenden Zielzustände willen erfolgt und dass es nicht Mittel zu einem andersartigen Zweck ist. Eine weitere heute stark vertretene Konzeption hebt z.B. das handlungsbezogene Kriterium hervor. Intrinsisch bedeutet hier eine freudige Hingabe an die anliegende Sache, ein völliges Absorbiert werden des Erlebens von der voranschreitenden Handlung. Mihaly CSIKSZENT-MIHALYI (1975) nennt dieses freudvolle Aktivitätsgefühl, das völlig in der Sache, mit der man sich beschäftigt, aufgeht *Flow*.

Flow

Wenn die Tüchtigkeit die Aufgabenschwierigkeit weit übersteigt, resultiert Langeweile, im umgekehrten Falle Angst. Wenn jedoch Aufgabenschwierigkeit die eigene Tüchtigkeit voll herausfordert, ist die Bildung für Flow-Erleben gegeben.

Abb. 48: Flow-Modell (nach GÜNTHER u.a. 1998)

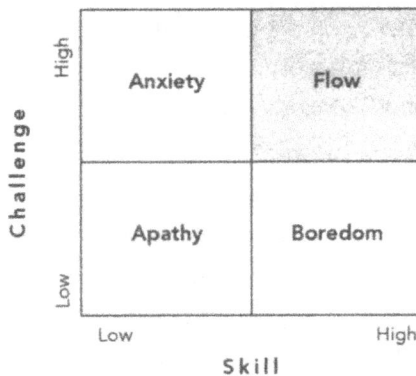

Diese Bedingung entspricht dem bevorzugten Anspruchsniveau Erfolgs-

motivierter und bringt die Unterschiede zwischen Spiel und Arbeit zum
Verschwinden (vgl. HECKHAUSEN 1989, S. 458). Der Zustand der als
Glück erlebten völligen Hingabe an ein Erlebnis ist jedoch nicht
gleichförmig. Er spielt sich als Spannungsbogen ab, der als *„Flow-*   **Flow-Kanal**
Kanal" bezeichnet wird und mit Spannung sowie Neugierde beginnt, in
Spaß bzw. Begeisterung gipfelt, um dann in einem Gefühl der
Entspannung und inneren Harmonie auszuschwingen (vgl. PFANNE-
MÜLLER 1998, S. 122). Als positive Effekte von Flow werden ein
besseres Lernvermögen, ein exploratives Verhalten und verstärkte Auf-
nahmebereitschaft postuliert (vgl. GÜNTHER u.a. 1998, S. 69).

3.4 Motivation in der Werbung

Motivation spielt außerhalb von Lernsituationen auch in anderen Bereichen eine zentrale Rolle. So finden Erwartungs-Wert-Modelle bei wirt-
schaftlichen Belangen eine häufige Anwendung. Nach dem *Erwartungs-*   **Erwartungs-Wert-**
Wert-Modell beruhen die motivierenden Kräfte hinter einem Verhalten   **Modell**
auf den beiden Faktoren Wert, den die Folgen eines Verhaltens haben,
und Erwartung, mit dem Verhalten Erfolg zu haben. Die Motivation zu
einem Verhalten wird als Produkt aus Erwartung und Wert angesehen:

Motivation = Erwartung x Wert

Ein Konsument legt auf die Folgen seiner Kaufhandlungen sehr hohen
Wert und erwartet, dass diese den gewünschten Erfolg haben wird. Keiner der beiden Faktoren Erwartung bzw. Wert darf Null werden, denn
dann fällt die gesamte Motivation in sich zusammen. Dieses Modell ermöglicht auch die Erklärung des Entscheidungsverhaltens in Kaufsitua-
tionen. Grundidee ist, dass bei der Wahl zwischen mehreren Hand-
lungsalternativen jene bevorzugt wird, bei der das Produkt von

erzielbarem Wert (Anreiz) mit der Wahrscheinlichkeit, ihn zu erzielen (Erwartung), maximal ist. Der erzielbare *persönliche Nutzen*, der Eigen-
nutz, wird zum zentralen Anreiz. Die Erwartungs-Wert-Modelle sind für
die Erklärung von Konsumverhalten auch insofern hilfreich, da auf ihrer
Basis die Rationalität von Verhalten – das Verhältnis zu Kosten und
Nutzen – beschrieben werden kann. (vgl. FELSER 1997, S. 35 f. sowie
HECKHAUSEN 1989)

persönlicher Nutzen

Nach O'SHAUGNESSY (1987) ist Kaufen zielgerichtetes Handeln, dem
implizit der Glaube zugrunde liegt, dass mit dem Kauf das Leben schö-
ner wird. Dadurch bezieht er Kaufhandlungen nicht so sehr auf elementare Lebensbedürfnisse oder gar Triebe, sondern auf die Vorstellung des
Konsumenten vom guten Leben. Diese Vorstellung bildet Ziele, die in
einfachen, alltagssprachlich fassbaren *Gegensatzpaaren* wie z.B. lieber
gesund als krank, lieber reich als arm, lieber schön als hässlich etc. formuliert werden können. Nun ist es einmal unmöglich alle Ziele gleichzeitig zu verfolgen, daher müssen Prioritäten gesetzt werden und andererseits gibt es meist verschiedene Wege zur Zielerreichung. An diesen
beiden Punkten kann Werbung ansetzen, um Konsumentenverhalten zu
beeinflussen. Es können die Prioritäten einzelner Ziele verschoben sowie
neue Wege aufgezeigt werden, die ein Ziel als erreichbar erscheinen
lassen.

schöneres Leben

Gegensatzpaare

Grundlage erfolgreicher Motivation durch Werbung ist die genaue
Kenntnis der persönlichen Motive der betreffenden Konsumenten, wo-
bei es oft sinnvoll ist, Zielgruppen nach Personen mit ähnlicher Motiv-
struktur zu bilden. Jedoch spielen beim Kauf eines Produktes nicht alle
Motive eine Rolle bzw. lassen sich mit einem Produkt nicht alle Motive
ansprechen, daher gilt es, durch Werbung gezielt kaufentscheidende
Motive zu aktivieren. Werbung kann jedoch auch dazu beitragen, neue
Konsummotive an potentielle und tatsächliche Kunden zu vermitteln.
Z.B. ergab eine Motivuntersuchung, dass Bonbons häufig als Selbstbe-
lohnung für harte Arbeit betrachtet werden. Die Argumentation der
Werbung wurde daraufhin von: „Herrliche Bonbons – jeder mag sie" in

Motive der Konsumenten

relevante Motive

Aktivierung der kaufentscheiden en Motive

„Mach Dir die harte Arbeit leichter" umgewandelt, was zu einer Verdoppelung des Marktanteiles führte. (vgl. ROSENSTIEL u. KIRSCH 1996)

In Anlehnung an die Erwartungs-Wert-Theorie hat **VROOM** ein *Instrumentalitätsmodell* entwickelt. Es handelt sich dabei um eine ausdifferenzierte Form des Erwartungs-mal-Wert-Modells, wie es u.a. von **Kurt LEWIN** in seinen Grundformen konzipiert worden war. Danach wird Motivaktivierung durch die drei Größen Valenz (Aufforderungscharakter), Instrumentalität sowie Erwartung beeinflusst.

Instrumentalitätsmodell von VROOM

Kurt LEWIN

Motivation = Valenz x Instrumentalität x Erwartung

Mit Valenz wird der wahrgenommene Wert einer Handlungsfolge (Wertigkeit eines Motivs), mit Instrumentalität die Eignung einer Handlung zur Befriedigung des Motivs und mit Erwartung die Wahrscheinlichkeit bezeichnet, dass die Handlung zu einem bestimmten Handlungsergebnis führt. (vgl. HECKHAUSEN 1989, S. 182 ff.)

Für die Werbung ergeben sich daraus drei Konsequenzen (vgl. ROSENSTIEL u. KIRSCH 1996, S. 141 ff.):

1. Die Motive, die der Konsum des jeweiligen Produktes befriedigt, sollen möglichst hoch bewertet werden *(Valenz)*,

2. der Konsum des Produktes soll *instrumentell* für ein hoch bewertetes Motiv sein und

3. durch die Verwendung des Produktes soll das gewünschte Ziel erreicht werden *(Erwartung)*.

Valenz

Instrumentalität

Erwartung

Der gesellschaftliche Wertewandel zeigt, dass nicht alle Motive vorgegeben sind, sondern dass sie zum Teil gelernt werden. Da sich Veränderungen aber nur langsam vollziehen, ist es in der Werbung leichter auf vorhandene Motive aufzubauen, andernfalls sind neue bzw. nicht verfestigte Motive vorzuziehen. Weiters sind Konsummotive von allgemeiner Art, weshalb sich die Verstärkung eines Motivs auch auf

Konkurrenzprodukte auswirkt.

Bei der Darstellung der Instrumentalität eines Produktes muss auf die in der Zielgruppe vorhandenen Motive Bezug genommen werden, wobei das Produkt wirklich und nicht nur in der Werbung instrumentell sein sollte. Manche sozial gering bewerteten Motive wie z.B. Prestige, Erotik, Habgier etc. sind problematisch, dabei kann eine bildliche statt textliche Darstellung und die Verwendung beschönigender Formulierungen die Abwehrmechanismen gegen diese Motive unterlaufen. Sind für den Konsumenten wahrnehmbar verschiedene Produkte instrumentell für ein Motiv, sollte die Werbung darstellen, welchen zusätzlichen, differenzierenden Nutzen das Produkt gegenüber der Konkurrenz hat. Für die Kaufmotivation reicht es aber nicht immer aus aufzuzeigen, dass das Produkt geeignet ist zur Befriedigung der Bedürfnisse beizutragen. Vom Kunden muss auch die Wahrscheinlichkeit, den Produktnutzen tatsächlich genießen zu können, hoch eingeschätzt werden.

KROEBER-RIEL (1996, S. 146 ff.) wiederum gliedert Motivation in eine **Antriebskomponente** (Triebe und Emotionen) sowie eine **kognitive Komponente** (Ziel-Mittel-Wahrnehmung). Die Ziel-Mittel-Wahrnehmung des Konsumenten entsteht in der Regel durch Lernprozesse, die durch das Marketing beeinflusst werden können, wobei es v.a. darum geht, wie man Antriebskräfte des Konsumenten auf ein bestimmtes Produkt lenken und dadurch Kaufmotivation erzeugen kann. So kann z.B. durch Werbung zunächst eine soziale **Emotion** (Geselligkeitsgefühl, Prestige etc.) aktiviert oder verstärkt werden, um dann deutlich zu machen, dass die beworbene Marke zur Realisierung dieser Gefühle beiträgt.

Antriebskomponente und kognitive Komponente

Emotion

Marke = Mittel zur Bedürfnisbefriedigung

Da immer mehr Märkte die Sättigungsphase erreichen, die Produkte ausgereift sind, die konkurrierenden Anbieter sich kaum mehr voneinander unterscheiden und dadurch die Produkte austauschbar sind, spielt die emotionale Erlebnisvermittlung in der Werbung eine immer entscheidendere Rolle.

Gesättigte Märkte

Übungsaufgabe 23

Versuchen Sie, das folgende Bilde in Hinblick auf die angesprochenen Motive zu interpretieren. (Siehe „Lösungen zu den Übungsaufgaben")

Abb. 49: Die jungen Alten auf dem Sprung (aus w&v Compact 12.2.1999)

Übungsaufgabe 23

Übungsaufgabe 24

Peter Stuyvesant wirbt u.a. auf Plakaten für die neue Zigarettenmarke Stuyvesant Lights mit folgendem Slogan: **Mild & More: The new Lights.** Der Slogan ist neben einer Zigarettenpackung über den Wolken vor einem Sonnenuntergang platziert. Welche Motive werden hier angesprochen?
(Siehe „Lösungen zu den Übungsaufgaben")

Übungsaufgabe 24

Lösungen zu den Übungsaufgaben

Übungsaufgabe 20

Weitere hypothetische Konstrukte sind z.B. Liebe, Aggression, Einstellung etc.

Übungsaufgabe 21

Beispiele für einen Wertewandel sind: Individualisierung, Säkularisierung, Betonung der Natur, sinkende Bedeutung der Arbeit als Pflicht, Höherbewertung der Freizeit, Gesundheitsbewusstsein, Erlebnisgesellschaft etc.

Übungsaufgabe 22

Beispiele für intrinsische Motivation:

Freude bzw. Spaß an der Sache, Interesse an der Problemlösung etc.

Beispiele für extrinsische Motivation:

Vergünstigungen, Versprechungen, Lob, Konkurrenzdenken, Verspottung, Ablehnung, Tadel etc.

Übungsaufgabe 23

Abbildung 49:

Mit diesem Bild könnte dafür geworben werden, Motiven wie Fitness, Gesundheit, Abwechslung, das Leben genießen etc. mehr Bedeutung beizumessen. Ältere Menschen sollen sich nicht als das Alter fristende Senioren, sondern als anspruchsvolle Genießer des dritten Lebensabschnittes empfinden.

Übungsaufgabe 24

Der Slogan „Mild & More. The new Lights" in Verbindung mit dem beschriebenen Bild spricht Bedürfnisse wie Abenteuer, Erlebnis, Abwechslung etc. an, deren Erfüllung durch den Genuss einer Stuyvesant-Zigarette auf Grund ihrer Nikotinarmut (der Begriff Lights wird durch das Schweben über den Wolken unterstrichen) dem heute große Bedeutung zukommenden Motiv nach Gesundheit nicht widerspricht (bzw. entgegenkommt). Mild & More verspricht sogar trotz des geringen Nikotingehaltes mehr Genuss.

4. Lernen

4.1 Lerntheorien

Allgemein kann *Lernen* als ein relativ dauerhafter Erwerb einer neuen oder die Veränderung einer schon vorhandenen Fähigkeit, Fertigkeit oder Einstellung bezeichnet werden, wobei der Leistungszuwachs oder die Leistungsveränderung auf Erfahrung zurückgeht und somit weder eine Folge eines natürlichen Reifungs- bzw. Wachstumsprozesses ist, noch auf Drogeneinwirkungen beruht (vgl. KAISER u. KAISER 1991, BREZINKA 1981 sowie HÖGER 1978). Der Lernprozess selbst kann jedoch nicht beobachtet werden, wir schließen auf ihn durch Beobachtung des Verhaltens bzw. der Verhaltensänderungen bei den Lernenden. Wie bei der Motivation handelt es sich also auch beim Lernen um ein *hypothetisches Konstrukt.*

Ziel des Lernens ist eine optimale Anpassung an die vielfältigen Anforderungen der Umwelt. Wobei der Begriff Anpassung weit gefasst ist und auch im Sinne einer aktiven, planvollen Auseinandersetzung mit der Umwelt verstanden wird. Der Prozess des Lernens führt zum Neuerwerb oder zur Veränderung psychischer Dispositionen, d.h. zur Bereitschaft und Fähigkeit bestimmte Leistungen zu erbringen. Im Gegensatz zu Leistung, die von momentanen Bedingungen abhängt, ist Lernen durch relativ überdauernde Veränderungen gekennzeichnet. Lernen besteht also im Erwerb von Dispositionen, d.h. von Verhaltens- bzw. Handlungsmöglichkeiten, wobei es unwesentlich ist, ob die Erfahrungen, die zur Änderung einer psychischen Disposition führen, gezielt vorbereitet und gelenkt oder ob sie ungelenkt und ohne Absicht gewonnen werden.

Da Lernen als Verhaltensänderungen, die durch Erfahrungen zustande kommen, definiert wird, beschreiben Lerntheorien Bedingungen, unter welchen sich Verhaltensänderungen im Sinne von Lernprozessen vollziehen und liefern Modelle, die Zusammenhänge zwischen Lernprozessen und Verhaltensänderungen erklären sollen. In dem Maße, in dem die Gesetzmäßigkeiten, unter denen Lernen erfolgt, erkannt werden, verhelfen uns diese Erkenntnisse auf der einen Seite zur Entwicklung geeigneter Technologien, andererseits werden dadurch aber auch Möglichkeiten und Grenzen geplanter Einflüsse deutlich.

In der Lernpsychologie lassen sich drei verschiedene Strömungen unterscheiden. Auf der einen Seite handelt es sich um die **behavioristische** Sichtweise, die nur beobachtbares Verhalten als Gegenstand einer wissenschaftlichen Psychologie akzeptiert und dementsprechend Lernen unter dem Reiz-Reaktion-Aspekt betrachtet. Der zweite Ansatz behandelt v.a. Informationsaufnahme-, Informationsverarbeitungs- sowie Problemlösungsprozesse. Bei all diesen Prozessen spielt das Bewusstsein bzw. die **Kognition** eine zentrale Rolle. Der dritte Ansatz wiederum betont die individuelle **Konstruktion** von Wissen. Die unterschiedlichen Ansätze entstanden jedoch nicht nacheinander, vielmehr entwickelten sie sich parallel, ihnen wurde aber zu unterschiedlichen Zeiten verschiedene Bedeutung eingeräumt.

Behaviorismus

Kognitivismus
Konstruktivismus

Zwar befasst sich der Behaviorismus fast ausschließlich mit den Beziehungen zwischen Reizen (Stimuli) und Reaktionen, darüber hinaus haben sich aber v.a. spätere Entwicklungen auch für die dazwischen liegenden Prozesse als sogenannte intervenierende Variablen interessiert. Andererseits wiederum messen kognitive und konstruktivistische Psychologen den Reizen und Reaktionen zwar keinerlei Bedeutung zu, dennoch sind trotz der heute großen Bedeutung der kognitiven und konstruktivistischen Richtungen Reiz-Reaktions-Zusammenhänge weiterhin ein wesentlicher Bestandteil der Lernpsychologie. Lernen erscheint immer mehr als ein äußerst vielfältiger Prozess, der unter den verschiedensten äußeren und inneren Bedingungen abläuft und daher unter verschiedenen Gesichtspunkten betrachtet werden kann und muss.

4.2 Behavioristisches Lernverständnis - Reiz-Reaktions-Lernen

Für die Vertreter des Behaviorismus sind **Reize** (Umstände, die ein Ver-   **Reiz (Stimulus)**
halten auslösen) und **Reaktionen** (tatsächliches Verhalten) als beobacht-   **Reaktion**
bare Aspekte des Verhaltens und somit objektive Variablen Grundlage
einer psychologischen Wissenschaft. Da Bewusstseinsprozesse nicht beobachtbar sind, können sie nach dieser Auffassung auch nicht Gegenstand einer Lerntheorie sein. Lernen, also Verhaltensänderungen, die auf
Grund von Erfahrungen zustande kommen, wird als das Ergebnis von
beobachtbaren Reiz-Reaktions-Prozessen verstanden.

John B. WATSON, der Begründer des Behaviorismus, erklärte die Psychologie als reine Verhaltenswissenschaft. Seine Position zusammengefasst lautet: Wir sind das, was wir zu sein gelernt haben (vgl. ZIMBARDO
1983, S. 39). Ein Großteil seiner Theorie basiert auf früheren Arbeiten
des russischen Physiologen Iwan Petrowitsch PAWLOW, dessen Grund-
versuch bereits behandelt wurde. Ein hungriger Hund, dem Nahrung
vorgesetzt wird, beginnt Speichel abzusondern. Wird das Zeigen der
Nahrung mit einem anderen Reiz, der für sich alleine keine besondere
Reaktion hervorrufen würde (indifferenter bzw. neutraler Reiz), kombi-
niert (hier ein Klingelzeichen), so genügt nach einigen Wiederholungen
dieser Reiz alleine, ohne die Nahrung, um die Speichelabsonderung
beim Hund in Gang zu setzten. Dieser Vorgang wird als **klassische Konditionierung** bezeichnet.

4.2.1 Klassisches Konditionieren

Verschiedene Reize haben die automatische Reaktion einer Drüse oder
eines Muskels zur Folge. Diese Reaktionen müssen nicht gelernt werden,
sie sind angeboren und erfolgen unwillkürlich. Bekannte Beispiele für
solche **unbedingte Reaktionen** sind der Lidschlagreflex, der Knieseh-

nenreflex oder eben die Speichelabsonderung bei der Nahrungsauf-
nahme. PAWLOW bezeichnete eine solche Reaktion als **unkonditioniert**
(**unconditioned response**) und den auslösenden Reiz als unkonditionierten Reiz (**unconditioned stimulus**). Solche angeborenen unkonditionierten Reaktionen (**Reflexe**) sind für den Organismus von lebensent-
scheidender Bedeutung. Würde z.B. die Pupille auf zu intensives Licht
nicht mit einer sehr raschen Konstriktion reagieren, so könnte sie schwer
geschädigt werden.

Nicht alle Reaktionen sind jedoch angeboren, viele Reaktionen sind das
Ergebnis eines Lernvorganges. So löst das Geräusch eines Bohrers beim
Zahnarzt oder der Anblick eines Arztes im weißen Kittels bei vielen Pati-
enten negative Emotionen aus. Diese Reaktion erfolgt aber nur dann,
wenn sie vorher gelernt wurde, indem wir z.B. vorher erfahren haben,
dass Bohren Schmerzen verursacht bzw. wir von einem Arzt in einem
weißen Kittel eine unangenehme Spritze erhalten haben.

Übungsaufgabe 25

Beschreiben Sie einen ähnlichen Lernvorgang aus Ihrem eigenen Erleben.

Solche Lernvorgänge sehen nach dem Verständnis des klassischen Konditionierens folgendermaßen aus: Wird gemeinsam mit dem unkonditionierten Reiz UCR (Spritze) ein indifferenter, neutraler Reiz (weißer Kittel)
dargeboten, so verliert nach mehrfacher Wiederholung der ursprünglich
neutrale Reiz seine Indifferenz und wird zum bedingten Reiz CS. Das
heißt er löst auch für sich alleine die Reaktion nun CR (negative Emotion)
aus, die ursprünglich der mit ihm gemeinsam aufgetretene unkonditionierte Reiz UCS hervorgerufen hatte. Wie dieses Beispiel zeigt, lässt sich
mit Hilfe der Theorie des klassischen Konditionierens nicht nur das Lernen von Reflex-Reaktionen (Speichelabsonderung, Lidschlagreflex etc.),
sondern auch das Lernen von emotional-motivationalen Reaktionen erklären. Motivation, Bewusstsein und ähnliche Phänomene spielen bei
dieser Erklärung des Lernvorganges keine Rolle, der Organismus verhält
sich weitgehend reaktiv (vgl. EDELMANN 1993, S. 72 f.).

unbedingte
Reaktion =
unkonditionierte
Reaktion

UCR

UCS

Übungsaufgabe 25

Abb.50: Schema des Reiz-Reaktions-Lernens

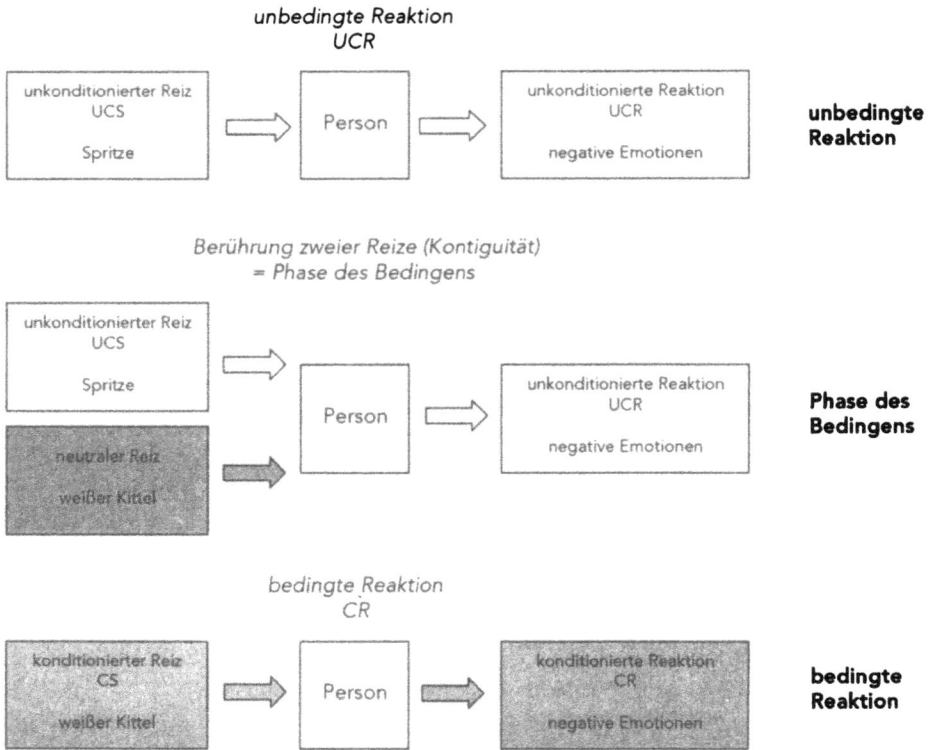

unbedingte Reaktion
UCR

| unkonditionierter Reiz UCS Spritze | Person | unkonditionierte Reaktion UCR negative Emotionen | **unbedingte Reaktion** |

Berührung zweier Reize (Kontiguität)
= Phase des Bedingens

| unkonditionierter Reiz UCS Spritze | Person | unkonditionierte Reaktion UCR negative Emotionen | **Phase des Bedingens** |
| neutraler Reiz weißer Kittel | | | |

bedingte Reaktion
CR

| konditionierter Reiz CS weißer Kittel | Person | konditionierte Reaktion CR negative Emotionen | **bedingte Reaktion** |

Diese Art des Lernens kann auch als **Signallernen** verstanden werden, **Signallernen**
da der konditionierte Reiz CS auf ein bevorstehendes Ereignis hinweist.
So erfolgt z.B. die Befriedigung elementarer Bedürfnisse eines Säuglings
meist durch die Mutter. Ihr Erscheinen wird mit angenehmen Erlebnissen gekoppelt, so dass dieses freudig begrüßt und als angenehm erlebt wird, denn allein ihr Erscheinen ist zum Signal für bevorstehende
Behaglichkeit geworden.

Auch gelernte Reaktionen haben in unserem Leben eine wesentliche
Bedeutung. Viele Gerüche (z.B. typischer Geruch beim Arzt, in Schulen
oder in einer Bäckerei, der Duft eines bestimmten Parfüms etc.) bzw.

Situationen (z.B. jemand in einer Uniform, die Begegnung mit bestimmten Tieren, der Satz „ich liebe Dich", ein Bild etc.) rufen oft negative
oder positive Emotionen hervor. Durch die Konditionierung erhalten die
Gegenstände und Situationen in unserer Umwelt unterschiedliche Be-
deutungsgehalte je nach den Ergebnissen, die auf Grund früherer Erfahrungen mit ihnen verknüpft sind. Durch das Verbinden der wahrgenommenen Umwelt mit emotionalen Erlebnissen wird unser Verhalten entscheidend gesteuert.

Der Erwerb einer Konditionierung erfolgt am schnellsten bei einer **ver-
zögerten** Folge, d.h. wenn der zu konditionierende Reiz CS vor dem
unkonditionierten Reiz UCS auftritt und während diesem andauert. Sehr
effektiv ist auch eine **Spurenkonditionierung**, bei der ein zu konditionie-
render Reiz CS dem unkonditionierten UCS vorausgeht. Die Zeitabstände sind jedoch sehr variabel und vom Reiz-Reaktionstyp abhängig. Sie
reichen von 0,5 Sekunden über ein paar Sekunden bis in Sonderfällen zu
einigen Stunden. In der Regel gilt jedoch, dass kürzere Zeitabstände
wirksamer sind als längere. (vgl. LEFRANCOIS 1994, S. 19 sowie BED-
NORZ 1984, S. 45 f.)

Abb. 51: Paarungen von CS und UCS

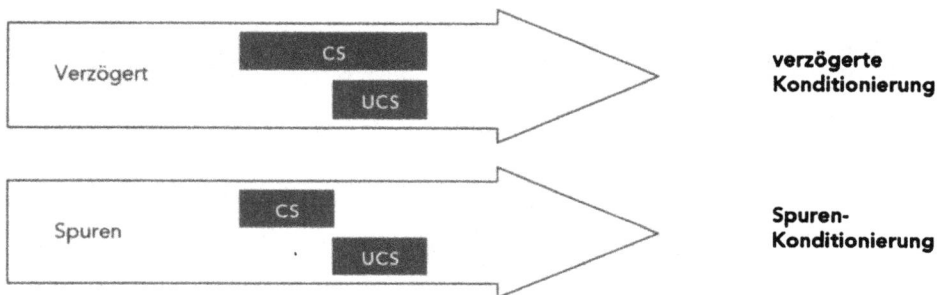

Verzögert — CS / UCS — **verzögerte Konditionierung**

Spuren — CS / UCS — **Spuren-Konditionierung**

Eine einmalige Berührung der beiden Reize reicht meist jedoch nicht zur
Bildung einer stabilen konditionierten Reaktion aus. Experimente haben
gezeigt, dass mindestens fünf, manchmal auch über hundert Koppelun-

gen von konditioniertem Reiz CS und unkonditioniertem Reiz UCS nötig
waren (vgl. EDELMANN 1993, S. 75). Das wiederholte Zusammen-
kommen der beiden Reize, eine sogenannte **Bekräftigung**, ist also in   **Bekräftigung**
der Regel eine Voraussetzung für den Erwerb einer bedingten Reaktion.

Reaktionen können auch bei ähnlichen Reizen beobachtet werden. Eine
Reaktion bei weißen Ratten kann auch bei einem weißen Kaninchen o-
der einem weißen Wattebausch auftreten. Haben z.B. Kinder Angst vor
ihrem Vater, so kann diese auch bei Anwesenheit anderer männlicher   **Reiz-**
Erwachsener auftreten. Diese Erscheinung wird **Reizgeneralisierung** ge- **generalisierung**
nannt.

Abb. 52: Konditionierung zweiter Ordnung

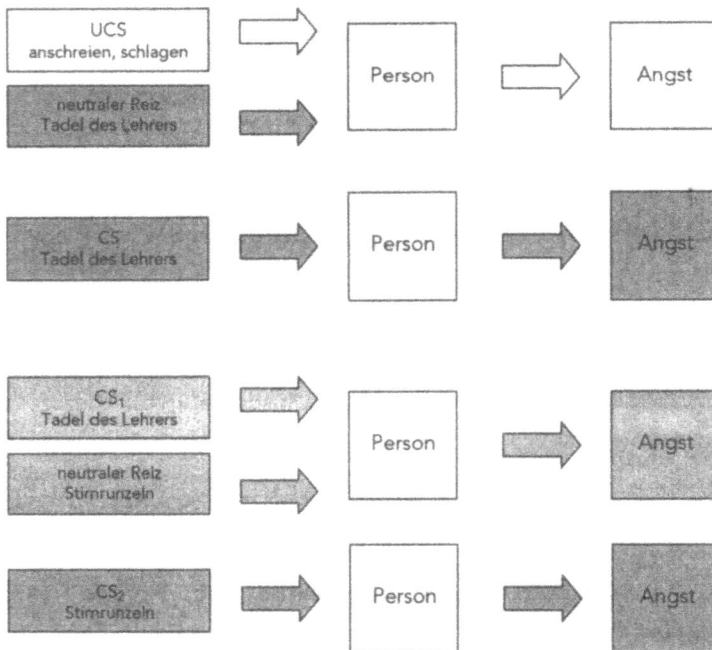

                                                                          Konditionierung
                                                                          2. Ordnung

Ein konditionierter Reiz CS kann also nach Kopplung mit einem unkondi-   **Konditionierung**
tionierten Reiz UCS eine konditionierte Reaktion CR auslösen. Der kon-   **höherer Ordnung**
ditionierte Reiz CS kann aber auch noch mit einem anderen neutralen

Reiz gekoppelt werden. Bei der nun entstehenden Verbindung handelt es sich um eine Konditionierung höherer Ordnung. Wird z.B. ein Schüler angeschrieen oder gar geschlagen, so empfindet er automatisch Angst. Mit dem Reiz Anschreien und Schlagen wird der Tadel des Lehrers verbunden. Bald löst der Tadel alleine Angst aus und kann in weiterer Folge auf das Stirnrunzeln übergehen. (vgl. EDELMANN 1993, S. 78 f.)

Übungsaufgabe 26

Beschreiben Sie eine Konditionierung höherer Ordnung aus Ihrer eigenen Erfahrung.

Übungsaufgabe 26

Tritt ein konditionierter Reiz öfters alleine auf, ohne dass durch eine weitere Koppelung mit dem unkonditionierten Reiz eine erneute Bekräftigung erfolgt, so verliert er seine Wirksamkeit und wird wieder zum indifferenten Reiz. Es ist eine Löschung *(Extinktion)* eingetreten. Allerdings kann ohne einen besonderen Anlass bei Darbietung des konditionierten Reizes die konditionierte Reaktion wieder auftreten *(Spontanerholung)*. Sie verlöscht aber dann wieder, sofern sie nicht erneut bekräftigt wird. Im Gegensatz zu bedingten Reflex-Reaktionen sind emotional-motivationale Reaktionen häufig sehr widerstandsfähiger gegenüber einer Löschung. So empfinden manche Menschen Angst beim Anblick von Hunden oder Katzen, obwohl unangenehme Erlebnisse mit solchen Tieren nicht mehr erinnert werden können. Eine abnorme, unkontrollierbare Angst vor Objekten oder Situationen wird als *Phobie* bezeichnet.

Löschung = Extinktion

Spontanerholung

Phobie

Eine Phobie kann durch Konditionierung abgebaut werden, indem z.B. angenehme Assoziationen eingesetzt werden, um schrittweise die ursprüngliche Angstreaktion aufzuheben. Die Löschung muss schrittweise erfolgen, damit keine Kopplung der ursprünglich angenehmen Reize mit dem Angst auslösenden Reiz eintritt. KUHLEN (1972, S. 139) führt folgendes Beispiel zum Abbau einer Phobie an:

„Ein 8jähriger Junge hatte noch zwei Jahre nach einem Autounfall eine Phobie vor allen bewegten Fahrzeugen, die sich so äußerte, dass er

ohne intensive Angstgefühle kaum das Haus verlassen konnte und dass
hinderliche Vermeidungsreaktionen zur Gewohnheit geworden waren.
In einer Technik der graduellen Einführung des gefürchteten Objektes
(...) wurden in den Therapiesitzungen zunächst nur Gespräche geführt
über bewegte Fahrzeuge wie Autos, Züge, Flugzeuge (...); anschließend wurden die Gespräche zu Spielsituationen mit kleinen Autos aus-
geweitet. Bei jedem bewältigten Schritt in der Hierarchie bekam der
Junge Schokolade; insbesondere dann, wenn ein Autounfall das Thema
der Spielsituation war. LAZARUS ging schrittweise vor: von der bloßen
Vorstellung der Autos in den Anfangsgesprächen über veranschaulichte
Objekte in Form von Spielzeugen bis zu realen Autos auf der Straße.
Die Verstärkung mit Schokolade wurde fortgesetzt, nachdem das Kind
zunächst das stehende Auto betrat, und anschließend auch im fahren-
den Auto. Nach sechs Wochen war die Phobie des Jungen völlig elimi-
niert, er hatte sogar ausgesprochene Freude am Autofahren."

Im Konzept des klassischen Konditionierens werden auch Verknüpfungen von Signalen erfasst, die eine emotional-motivationale Reaktion des
Organismus bewirken. Diese wird jedoch in der Regel als biologisch
zweckmäßige Anpassungsreaktion interpretiert. Die Anpassung hat dabei primär einen passiven Charakter, da die Reaktionen unwillkürlich
durch Reize ausgelöst werden.

Die ebenfalls zu den Behavioristen gehörenden Lerntheoretiker
THORNDIKE und SKINNER gehen zwar ebenfalls von der grundlegenden Auffassung aus, dass Lernen auf der Verbindung von Reiz und Reaktion beruht, jedoch befassen sie sich dabei v.a. mit den möglichen Auswirkungen der Verhaltenskonsequenzen. Bei ihnen rückt das Lernen von
Verhalten in Zusammenhang mit Belohnen und Bestrafen als Verstärkung in den Mittelpunkt des Interesses.

4.2.2 Versuch und Irrtum – Lernen am Erfolg

Für Edward L. THORNDIKE bestand Lernen aus der Bildung von Verbin-

dungen zwischen Reizen und Reaktionen. Er bezeichnete Lernen als ***Ein-***   **Einstanzen**
stanzen von (erfolgreichen) Stimulus-Reaktions-Verbindungen und Vergessen als ***Ausstanzen*** von (erfolglosen) Verbindungen.   **Ausstanzen**

Bei einem seiner grundlegenden Experimente sperrte THORNDIKE eine
Katze in einen Käfig, dessen Tür von innen geöffnet werden konnte. Das
Tier wurde mit der Zeit unruhig und vollführte verschiedenste Bewegungen und Handlungen, die teils auf angeborene Verhaltensmuster beruh-
ten, teils in früheren, ähnlichen Situationen gelernt wurden. Die Bewegungen und Handlungen folgten mehr oder weniger zufällig aufeinan-
der. So biss und kratzte die Katze am Käfig, lief unruhig herum, versuchte sich durch vorhandene Lücken zu zwängen, bis sie zufällig den Mechanismus betätigte, die Käfigtür sich öffnete und sie ihren Durst oder
Hunger stillen konnte. Anschließend wurde der Versuch mit demselben
Tier mehrmals wiederholt und die Katze benötigte immer weniger Zeit
um den Mechanismus der Tür zu betätigen, bis sie imstande war, sofort
nachdem sie in den Käfig gesetzt wurde, diesen zu öffnen. (vgl.
LEFRANCOIS 1994, S. 26 f. sowie HÖGER 1978, S. 28)

Abb. 53: Lernen nach Versuch und Irrtum (nach KAISER u. KAISER 1991)

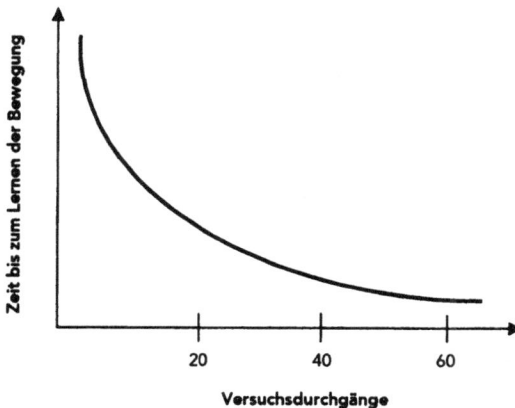

Das Tier hatte gelernt, in einer gegebenen Situation eine zweckmäßige
Handlung auszuführen, um ein Bedürfnis zu befriedigen. Nachdem die
zweckmäßige Handlung rein zufällig gefunden wurde, ist eine Ver-

stärkung erfolgt und die Irrtümer, d.h. die erfolglosen Versuche wurden seltener. Diese Form des Lernens wird daher auch als *„Lernen nach Versuch und Irrtum"* bezeichnet.

Im Unterschied zur konditionierten Reaktion wird hierbei eine zweckmäßige Handlung gelernt, die geeignet ist, ein erstrebtes Ziel (befriedigender Zustand) zu erreichen bzw. einer unangenehmen Situation (unbefriedigender Zustand) zu entkommen. THORNDIKE fasste dies u.a. in folgenden zwei Gesetzen zusammen (vgl. LEFRANCOIS 1994, S. 27 f. sowie HÖGER 1978, S. 29):

- Effektgesetz *(law of effect)*: Dies besagt, dass die Verknüpfung eines Verhaltens mit einer bestimmten Situation durch den nachfolgenden Effekt beeinflusst wird. Führt das Verhalten zu einer Befriedigung (positiver Effekt), so wird die Verbindung bekräftigt, d.h. in einer gleichen oder ähnlichen Situation tritt dieses Verhalten mit einer größeren Wahrscheinlichkeit wieder auf. Bei unbefriedigtem (negativem) Effekt, d.h. fehlender Belohnung oder Bestrafung wird diese Tendenz geschwächt. Erfolg und Misserfolg sind damit die entscheidenden Bedingungen, ob ein Verhalten beibehalten wird oder nicht, wobei die Wirkung der Belohnung gegenüber der Bestrafung deutlich überwiegt.

- Gesetz der Übung *(law of exercise)*: Dieses zielt auf die Notwendigkeit und Bedeutung der Übung ab. Verbindungen zwischen Reizen und Reaktionen werden dann gestärkt, wenn sie häufig, in kurzen Abständen und mit Elan geübt werden. Dabei ist das Eintreten eines Erfolges auch bei Übungen von großer Bedeutung.

Lernen am Erfolg zeigt sich v.a. bei neuartigen Situationen, die wir nicht überblicken können, in denen wir aber handeln müssen. Meist versuchen wir dann verschiedene Lösungen. Führt eine davon zufällig zum Erfolg, so werden wir in einer späteren, ähnlichen Situation auf die seinerzeit erfolgreiche Handlungsweise zurückgreifen.

4.2.3 Operantes Konditionieren

Burrhus Frederic SKINNER war der Meinung, dass die klassische Kondi-
tionierungsmethode nur einen sehr beschränkten Teil menschlichen und
tierischen Verhaltens abdeckt. Von diesen **reaktiven Verhaltensweisen
(respondents)** unterscheidet er eine zweite Gruppe, für die kein primä-
rer auslösender Stimulus bedeutsam ist, sondern sie werden **spontan**
hervorgebracht, er bezeichnet diese als **operants**.

respondents

operants

> Beim respondenten Verhalten **reagiert** der Organismus auf die Um-
> welt, während er beim operanten Verhalten auf die Umwelt **einwirkt.**

Dementsprechend unterscheidet SKINNER auch zwei Formen des Konditionierens. Die eine besteht in der Verbindung zweier mehr oder weniger gleichzeitig auftretender Stimuli und entspricht weitgehend dem
klassischen Konditionieren. Die zweite Form bezieht sich auf die Aktivitäten eines Organismus, die durch einen nachfolgenden Stimulus verstärkt werden. Dies wiederum entspricht im gewissen Sinne dem Effektgesetz von THORNDIKE. SKINNER nannte diese Form **operantes** (in-
strumentelles) **Konditionieren**, da hier ein Verhalten gelernt wird, welches ein Instrument oder Mittel darstellt, das die entsprechende Konse-
quenz hervorruft.

**operantes
Konditionieren**

Wie THORNDIKE studierte SKINNER Verhalten, das von Organismen
freiwillig gezeigt wird und verstärkte dieses, anstatt sich mit unfreiwilli-
gem Verhalten zu befassen, das automatisch durch einen vorangegan-
genen Reiz ausgelöst wird. Dabei wartete er jedoch im Gegensatz zu
THORNDIKE nicht ab, bis die Versuchstiere zufällig das gewünschte
Verhalten zeigten, sondern konstruierte die nach ihm benannte „SKIN-
NER-Box" so, dass jede Verhaltensveränderung in Richtung des ge-
wünschten Endverhaltens gleich verstärkt werden konnte. Wenn eine
Reaktion von einer Verstärkung gefolgt wird, so resultiert daraus eine
Erhöhung der Wahrscheinlichkeit, dass diese Reaktion unter ähnlichen
Umständen wieder auftritt. Mit **Verstärkung** sind also Reize gemeint, die

Verstärkung

die Wahrscheinlichkeit des Auftretens einer bestimmten Reaktion erhöhen.

Abb. 54: SKINNER-Box (aus LEFRANCOIS 1994, S. 36)

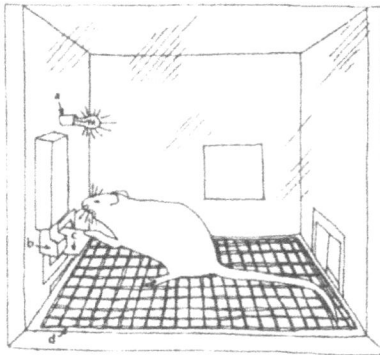

SKINNER-Box

a)	Licht	c)	Hebel
b)	Futtermagazin	d)	elektrischer Rost

Drückt in einem Experiment z.B. eine Ratte einen Hebel und erhält anschließend eine Futterpille, so erhöht sich in der Regel die Wahrscheinlichkeit, dass die Ratte den Hebel betätigt. Das Futter dient als *positive Verstärkung*. Erhält die Ratte jedoch über den Rost auf dem sie steht nach Drücken des Hebels einen leichten elektrischen Schock, wird sie zukünftig wahrscheinlich den Hebel meiden. Der elektrische Schlag ist eine Art der *Bestrafung* und führt zu Vermeidungs- oder Fluchtlernen. Steht der Rost dauernd unter Strom und dieser kann durch einen Hebeldruck abgeschaltet werden, so lernt die Ratte meist relativ schnell, den Hebel zu drücken. Die elektrische Spannung ist in diesem Fall eine *negative Verstärkung*. Bei einer Bestrafung handelt es sich offensichtlich um keine negative Verstärkung, denn während diese die Wahrscheinlichkeit des Auftretens einer bestimmten Reaktion erhöht (verstärkt), soll durch Bestrafung der gegenteilige Effekt erreicht werden. Neben der Bestrafung in Form des Einsetzens eines negativen Verstärkers, kann auch durch *Entzug eines positiven Verstärkers* bestraft werden. Hat ein Verhalten überhaupt keine Konsequenzen zur Folge, so tritt

positive Verstärkung

Bestrafung Typ I

negative Verstärkung

Bestrafung Typ II

eine **Löschung** ein. In Zukunft wird auch dieses Verhalten weniger wahrscheinlich auftreten. (vgl. LEFRANCOIS 1994, S. 36 ff.)

Löschung

Abb.55: Verstärkung, Bestrafung und Löschung (nach MEMMERT 1983, S. 58)

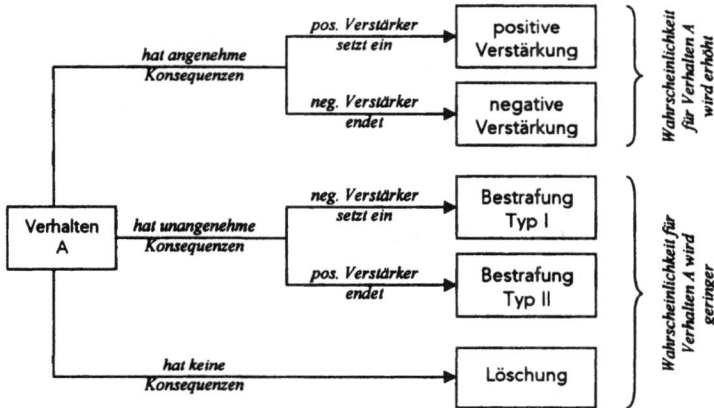

Mit seinen Versuchsanordnungen gelangen SKINNER eindrucksvolle
Tierdressuren v.a. mit Ratten und Tauben (vgl. z.B. ZIMBARDO 1983, S.
188). Dabei verwendete er oft die Technik der **stufenweisen Annähe-**
rung (Shaping) mit deren Hilfe er Tieren Verhaltensweisen beibringen
konnte, die gewöhnlich nicht in ihrem Verhaltensrepertoire enthalten
sind (z.B. tanzende Tauben). Bei der stufenweisen Annäherung verstärkt
der Versuchsleiter jeden Schritt, den das Tier der endgültigen Reaktion
näher bringt, anstatt zu warten, bis es diese von selbst zeigt. Tiertrainer
verwenden diese Technik um z.B. Papageien beizubringen kurze Lieder
zu spielen oder Delphine zu veranlassen bestimmte Sprünge in einer
bestimmten Reihenfolge auszuführen.

**stufenweise
Annäherung**

Auch beim Menschen erfolgen viele Verhaltensformungen nach dem
Muster des **operanten Konditionierens**. So richten wir unser Verhalten
oft nach den Reaktionen des Gesprächspartners aus. Ein leichtes Lä-
cheln, beifälliges Kopfnicken etc. verstärkt unser Verhalten positiv, während z.B. Stirnrunzeln, kaum wahrnehmbares Zurückzucken etc. das Ge-
genteil bewirken. In ständigem Wechselspiel zwischen unserem Verhal-

**operantes
Konditionieren
beim Menschen**

ten und den darauffolgenden Reaktionen der Umwelt wird das Verhalten in einem schrittweisen Prozess modifiziert, bis es schließlich eine Form erhalten hat, die unter den gegebenen Umständen optimalen Erfolg bringt. (vgl. HÖGER 1978, S. 32)

Übungsaufgabe 27

Welche Personen lernen nach dem Modell des operanten Konditionierens eher, aktive oder weniger aktive? Begründen Sie ihre Behauptung.
(Siehe „Lösungen zu den Übungsaufgaben")

Übungsaufgabe 27

Verhalten kann beim operanten Konditionieren also durch positive und negative Verstärkung sowie durch Bestrafung beeinflusst werden. In der Regel ist jedoch eine positive Verstärkung *(Belohnung)* der *Bestrafung* vorzuziehen, da eine Bestrafung

Verstärkung vs. Bestrafung

- dazu dient, die Aufmerksamkeit auf das unerwünschte Verhalten zu lenken, statt darauf hinzuweisen, wie das erwünschte Verhalten aussehen soll;

- nicht das Verhalten beseitigt, sondern bestenfalls unterdrückt;

- mit unangenehmen Emotionen verbunden ist, die durch Kontiguität (zeitliches Zusammentreffen) mit dem Bestrafenden anstatt mit dem unerwünschten Verhalten in Zusammenhang gebracht werden können;

- wesentlich weniger effektiv ist.

Auch zwischen *positiver* und *negativer Verstärkung* gilt es hinsichtlich der Auswirkungen zu unterscheiden. Einer Ratte kann z.B. beigebracht werden auf einen Stuhl zu springen, indem sie jedes Mal Futter bekommt *(positive Verstärkung)* wenn sie es tut, oder indem sie jedes Mal einen Elektroschock bekommt, wenn sie es nicht tut *(negative Verstärkung)*. Es gibt dabei einen wesentlichen Unterschied zwischen dem Lernen einer *Annäherungsreaktion*, wie es bei einer positiven Verstärkung meist der Fall ist und dem *Flucht-* oder *Vermeidungslernen*, das häufig aus negativer Verstärkung resultiert. Während bei einer positiven Ver-

positive vs. negative Verstärkung

stärkung wesentlich mehr Enthusiasmus bei der Aufgabenbewältigung entwickelt wird, kann z.B. von Studenten, die auf Grund negativer Verstärkung fleißig und aufmerksam sind, nicht erwartet werden, dass sie mit Freude bei der Sache sind. (vgl. LEFRANCOIS 1994, S. 47 f.)

Eine der konkreten Anwendungsmöglichkeiten des operanten Konditionierens ist der **programmierte Unterricht**. Dieser stützt sich auf ein Programm, das den Lehrstoff in kleinen Schritten darbietet und nach jedem Schritt dem Lernenden die Möglichkeit gibt, seine Leistung zu kontrollieren. Die unmittelbare Rückmeldung des Leistungsergebnisses wirkt als Verstärkung. (vgl. ZIELINSKI u. SCHÖLER 1965)

programmierter Unterricht

Kritisiert wird an behavioristischen Lerntheorien u.a. die starke Atomisierung von Lerninhalten, die zusammenhangloses Wissen fördert. Dadurch erhalten die Lernenden keine ausreichenden Fähigkeiten, um komplexe realistische Probleme zu lösen und haben nicht die Möglichkeit, sich Strategien zum selbstgesteuerten, eigenverantwortlichen Lernen und Problemlösen anzueignen (vgl. BLUMSTENGEL 1998, S. 111 u. KERRES 1998, S. 51). Weiters kann nicht davon ausgegangen werden, dass eine niedere Fehlerquote besser ist als eine hohe. Fehler können für den Lerner eine wichtige Informationsquelle sein und wie die Motivationspsychologie zeigt, haben Aufgaben mit einer Erfolgswahrscheinlichkeit um 50 Prozent zumindest für erfolgsmotivierte Personen einen höheren Anreiz als einfache Aufgaben (vgl. HECKHAUSEN 1989, S. 176 f.). Ein grundsätzliches Problem behavioristischer Theorien ist, dass innere, nicht beobachtbare Lernvorgänge keine Beachtung finden.

Kritik an behavioristischen Lerntheorien

Übungsaufgabe 28

Ein Baby wimmert leise. Die Mutter reagiert nicht. Das Baby schreit. Die Mutter wird zwar etwas unruhig, lässt das Baby aber weiterhin allein. Das Baby „brüllt" nun, die Mutter läuft zu ihm und nimmt es auf den Arm. Wenn ein solcher Handlungsablauf häufiger geschieht, was wird dann das Baby lernen? Beschreiben Sie den Lernvorgang. (Siehe „Lösungen zu den Übungsaufgaben")

Übungsaufgabe 28

4.3 Kognitivistische Erklärungen

Der Behaviorismus entstand u.a. als Reaktion auf die psychologischen Ansätze der damaligen Zeit, die sich vor allem mit Bewusstseins- und Wahrnehmungsvorgängen befassten. Obwohl verschiedene seiner späteren Vertreter auch intervenierende Variable berücksichtigten, bemühten sich die Behavioristen, diese so stark wie möglich an das beobachtbare Verhalten zu binden. Zudem waren sie mehr an Abfolgen individueller Reaktionen interessiert als an globalen Verhaltensweisen und beschäftigten sich kaum mit Erklärungen von „höheren" geistigen Prozessen wie Sprache, Denken, Problemlösung etc.

Edward Chace TOLMAN orientierte sich zwar auch am Behaviorismus, bei ihm war Verhalten jedoch durch Kognitionen zielgerichtet und nicht lediglich aus S-R-Verbindungen resultierend. Bei einem seiner Experimente öffnete er in einem Labyrinth nur einen Weg (Weg 1) zu einer Zielkammer mit Futter und ließ Ratten diesen Weg lernen. Anschließend blockierte er den Weg, es standen nun jedoch neue Wege zur Verfügung.

Abb. 56: Entwicklung einer kognitiven Landkarte

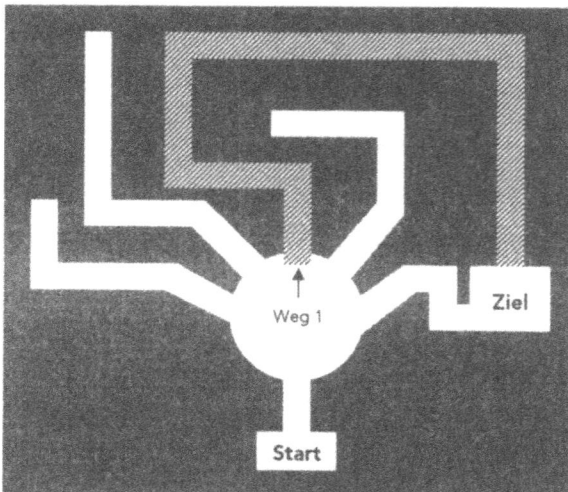

Bisherige behavioristische Theorien würden vorhersagen, dass die Ratten wahrscheinlich den Weg wählen, der dem ursprünglichen (Weg 1)
am nächsten liegt und diesem daher am ähnlichsten ist (Generalisierung). Wesentlich mehr Ratten wählten jedoch den Weg, der in die ungefähre Richtung der Zielkammer führte. Scheinbar hatten die Ratten
zusammen mit den Erwartungen, die mit dem Ort verbunden waren, eine *„kognitive Landkarte"* (cognitive map) der Umgebung entwickelt.
Diese Erwartungen gemeinsam mit der kognitiven Landkarte bestimmte
ihr Verhalten. (vgl. LEFRANCOIS 1994, S. 93 f.)

**kognitive
Landkarte**

Nach TOLMAN ist das Verhalten zielgerichtet und wird von Kognitionen
oder Erwartungen geleitet, die mit dem Ziel verbunden sind. Dabei reduziert er Verhalten nicht auf seine kleinsten Einheiten, sondern beschäftigt sich mit größeren Handlungsabläufen, die durch ein einziges Ziel
bestimmt werden. Was die Ratten in dem Experiment lernten, ist nach
TOLMANs Vorstellung nicht ein spezifisches Verhalten als Reaktion auf
einen Reiz oder eine Belohnung, sondern eine *Kognition* und zwar in
Form einer Wissenseinheit bezüglich dem physikalischen Raum sowie
der Möglichkeit einer Belohnung für dieses Wissen. Die Rolle der *Verstärkung* sieht er primär in der Erfüllung von Erwartungen. Je öfter eine
Erwartung bestätigt wird, umso wahrscheinlicher werden die mit ihr as-
soziierten Reize damit verknüpft. Durch die Einbeziehung von Erlebnis-
begriffen wie Zielwahrnehmung, Vorstellung usw. stellen TOLMANs Arbeiten einen Übergang von den streng behavioristischen Interpretationen zu einem mehr kognitiven Ansatz dar. (vgl. LEFRANCOIS 1994, S.
95)

Kognition

**Verstärkung =
Erfüllung von
Erwartungen**

In der kognitiven Psychologie wird Lernen nicht als Stiftung von Reiz-
Reaktions-Verbindungen angesehen, sondern als zentraler Prozess des
Aufbaus und Ausbaus kognitiver Strukturen. Dabei ist der Lernende kein
weitgehend von äußeren Lernbedingungen abhängiger Organismus,
wie dies bei den meisten behavioristischen Lerntheorien der Fall ist,
sondern ein aktives Wesen, das neue Informationen in sinnvoller Weise

aufnimmt, verarbeitet und anwendet. Kognitive Lerntheorien entstanden aber nicht als Weiterentwicklung des amerikanischen Behaviorismus, sie wurzeln zum Teil in gestaltpsychologischen Ansätzen, die sich in etwa gleichzeitig mit dem Behaviorismus, jedoch in Deutschland entwickelten.

4.3.1 Gestaltpsychologie und Lernen - Lernen durch Einsicht

Nach Max WERTHEIMER nehmen Menschen die Welt um sich herum nicht aus Einzelteilen zusammengesetzt, sondern als geordnetes Ganzes in Form von **Gestalten** wahr. Wir sehen z.B. in der folgenden Abbildung ein Quadrat, eine horizontale sowie eine diagonale Linie und nicht jeweils vier einzelne Punkte.

Gestalten

Abb. 57: Wahrnehmung von Gestalten

Wie die Wahrnehmung wird auch Lernen in der Gestaltpsychologie gesamthaft gesehen. Das Ziel, die zur Zielerreichung nötigen Hilfsmittel und der Weg zur Zielerreichung stellen zusammen eine **Gestalt** dar. Die Erkenntnis dieser Gestalt als plötzliches Wahrnehmen von Beziehungen zwischen den Elementen einer Problemsituation wird als **Einsicht** bezeichnet. Probleme werden aus Sicht der Gestaltpsychologie durch **Einsicht** bzw. durch **Umstrukturierung** des Wahrnehmungsfeldes gelöst. (vgl. LÜCK 1987, S. 14 f. sowie HÖGER 1978, S. 33 f.)

Gestalt und Einsicht

Problemlösung: Einsicht, Umstrukturierung

Wolfgang KÖHLER hat dieses Prinzip anschaulich anhand verschiedener Versuche demonstriert. Beim „Umweg-Experiment" wird der bekannte

oder direkte Weg zu einem Ziel abgeschnitten, sodass ein **Umweg** gemacht werden muss. Ein Hund zögert kurz, erfasst die Gesamtsituation
und geht dann ohne Problem um das Hindernis herum.

Umweg

Abb. 58: „Umweg-Experiment"

Bei seinen Affenexperimenten auf Teneriffa hing KÖHLER Bananen un-
erreichbar unter die Decke eines Käfigs. Die Schimpansen mussten nach
Möglichkeiten suchen, um die Bananen zu erreichen. Als Hilfsmittel
standen Kisten in einer Ecke des Käfigs. Einige Affen sprangen spiele-
risch auf die Kisten, einer setzte sich jedoch ruhig davor, betrachtete die
Situation, nahm plötzlich die Kisten, stellte sie unter die Bananen,
sprang darauf und konnte so mit dem Arm die begehrten Früchte her-
unterholen. In weiteren Versuchen mussten die Schimpansen Stöcke zusammenstecken und die Kisten stapeln, um an die Bananen zu gelangen. Im Verlauf seiner Experimente stellte KÖHLER fest, dass die Affen,
die schon viele der gestellten Probleme gelöst haben, immer schlauer
wurden, das heißt, sie benötigten zur Lösung ähnlicher Problemstellun-
gen immer weniger Zeit.

Die Affen erkannten das Ziel (Bananen) und die zur Erreichung erforderlichen Hilfsmittel (Stöcke und Kisten) als zusammengehörige Gestalt und
schlugen einen **Umweg** (stapeln der Holzkisten, zusammenstecken der
Stöcke) ein, um an das Ziel zu gelangen. KÖHLER hat bei seinen Experimenten gezeigt, dass die Tiere auf eine Gesamtsituation reagieren, das
heißt auf eine Gestalt. Die Gegebenheiten der Umwelt wurden unter-

Umweg

einander und mit dem handelnden Subjekt so in Beziehung gebracht, dass das Erreichen des Zieles möglich wurde, ein Vorgang, der sich als Einsicht bzw. Umstrukturierung des Wahrnehmungsfeldes bezeichnen lässt. Dabei waren die Schimpansen jedoch auf Versuch und Irrtum (siehe THORNDIKEs Trial-and-Error-Theorie) angewiesen, um zu einem Ergebnis zu kommen. Beide Prozesse, Versuch und Irrtum sowie Einsicht spielen beim Problemlösungsverhalten zumindest höher organisierter Lebewesen gleichzeitig eine Rolle. (vgl. HÖGER 1978 S. 33 f. sowie KIVITS 1994, S. 213)

Abb. 59: KÖHLERs „Affenexperiment" auf Teneriffa (aus KIVITS 1994, S. 212)

Ein weiteres wesentliches Merkmal von Lernen aus gestaltpsychologischer Sicht ist, dass erlerntes Material – wie jede Wahrnehmungsinformation – die Tendenz aufweist, die bestmögliche Gestalt *(Prägnanz)* zu erreichen (siehe Kapitel „Gestaltgesetze und Formwahrnehmung"). Das Behaltene ist daher oft nicht mit dem Gelernten bzw. Wahrgenommenen identisch, sondern hat eine andere (bessere) Gestalt als das Original. WULF beschreibt drei Strukturierungstendenzen des Gedächtnisses, die er *Angleichung* (leveling), *Verschärfen* (sharpening) und *Normalisieren* (normalizing) nennt (vgl. LEFRANCOIS 1994, S. 101):

Prägnanz

1. **Angleichen** (leveling) bezeichnet ein Streben nach Nivellierung der Eigentümlichkeiten des Wahrgenommenen. Von verschiedenen Gestaltpsychologen wird angenommen, dass sich der Angleichungsprozess auch auf kognitive Inhalte anwenden lässt.

2. Unter **Verschärfen** (sharpening) wird die Betonung von Kennzeichen des Wahrgenommenen verstanden. Ein Charakteristikum des menschlichen Gedächtnisses scheint zu sein, dass Eigenschaften, die einem Gegenstand seine Identität verleihen, für gewöhnlich übertrieben werden.

3. Als **Normalisierung** (normalizing) wird die Modifizierung eines Gegenstandes bei seiner Reproduktion bezeichnet. Das erinnerte Objekt wird dabei mehr zu dem was es zu sein scheint.

Angleichen

Verschärfen

Normalisierung

Übungsaufgabe 29

In der folgenden Aufgabe gilt es alle neun Punkte durch vier gerade Linien zu verbinden, ohne den Bleistift abzusetzen. Wie kommen Sie auf die Lösung? Durch Trial-and-Error oder durch Einsicht? (Siehe „Lösungen zu den Übungsaufgaben")

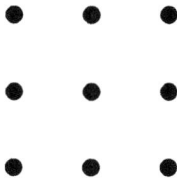

Übungsaufgabe 29

4.3.2 Lernen am Modell

Viele Verhaltensweisen können in der zur Verfügung stehenden Zeit unmöglich nur nach den Prinzipien der behandelten Lerntheorien, etwa
durch Versuch und Irrtum, schrittweise Annäherung oder durch Einsicht
erworben werden. Beim Lernen der Sprache, im Bereich des Sozialver-
haltens etc. spielt die Nachahmung eine wichtige Rolle. Kommt jemand
z.B. in eine neue Situation, so beginnt er meist nicht sofort zu handeln,
sondern versucht sich erst einmal am Verhalten anderer zu orientieren.
Die Fähigkeit, aus Beobachtungen zu lernen, bringt eine Reihe wichtiger
Vorteile mit sich. So können wir uns umfangreiche und komplexe Verhaltensmuster aneignen, ohne diese mühsam mit Hilfe der Trial-and-Error-
Methode erwerben zu müssen und lernen dabei aus den Fehlern anderer, ohne diese selbst zu begehen. Indem wir beobachten, zuhören oder
lesen, eignen wir uns Kenntnisse an, die für unsere Entwicklung bzw. unser Leben in der Gesellschaft von zentraler Bedeutung sind.

Das Lernen durch Beobachtung anderer wird ***Modelllernen*** genannt   **Modelllernen**
wobei der Lernende als Beobachter und die beobachtete Person als
Modell bezeichnet werden. BANDURA und WALTERS (1963) führen drei
mögliche Effekte des Lernens am Modell an:

a) ***Hemmende und enthemmende Effekte:*** Vorhandene
   Verhaltensformen können durch die Beobachtung eines
   Modells bekräftigt oder gehemmt werden. So wirkt sich
   z.B. der Anblick eines Polizisten in Uniform - auch wenn
   dieser lediglich aus Pappe ist! - bei Autofahrern oft hem-
   mend auf deren Geschwindigkeit aus, oder es folgen immer mehr Fußgänger einer Person, die bei Rot die Ampel
   überquert, obwohl sie zuvor auf das grüne Signal gewartet
   haben.

b) ***Auslösende Effekte:*** Vorhandene Verhaltensformen können durch die Beobachtung eines Modells auch aktiviert
   werden. Das Gähnen anderer Personen löst bei uns oft

automatisch ebenfalls ein Gähnen aus. MILGRAM u.a. lie-
ßen z.B. eine unterschiedliche Anzahl von Modellen auf
einer fußgängerreichen Straße in Manhatten in die Luft
starren. Bei bis zu fünf Modellen gab es einen rasanten
Zuwachs an Passanten die ebenfalls in die Luft schauten.
Bei 10 bis 15 Modellen war der weitere Zuwachs nur mehr
gering (vgl. LÜCK/RIPPE u. TIMAEUS 1984, S. 153).

c) **Modellierende Effekte:** Hier sind neue Verhaltensweisen
gemeint, die im bisherigen Verhaltensrepertoire des Beobachters noch nicht vorhanden waren.

Im Gegensatz zu den ersten beiden Effekten tritt beim dritten neues
Verhalten auf. Dabei spielen nach BANDURA (1976) vier voneinander
unabhängige Prozesse eine Rolle, die in folgende zwei Phasen aufgegliedert werden können:

1. Aufmerksamkeitsprozesse 2. Gedächtnisprozesse	*Aneignungsphase* *(Akquisition)*

3. motorische Reproduktionsprozesse 4. Verstärkungs- und Motivationsprozesse	*Ausführungsphase* *(Performanz)*

1. Aufmerksamkeitsprozesse

Damit Beobachtungslernen überhaupt stattfinden kann, muss die
Aufmerksamkeit des Beobachters auf die wesentlichen Merkmale eines Modells gerichtet sein und diese auch wahrgenommen werden.
Persönlichkeitsmerkmale sowohl des Modells (Attraktivität, Kompetenz, Status, soziale Macht) als auch des Beobachters (emotionale Erregung und Engagement, Gefühl der Abhängigkeit, Unklarheit und
Zweifel über angemessene Verhaltensformen, Selbstwertschätzung,

Status) sind dabei ebenso von Bedeutung wie ein positives Beziehungsverhältnis der Modellperson zum Beobachter. Weiters ist in Lernsituationen offenbar auch eine Ähnlichkeit bezüglich des Alters für Aufmerksamkeitsprozesse förderlich. TAUSCH u. TAUSCH (1979) zeigen auf, dass eine Tutorentätigkeit von Schülern, das heißt ältere Schüler helfen als **Tutoren** jüngeren, sich auf beide positiv auswirkt.   **Tutoren**
Neben Verbesserungen im kognitiven und affektiven Bereich sowie im sozialen Umgang ist laut verschiedenen Untersuchungen auch eine Steigerung der Motivation und der Aufmerksamkeit festzustellen.

2. Gedächtnisprozesse

Gewöhnlich wirkt sich Beobachtungslernen ohne Anwesenheit des Modells aus, daher ist es notwendig, sich entsprechender Handlungen zu erinnern. Dazu werden aufgenommene Modellreize kognitiv verarbeitet und zwar in leicht erinnerbare Schemata umgeformt, klassifiziert und organisiert. BANDURA (1976, S. 28) unterscheidet zwei Repräsentationssysteme, ein bildhaftes und ein sprachliches. Das heißt, beobachtete Ereignisse werden **bildlich** und/oder **verbal**   **bildliche und**
kodiert wobei eine multiple Repräsentation den Lernprozess fördert.   **verbale**
                                                                        Kodierung
Werden diese Gedächtnisspuren wiederholt vergegenwärtigt oder die modellierten Verhaltensmuster wiederholt geübt, erleichtert dies das Ausführen des Gelernten.

3. Motorische Reproduktionsprozesse

Die offene Ausführung des Verhaltens wird durch die innere Repräsentation des Modellverhaltens gesteuert. Das Modell beeinflusst das Verhalten über die kognitive Organisation des Beobachters. Hier bestehen offensichtlich auch **Grenzen für das Beobachtungslernen.**   **Grenzen des**
                                                                        Modelllernens
Verschiedene Handlungsabläufe wie z.B. diverse Sportarten können durch reine Beobachtung kaum gelernt werden. Der Beobachter muss in der Regel die Teilkomponenten bereits beherrschen oder sie einzeln von Grund auf lernen, wobei er meist auf Rückmeldungen des Modells angewiesen ist.

4. Verstärkungs- oder motivationale Prozesse

Ob das Gelernte ausgeführt wird, ist von der Motivation abhängig. Diese kann in einem Deprivationszustand (in einem Mangel an etwas Erwünschtem) oder in einem Anreiz (z.B. versprochene oder erwartete Belohnung) bestehen. Von den Verhaltensweisen, die wir beobachten, führen wir am wahrscheinlichsten diejenigen aus, deren Folgen für uns wünschenswert sind oder mit unseren eigenen Wertvorstellungen und unserem Selbstbild übereinstimmen. Nach BANDURA können beim Modellernen *stellvertretende Verstärkung* (Verstärkung des Modells), *äußere Verstärkung* und *Selbstverstärkung* auftreten. Wobei Nachahmungsverhalten nur durch Verstärkung des Beobachters (äußere Verstärkung bzw. Selbstverstärkung) längere Zeit aufrechterhalten werden kann. Eine besondere Stelle beim Modelllernen nimmt die *antizipierte Verstärkung* ein. Weiß ein Beobachter, dass er Belohnung erwerben bzw. Bestrafung vermeiden kann, indem er ein bestimmtes Nachahmungsverhalten äußert, so wird er seine Aufmerksamkeit verstärkt auf Modelle richten, deren Verhalten mit seinen Erwartungen korrespondiert.

Verstärkung:
- des Modells
- des Beobachters

antizipierte
Verstärkung

Zusammenfassend lässt sich also beim Modelllernen feststellen: Das eigentliche Lernen findet nach BANDURA in der Aneignungsphase statt. Das in der Ausführungsphase später eventuell offen gezeigte Verhalten wird durch die kognitive bildhafte oder sprachliche Repräsentation des Modellverhaltens gesteuert. Ob ein gelerntes Verhalten gezeigt wird, hängt von der antizipierten äußeren Verstärkung des Beobachters, von seiner Selbstverstärkung und von der stellvertretenden Verstärkung des Modells ab. (vgl. EDELMANN 1993, S. 303)

Zusammen-
fassung

Beim Modelllernen wird darauf hingewiesen, dass der Lernende durch das Modellverhalten Informationen aufnimmt und speichert, um sie später bei einer geeigneten Erfolgs- und Effizienzerwartung einzusetzen. Phänomene, die in den behavioristischen Lerntheorien wenig Beachtung finden, geraten in das Blickfeld der Forschung wodurch sich bereits neuere Lerntheorien abzeichnen, bei denen die Informationsverarbeitung einen zentralen Stellenwert einnimmt.

Übungsaufgabe 30

Sie und einige ihrer Mitarbeiter sind zu einem Geschäftsessen mit einem poten-
tiellen Kunden eingeladen. Zur Hauptspeise wird Hummer serviert. Vorausgesetzt Sie haben noch nie Hummer gegessen, wie würden Sie sich in einer solchen Situation wahrscheinlich verhalten? (Siehe „Lösungen zu den Übungsaufgaben")

Übungsaufgabe 30

4.3.3 Kognitive Psychologie und Lernen

Die Gestaltpsychologen, TOLMAN sowie die Vertreter des Modelllernens gelten als Vorläufer der heute tonangebenden kognitiven Psychologie. Während behavioristische Lerntheorien vor allem die äußeren Bedingungen des Lernens (Reiz-Reaktions-Lernen) beschreiben, rückt bei
den kognitiven Erklärungen des Lernens (also z.B. bei TOLMAN, bei den
Gestaltpsychologen, beim Modelllernen sowie bei der kognitiven Psychologie) die **innere Repräsentation** der Umwelt in den Mittelpunkt des
Interesses, wobei in diesen Theorien **bewusste Prozesse** im Gegensatz
zum Behaviorismus besondere Beachtung finden.

**innere
Repräsentation**

**bewusste
Prozesse**

Der Begriff Kognition bezieht sich in der seit den 60er Jahren immer
mehr dominierenden sogenannten **kognitiven Psychologie** auf alle Prozesse, durch die Wahrnehmungen transformiert, reduziert, verarbeitet,
gespeichert, reaktiviert und verwendet werden (vgl. NEISSER 1974).
Dementsprechend wird Lernen hier vor allem unter dem Aspekt der **Informationsaufnahme** (siehe dazu auch das Kapitel Wahrnehmung) und
Informationsverarbeitung betrachtet. Dabei wird betont, dass

**Kognitive
Psychologie**

**Info-Aufnahme
Info-Verarbeitung**

1. die Person bei diesen Prozessen **aktiv** beteiligt ist und
2. das Ergebnis dieser Art des Lernens **Strukturen** und keine iso-
    lierte Verbindungen zwischen Reizen und Reaktionen sind.

Das Erfassen von Beziehungen und deren sprachlich-begrifflichen Formulierung führen zu einer Strukturierung der Erfahrung. Die Inhalte dieser **kognitiven Strukturen** stellen als unser Wissen eine wesentliche Bedingung für neues Lernen dar.

**kognitive
Strukturen**

4.3.3.1 Informationsverarbeitung und kognitives Lernen

Informationen können vom Lernenden auf dreierlei Art verarbeitet und
abgespeichert werden (vgl. EDELMAN 1993, S. 195 ff.):

a) **verbal-symbolisch**,

b) **analog-bildhaft** sowie

c) **handlungsmäßig**.

a) Verbales Lernen

Verbales Lernen im Sinne von kognitivem Lernen bedeutet den Aufbau von kognitiven Strukturen, was zu einer sprachlich-symbolischen
Repräsentation des Wissens führt. AUSUBEL (1974) unterscheidet
zwischen sinnvollem und mechanischem Lernen. Beim **mechanischen Lernen** wird eine Information wortwörtlich und nicht inhaltlich
gelernt, d.h. sie wird nicht auf das Vorwissen bezogen, weshalb sie
nicht assimiliert werden kann. Diese Art des Lernens wird im Alltag
Auswendiglernen genannt und z.B. zum kurzzeitigen Merken von Te-
lefonnummern verwendet. Wichtig für das Behalten von neuen Informationen ist jedoch, dass diese zufallsfrei und inhaltlich auf vorhandene Wissens- bzw. Wertestrukturen bezogen werden. Das heißt,
der neue Lernstoff wird in bereits vorhandenen Strukturen **verankert.** AUSUBEL bezeichnet ein solches Lernen als **sinnvolles Lernen.**
Die beiden Lernformen teilt er wiederum in rezeptives bzw. entdeckendes Lernen ein, sodass sich folgende Grundformen ergeben:

**mechanisches
Lernen**

⚓

**sinnvolles
Lernen**

Abb. 60: Die vier Grundformen des Lernens nach AUSUBEL (aus EDELMANN 1993)

	mechanisches Lernen	*sinnvolles Lernen*
rezeptiv	Die **dargebotenen** Informationen werden wortwörtlich gelernt und **nicht** mit dem Vorwissen assimiliert.	Die **dargebotenen** Informationen werden inhaltlich gelernt und mit dem Vorwissen **assimiliert**.
endeckend	Ein vom Lernenden **entdeckter** Sachverhalt wird wortwörtlich gelernt und **nicht** mit dem Vorwissen assimiliert.	Ein vom Lernenden **entdeckter** Sachverhalt wird inhaltlich gelernt und mit dem Vorwissen **assimiliert**.

AUSUBEL betont besonders das **sinnvolle rezeptive Lernen** und hebt dabei u.a. folgende Merkmale hervor (vgl. EDELMANN 1993, S. 239 f.):

- Der Lernende kann das erworbene Wissen auch mit eigenen Worten ausdrücken.
- Der neue Lernstoff wird mit relevanten Aspekten der kognitiven Struktur verbunden. Daher ist die Beachtung der Ausgangslage der Lernenden von großer Bedeutung.
- Auch wenn der Lehrstoff in fertiger Form präsentiert wird, ist sinnvolles rezeptives Lernen ein aktiver Vorgang, da der Lernende zufallsfreie Beziehungen herstellen muss.
- Rezeptives Lernen tritt in der kognitven Entwicklung erst später auf. Kinder erwerben ihre Erfahrungen vor allem durch entdeckendes Lernen.
- Große Stoffgebiete werden vorwiegend durch rezeptives Lernen erworben und alltägliche Probleme werden eher durch entdeckendes Lernen gelöst. Bei der Wissensvermittlung an Schulen und Hochschulen steht das rezeptive Lernen im Vordergrund.

Das Prinzip des **sinnvollen entdeckenden Lernens** wurde u.a. von BRUNER wieder aufgegriffen, wobei er davon ausgeht, dass es un-

sinnvolles rezeptives Lernen

möglich ist, einen jungen Menschen auf alle Situationen und Probleme vorzubereiten. Ziel ist es, dem Lernenden ein fundiertes Verständnis eines Gegenstandes zu vermitteln und ihn zu einem selbständigen und spontanen Denker zu machen (vgl. BRUNER 1973, S. 16). Das wesentliche Merkmal des entdeckenden Lernens ist, dass der Hauptinhalt des zu Lernenden nicht gegeben ist, sondern vom Lerner entdeckt werden muss.

Entdeckendes Lernen findet in mehreren Schritten statt (vgl. BRUNER 1973):

sinnvolles entdeckendes Lernen

- *Erforschende Auseinandersetzung mit Lerninhalten:*
  In dieser Phase werden Informationen in verschiedenen Situationen durch Fragen, Ausprobieren und systematisches Beobachten gewonnen und mit Hilfe des vorhandenen Wissens verarbeitet.

- *Entdeckung neuer Erkenntnisse/Zusammenhänge:*
  Dies ist das Resultat der kognitiven Aktivitäten des Lernenden wie z.B. Wahrnehmung und Strukturierung von Informationen, Hypothesenbildung und Hypothesenüberprüfung aufgrund des Vorwissens.

- *Assimilation der Erkenntnis in vorhandene Wissensstrukturen:*
  Vom sinnvoll entdeckenden Lernen wird nur gesprochen wenn ein Problem selbständig gelöst wird, der Lernende die Lösungsmethode versteht sowie die Lösung und die Methode in das bisherige Wissen integriert wird.

- *Generalisierung und Transfer:*
  Beim sinnvoll entdeckenden Lernen werden induktive Lernvorgänge betont indem vom besonderen Einzelfall ein Transfer auf den allgemeinen Fall geleistet werden soll. Dadurch erfolgt eine fortwährende Erweiterung und Vertiefung des Wissens in Form von grundlegenden Begriffen.

Beim entdeckenden Lernen bildet sich ein intrinsisches Bedürfnis, die Problemstellung zu lösen. Dadurch führt das sinnvolle entdeckende Lernen zum Aufbau einer intrinsischen Motivation auch beim Lernen sprachlicher Informationen, was sich als „Bereitschaft zum Lernen" bzw. „Wille zum Lernen" äußert.

Sowohl bei AUSUBEL wie bei BRUNER geht es darum, dass beim Lernenden eine klar gegliederte kognitive Struktur aufgebaut wird. Dazu ist nach GAGNE (1969) bei der Lernorganisation auf eine angemessene Lernstruktur zu achten. **Begriffsbildung** (Kategorisierung etc.), **Wissenserwerb** (Lernen der Kombinationen von Begriffen) sowie **Problemlösung** bilden danach einen hierarchischen Aufbau, der bei der Planung von Lernsequenzen zu berücksichtigen ist. Zuerst gilt es die für die Problemlösung relevanten Begriffe zu lernen, dann erst können die Regeln, wie diese Begriffe miteinander in Beziehung stehen, erworben werden und erst zum Schluss ist eine Anwendung dieser Regeln zur Problemlösung möglich.

b) *Analog-bildhaftes Lernen*

Werden Versuchspersonen aufgefordert, eine Vorstellung zu erzeugen wobei sie gleichzeitig mit den Händen räumliche Aufgaben bewältigen sollen, so ist die Vorstellungskraft gestört, die räumliche Aufgabe beeinträchtigt die Vorstellungstätigkeit. Dies kann als Hinweis auf eine in der Regel analoge, visuelle Beschaffenheit interner Vorstellungen interpretiert werden. Eine Kombination von Vorstellungen und verbalen Äußerungen führt hingegen zu keinen besonderen Behinderungen. Bei der Verarbeitung von verbalen und visuellen Informationen werden verschiedene Regionen des Cortex stärker von Blut durchflossen. Es wird davon ausgegangen, dass dies eine höhere Aktivität der entsprechenden Hirnregionen bedeutet.

analog-bildhaftes Lernen

Die simultane Aktivierung unterschiedlicher Gehirnregionen ist in der Regel ohne gegenseitige Behinderung möglich. Eine dadurch mögliche duale Kodierung fördert sogar die Merkfähigkeit.

Abb. 61: Hirnaktivitäten bei verbalen und visuellen Aufgabenstellungen
(aus FISCHER 1994)

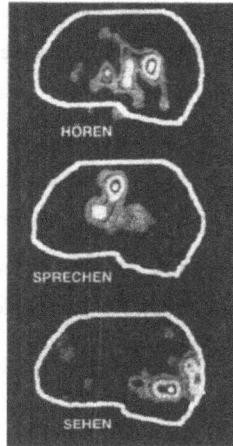

Innere bildhafte Prozesse können jedoch nicht mit der Generierung
einer Fotografie verglichen werden, vielmehr handelt es sich dabei
meist um allgemeine Vorstellungsbilder. Bei der mentalen Vorstellung visueller Informationen wird offenbar auf gespeicherte visuelle
Prototypen zurückgegriffen, die inneren Bilder sind also immer interpretierte Informationen (vgl. NEISSER 1974). Beim Zeichnen einer
Landkarte Europas fällt es uns z.B. zwar recht leicht, Italien, das in
seiner Form einem Stiefel ähnelt, wiederzugeben, viele andere Um-
risse der einzelnen Länder gestalten sich jedoch erheblich schwerer
(vgl. METZIG u. SCHUSTER 1996, S. 66 f.).

Das analog-bildhafte bzw. konkret-anschauliche Denken ist bei kon- **analog-bildhaft =**
konkret-anschaulich
kreten Objekten in einem linearen oder räumlichen Bezugsrahmen
(z.B. simultane Erfassung von unterschiedlichen Gegenständen in einer bestimmten Situation, Flankenball beim Fußballspiel) einer
sprachlich-inhaltlichen Repräsentation weit überlegen. Bildliche Vorstellungen, wie auch ein externes Bild, erlauben vermutlich eine simultane Verarbeitung mehrerer Elemente, während mehr verbale
Verarbeitungsformen einen sukzessiven Abruf von Einzelinfor-

mationen erfordern. Auch beim kreativen Denken wird oft über eine anschauliche Analogie eine Lösung gefunden. Bildhaft dargebotenes Material oder visuelle Vorstellungen können weiters sehr leicht und dauerhaft gespeichert werden, verlieren dabei jedoch Einzelheiten, wobei diese für die Information allerdings meist unwesentlich sind (vgl. METZIG u. SCHUSTER 1996, S. 69 ff.).

Analog-bildhaftes Denken kann aber auch zu Denkfehlern führen, was sich besonders beim schlussfolgernden Denken nachweisen lässt. So werden bei logischen Schlüssen durch anschauliche Vorstellungen oft falsche Verallgemeinerungen durchgeführt und fehlerhafte Urteile getroffen (vgl. EDELMANN 1993, S. 248).

Übungsaufgabe 31

Verfolgen Sie in Gedanken die Umrisslinien des unten abgebildeten F und sagen Sie jedes Mal „ja", wenn Sie eine obere oder eine untere Ecke erreichen bzw. „nein", wenn Sie eine seitliche Ecke erreichen. Wiederholen Sie anschließend diese Übung aber tippen Sie nun mit der linken Hand auf, statt „ja" zu sagen bzw. tippen Sie mit der rechten Hand auf, statt „nein" zu sagen. Unter welchen Bedingungen gelingt Ihnen die Durchführung der Übungsaufgabe schneller? (Siehe Text und „Lösungen zu den Übungsaufgaben")

Übungsaufgabe 31

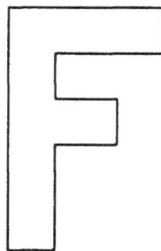

c) Handlungslernen

Dieser Begriff beinhaltet zwei verschiedene Erscheinungen des Lernens. Zunächst kann darunter eine motorische Kodierung also **motorische Fertigkeit** verstanden werden, damit kann aber auch der Erwerb von **Sachwissen durch handelnden Umgang** mit Dingen ge-

motorische Fertigkeiten

Wissenserwerb durch Handeln

meint sein. Es ist dies eine unmittelbare und nicht sprachliche Erfah-
rungsbildung, die zu einem anderen Wissen führt. Jemand, der
selbst Motorrad fährt, hat ein anderes Wissen darüber als jemand,
dem lediglich von einem Motorradausflug erzählt oder dem Bilder
davon gezeigt wurden.

Das Handlungslernen bzw. handlungsmäßige Repräsentation in seiner zweiten Bedeutung ist beim Erwerb von fachlicher Kompetenz
von entscheidender Bedeutung. Z.B. dienen Praktika während des
Studiums nicht nur zur Einübung berufspraktischer Kompetenz, sondern sind vorrangig Lernerfahrungen, die neben einer sprachlich-be-
grifflichen-abstrakten-analytischen Verarbeitung theoretischen Wissens auch eine bildhafte und besonders handlungsmäßige Repräsentation ermöglichen soll (vgl. EDELMANN 1993, S. 251). Es besteht ein beträchtlicher Unterschied im Wissen zwischen einem Studenten, der ein Seminar besucht hat und einem anderen, der im Zusammenhang mit diesem Seminar zusätzlich handelnd in der Praxis
tätig war. Wie diverse Untersuchungen zeigen, werden durch Handlungslernen auch die Aufnahme und das Behalten von Informationen
deutlich gesteigert (vgl. z.B. TAUSCH u. TAUSCH 1979, S. 288 ff.).
„Lebenserfahrung" oder „professionelle Kompetenz" basieren im
Wesentlichen durch Wissenserwerb auf der Basis von Handlungslernen.

Abb. 62: Die drei Formen der inneren kognitiven Repräsentation
(nach EDELMANN 1993, S. 288)

handlungsmäßig	*analog-bildhaft*	*verbal-symbolisch*
Streichholz anzünden		Feuer
Licht einschalten, Stromkreis bauen		elektrischer Strom, Stromkreis

In der obigen Abbildung sind die drei Formen innerer kognitiver Repräsentation dargestellt. Ein Großteil der neueren bzw. erweiterten Lernformen (vgl. MAYER 1997) berücksichtigt mehrere Arten der Informationsverarbeitung. Auch die meisten Mnemotechniken verbinden verbales
Lernen zumindest mit visuellen Repräsentationen.

Eine gleichzeitige oder sukzessive Mehrfachkodierung führt in der Regel
zu einer Verbesserung des Lernens, da eine vollständigere Erfassung
eines Gegenstandes möglich ist bzw. die Information auch besser behalten wird. Diese Erkenntnisse führen zur Forderung nach dualen bzw. tria-
len Kodierungen von Informationen. Im letzteren Falle spricht ANDER-   **multiple**
SON (1996) von einer **multiplen Repräsentation**. Ein solches umfassen-   **Repräsentationen**
des Lernen wird auch **ganzheitliches Lernen** genannt. Es darf dabei je-   **ganzheitliches**
doch nicht, wie in der folgenden, oft verwendeten Abbildung darge-   **Lernen**
stellt, von einer einfachen Summation ausgegangen werden. Lernen
hängt nicht nur von der Art der Informationsaufnahme, sondern sehr
stark von der Informationsgestaltung und weiters auch von individuellen
Merkmalen sowie einer Reihe äußerer, oft nur schwer zu beeinflussender
Größen ab.

Abb. 63: Oberflächliche Vorstellung von Informationsaufnahme und Merkfähigkeit

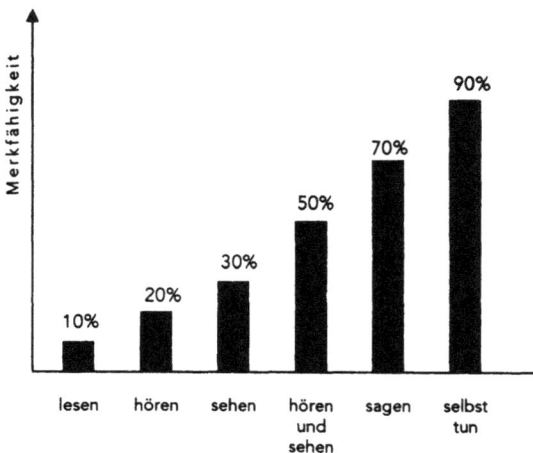

                                                                             oft verwendete
                                                                             aber falsche
                                                                             Vorstellung

Unterstützt wird die Annahme der Verbesserung des Lernens durch Mehrfachkodierung auch durch die Hirnforschung, die eine abstrakt-analytisch arbeitende sowie eine eher konkret-synthetisierende Hemisphäre nachweist (vgl. METZIG u. SCHUSTER 1996 sowie BUZAN 1993). Die beiden Hemisphären stehen über ein komplexes Netzwerk von Nervenfasern, das Corpus Callosum, miteinander in einem intensiven Informationsaustausch. Bei den meisten Menschen ist die linke Seite des Gehirns für Logik, Sprache, Zahlen, Linearität, Analyse etc. zuständig und die rechte für Rhythmus, Phantasie, Farbe, Parallelität, Wachträumerei, Erkennung von Gesichtern, Mustern und Flächendimensionierung. Die Entwicklung bisher brachliegender Fähigkeiten bringen synergetische Effekte hervor, durch die geistige Leistungen verbessert werden. Verschiedene Mnemotechniken nützen dies zur Steigerung der Lernfähigkeit.

Abb. 64: Hemisphärenspezialisierung (nach METZIG u. SCHUSTER 1996)

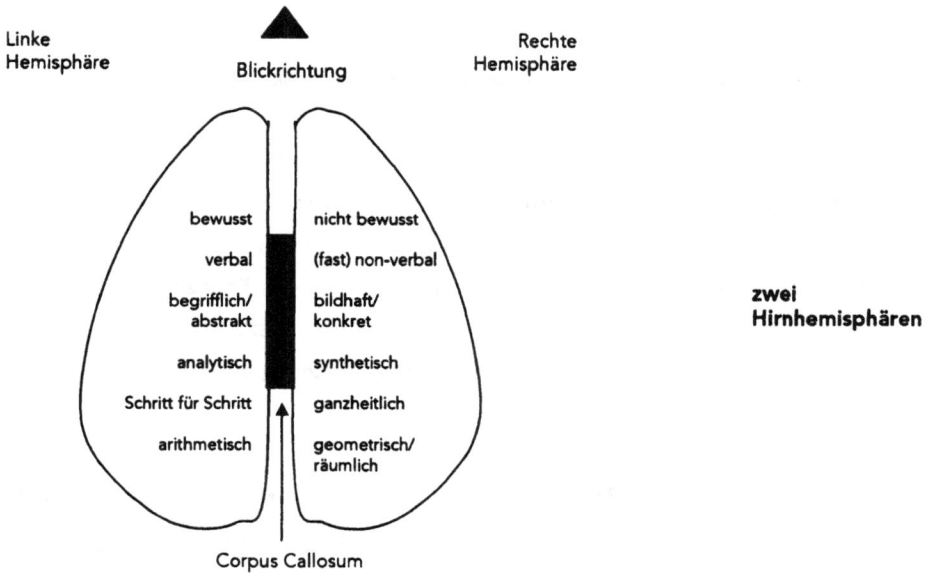

Linke Hemisphäre	Blickrichtung	Rechte Hemisphäre
bewusst		nicht bewusst
verbal		(fast) non-verbal
begrifflich/ abstrakt		bildhaft/ konkret
analytisch		synthetisch
Schritt für Schritt		ganzheitlich
arithmetisch		geometrisch/ räumlich

zwei Hirnhemisphären

Corpus Callosum

Untrennbar mit Lernen verbunden ist das Gedächtnis. Lernen ist eine

Verhaltensänderung aufgrund von Erfahrungen. Das Gedächtnis wiederum ist der Eindruck, den eine Erfahrung hinterlässt. Die Begriffe Lernen und Gedächtnis sind offenbar nur analytische Akzentuierungen des Prozesses menschlicher Informationsverarbeitung.

4.3.3.2 Das Gedächtnis

Der Begriff Gedächtnis meint üblicherweise die Erreichbarkeit von bzw. das Erinnern an Informationen. Das bedeutet, es wird ein Lernprozess vorausgesetzt. Eine Person erinnert sich an etwas, wenn ihr Verhalten oder ihre Reaktionen auf einen früheren Lernvorgang hinweisen. Erinnern wiederum impliziert, dass Informationen aus einem Speicher abgerufen werden. Während Gedächtnis und Erinnern eng zusammengehören, wird Vergessen als Informationsverlust nach erfolgtem Lernen und somit durch die beiden Ausdrücke Lernen und Erinnern definiert (vgl. LEFRANCOIS 1994, S. 163):

Anteil des Vergessens = Anteil des Gelernten – Anteil des Erinnerten

Das im Moment Erinnerte ist also nicht mit dem Inhalt des Gedächtnisses gleichzusetzen. Da Nicht-Erinnern auch durch einen mangelhaften Abrufprozess zustande kommt, kann der Anteil des Erlernten und im Gedächtnis Behaltenen weitaus größer sein als der Anteil des Erinnerten. Um bei Gedächtnisuntersuchungen frühere Lerneffekte auszuschließen, wurden bei älteren Experimenten zur Gedächtnisforschung oft sinnlose Silben wie z.B. BAX, GUR, LOC etc. verwendet.

Hermann EBBINGHAUS, der Begründer dieser Methode, gilt als Pionier der Gedächtnisforschung. Seine Schrift „Das Gedächtnis" erschien 1885. In einem seiner zahlreichen Experimente lernte er sinnlose Silben auswendig, bis er sie fehlerlos wiedergeben konnte. Danach überprüfte er in verschiedenen Zeitabständen, wie gut er diese Silben behalten hat-

EBBINGHAUS = Pionier der Gedächtnisforschung

te, indem er die Lernzeit ermittelte, die er benötigte, um die Silben erneut fehlerfrei wiedergeben zu können. Mit Hilfe dieser Methode, der
sogenannten *Introspektion*, gewann er seine Vergessenskurve. Auffal-   **Introspektion**
lend an der Kurve ist, dass der Großteil des Gelernten sehr schnell vergessen wird, während Informationen, die über eine längere Zeitperiode
hinweg behalten werden, kaum noch in Vergessenheit geraten. Das
Vergessen sinnloser Silben vollzieht sich zunächst sehr rasch und geht
dann nur noch langsam vonstatten. (vgl. ANDERSON 1996, S. 167 f.)

Abb. 65: Vergessenskurve von EBBINGHAUS (aus EDELMANN 1993, S. 255)

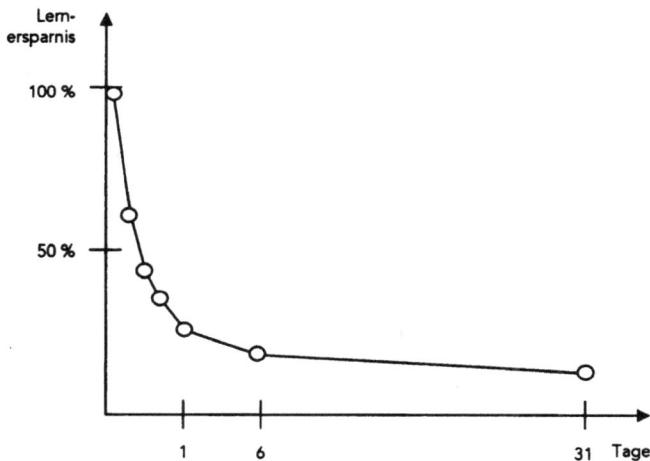

EBBINGHAUS untersuchte auch, welchen Effekt weiteres Wiederholen
von bereits perfekt Gelerntem hat. Dieses sogenannte *Überlernen* führt   **Überlernen**
zu einer Verringerung des Vergessens. Durch häufiges Wiederholen wird
das Lernmaterial mechanisch eingeprägt. Einzelne Elemente werden
zwar rasch vergessen, durch neuerliche Wiederholungen wird diesem
jedoch entgegengewirkt, wobei Wiederholungen bald nach dem ersten
Lernen besonders wichtig sind.

Verbale Informationen werden jedoch nur dann so vergessen, wenn sie
auch so ähnlich gelernt wurden, nämlich durch wiederholtes wortwört-
liches Einprägen (Memorieren). Das ist zwar bei mechanischem, nicht

aber bei sinnvollem Lernen der Fall, da hier die Informationen mit dem Vorwissen assimiliert, d.h. im Vorwissen **verankert**, werden. Wenn auf diese Art gelernt wird, so folgt das Behalten nicht mehr der Vergessenskurve von EBBINGHAUS, sondern die Gedächtnisleistung wird durch eine bedeutungshaltige Verarbeitung des Materials stark verbessert (vgl. ANDERSON 1996). Auch ähnliche Wortklänge erleichtern das Behalten. Dies wird oft durch Reimen ausgenützt (z.B. sieben fünf drei, Rom schlüpft aus dem Ei oder drei, drei, drei, bei Issus Keilerei etc.).

Verbesserung der Gedächtnisleistung

Bei sinnvollen Informationen erfolgt bei der Erinnerung eine **aktive Rekonstruktion** zu einem sinnvollen Ganzen. So gehen bei der Wiedergabe des Inhalts einer Geschichte zwar manche Einzelheiten verloren, die Bedeutung bleibt in der Regel jedoch erhalten. Gespeichert werden der Kern der Information, auffällige Details und die Emotionen, die der Lernende gegenüber der Sache hat. Die Erinnerung ist dann eine Rekonstruktion der behaltenen Teile zu einem sinnvollen Ganzen. (vgl. EDELMANN 1993, S. 257 f.)

Erinnern als aktive Rekonstruktion

Rekonstruktionen erfolgen insbesondere auf der Grundlage der **emotionalen Aspekte** der Einstellung der Person zum Gedächtnisinhalt. Bei Inhalten, die zu schmerzvoll sind bzw. die Selbsteinschätzung einer Person zu sehr bedrohen, kann die Erinnerung völlig gehemmt werden. Folgende Fallstudie ist ein Beispiel dafür:

Bedeutung emotionaler Aspekte

> „Zwei Mädchen im Alter von etwa 12 Jahren wurden von ihren Eltern unter Bedingungen, die für die Mädchen unglaublich demütigend waren, in ein Bordell gebracht. Als dies bekannt wurde und die Mädchen vor Gericht ihre Geschichte erzählten, gaben sie sehr detaillierte Informationen, die ihre Eltern und andere Verantwortliche schwer belasteten. Als aber die Mädchen einige Monate später wieder befragt wurden, ließen sie die meisten Einzelheiten aus, selbst die, die sich auf den drastischsten Teil ihrer Erlebnisse bezogen. Als ihnen ihre frühere Aussage vorgelesen wurde, bestritten sie mit anscheinender Aufrichtigkeit, dass sich solche Ereignisse je zugetragen hätten, und deuteten mit Entrüstung an, dass diese Geschichten wahrscheinlich erfunden seien, ‚um sie schlecht zu machen'" (ERICKSON 1938).

Die Gedächtnisleistung hängt auch von der Art und Weise der Einordnung neuer Informationen in die bisherigen Erfahrungen ab. Die Speicherung ist umso nachhaltiger, je größer die Übereinstimmung einer Information mit früher erworbenen Ansichten und Erfahrungen ist. ED-
WARDS belegt diesen Zusammenhang zwischen Einstellungen und Be-
haltenseffekt mit einer Untersuchung an 144 Studenten. Diese hörten
einen Vortrag über ein Wirtschaftsprogramm, wobei die Argumentationen so gehalten waren, dass jeweils die Hälfte der Argumente für bzw.
gegen dieses Programm sprach. Die Versuchspersonen waren hinsichtlich ihrer Einstellungen so ausgewählt worden, dass ein Drittel für und
ein Drittel gegen dieses Programm war. Das restliche Drittel hatte keine
besondere Einstellung. Nach dem Vortrag mussten die Studenten auf
einem Testformular diejenigen Behauptungen ankreuzen, die sie sich
gemerkt hatten. Die Untersuchung zeigte, dass die Studenten das am
besten aufnahmen und behielten, was der eigenen Einstellung ent-
sprach, während sie die Informationen, die den eigenen Einstellungen
widersprachen leichter überhörten bzw. vergaßen. (vgl. RÜCKRIEM/
STARY u. FRANCK 1997, S. 40 f.)

Eine Lernhemmung tritt auch auf, wenn zwei sehr ähnliche Inhalte in kurzen zeitlichen Abständen aufgenommen werden. Die Konsolidierung
des Gelernten scheint eine gewisse Zeit zu benötigen. Wird kurz nach
einer Lernaktivität wieder gelernt, so tritt der neue Lernstoff in Interfe-
renz zum alten und behindert die Einprägung. Die Hemmung ist umso
stärker, je ähnlicher die beiden Inhalte und je geringer der zeitliche Abstand zwischen den beiden Lernphasen ist. Die Lernhemmung kann in
zwei Richtungen wirksam werden. Wird eine Aufgabe a gelernt und sofort im Anschluss eine sehr ähnliche Aufgabe b, so beeinträchtigt dies
das Behalten der Aufgabe a. In diesem Fall wird von einer **retroaktiven
Hemmung** gesprochen. Wirkt sich eine vorher eingeprägte Aufgabe
ungünstig auf die Erinnerung des später Gelernten aus, spricht man von
proaktiver Hemmung. Die Effekte bei retroaktiver Hemmung sind stärker als bei proaktiver. (vgl. METZIG u. SCHUSTER 1996, S. 37 f.)

**retroaktive
und
proaktive
Hemmung**

Abb. 66: Retro- und proaktive Hemmung

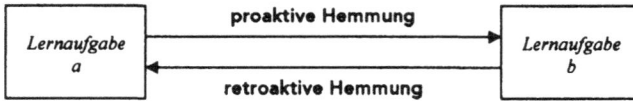

Beide Arten der Hemmung treten v.a. bei mechanischem Lernen auf. Werden beim Lernen Ähnlichkeiten und Unterschiede herausgearbeitet, die sinnvolle Beziehungen zwischen den aufeinanderfolgenden Lernaufgaben stiften, so kann der Lernerfolg auch bei ähnlichem Material sehr hoch sein. Jedoch sollten Lerninhalte, die eher bildhafte räumliche Überlegungen verlangen, nach rein verbalem Material gelernt und eine Phase des sinngemäßen Lernens von einer Phase des Auswendiglernens abgelöst werden. (vgl. SCHUSTER 1984, S. 173 f.)

Um Lernhemmungen aber auch Verbesserungen der Lerntechniken besser zu verstehen, ist es notwendig einige Grundannahmen über unser Gedächtnis zu kennen. Viele Informationen, wie z.B. Jugenderinnerungen, die Muttersprache, diverse Kenntnisse etc. bleiben ein Leben lang erhalten. Andererseits existiert auch ein kurzfristiges Behalten, etwa eine nachgeschlagene Telefonnummer, die nur einmal benötigt und daher bald wieder vergessen wird. Von noch geringerer Dauer ist die Speicherung der Umwelteindrücke, die ständig auf uns einwirken. Wird ihnen keine besondere Beachtung geschenkt, so gehen sie sofort wieder verloren, da wir für neue Sinneseindrücke bereit sein müssen. Um diese Beobachtungen zu beschreiben und zu erklären, wurde ein Modell des menschlichen Gedächtnisses entwickelt, das als hypothetisches Konstrukt keine physikalischen Strukturen repräsentiert, sondern lediglich eine Abstraktion darstellt. Anders ausgedrückt, es gibt keine Struktur in unserem Gehirn, die etwa einem Kurz- oder Langzeitgedächtnis entspricht. In der heutigen Psychologie wird trotz einiger widersprüchlicher Erkenntnisse (vgl. z.B. ANDERSON 1996, S. 169 ff.) analog zu den beschriebenen Beobachtungen vielfach von einem ***Dreispeichermodell***

Dreispeicher-modell

des Gedächtnisses ausgegangen, da mit Hilfe dieses Modells verschiedene Aspekte der Informationsaufnahme und der Informationsverarbeitung recht gut erklärt werden können.

Informationen erreichen unser Gedächtnissystem über alle Sinne. Der erste Speicher, der **sensorische Speicher** (very short-term memory) ist Teil des **Wahrnehmungsapparates**. Hier bleiben die Umweltinformationen nur solange aufrecht, wie sie für die Wahrnehmung benötigt werden. Die Speicherkapazität ist hier zwar sehr hoch, die Speicherdauer beträgt aber weniger als eine Sekunde, auch werden uns nicht alle Informationen, die wir wahrnehmen bewusst. Informationen, denen wir auf dieser Stufe der Speicherung keine **Aufmerksamkeit** zuwenden, gehen verloren. Der sensorische Speicher wird auch mit einem Echo verglichen (vgl. NEISSER 1974), das die eingelangte Information nur für kurze Zeit erhält. Während des Ablesens der Information zerfällt diese bereits wieder, sodass neue Informationen aufgenommen werden können.

sensorischer Speicher = Teil des Wahrnehmungsapparates

Abb. 67: Das Dreispeichermodell

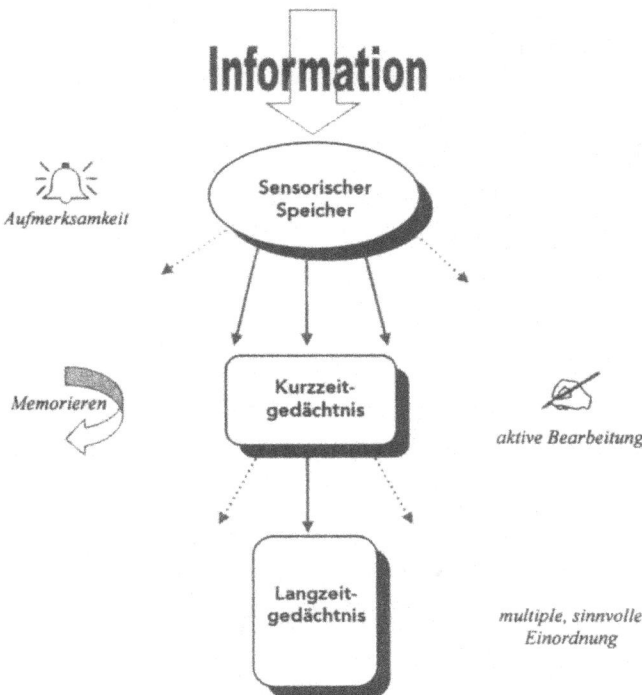

Im *Kurzzeitgedächtnis* (short-term memory) überdauern die Inhalte zwar deutlich länger (ca. 30 Sekunden), die Kapazität ist jedoch nicht besonders hoch. So entsteht z.B. beim Lernen einer Liste von Wörtern o.ä. der sogenannte Reihenpositionseffekt, d.h. die ersten und die letzten Elemente der Liste werden besser behalten als die dazwischenliegenden.

Kurzzeit-gedächtnis

Abb. 68: Der Reihenpositionseffekt (nach METZIG u. SCHUSTER 1996)

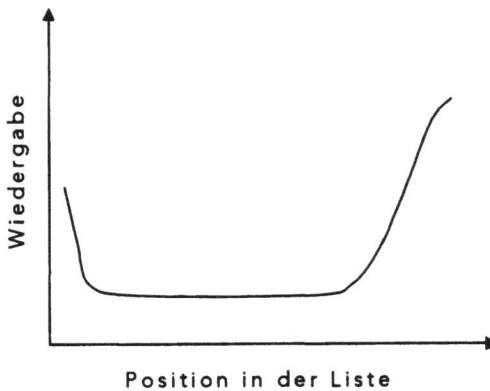

Dem Vergessen kann in dieser Stufe der Speicherung durch *Wiederholungen* entgegengewirkt werden. Ein klassisches Beispiel ist die unbekannte Telefonnummer. Nachdem man eine solche im Telefonbuch nachgeschlagen hat, kann man sie unmittelbar verwenden, indem sie gewählt oder jemandem mitgeteilt wird. Kurze Zeit später kann sie nicht mehr korrekt wiedergegeben werden, es sei denn, man wiederholt sie zwischenzeitlich in Gedanken oder sagt sie laut vor sich hin. Werden wir dabei allerdings unterbrochen, geht sie ebenfalls verloren.

Wiederholung

Das Kurzzeitgedächtnis kann bei einmaliger Darbietung nur etwa 7 ± 2 Elemente, sogenannte *chunks* aufnehmen (vgl. METZIG u. SCHUSTER 1996, S. 16 ff.), wobei es gleichgültig ist, ob es sich dabei um Zahlen, Buchstaben, Silben, Wörter etc. handelt. Die Beschränkung der Kapazi-

chunk

tät bezieht sich nur auf die Zahl von ungefähr sieben Einheiten, nicht aber auf deren Komplexität.

Übungsaufgabe 32

Lesen Sie die folgenden zwei Zeilen einmal kurz durch und versuchen Sie, jede sofort nach dem Lesen zu wiederholen. (Siehe „Lösungen zu den Übungsaufgaben")

Übungsaufgabe 32

WAN – NLA – SST – ESU – NSI – MST – ICH

Die Kapazität des Kurzzeitgedächtnisses beträgt sieben Einheiten.

Wie viele Speicherplätze eine Information benötigt, hängt auch davon ab, was bereits an Wissen vorhanden ist. Der Kurzzeitspeicher kann zwar nur etwa 7 chunks aufnehmen, aber je nach Vorwissen und Integration der Information kann die Informationsmenge dieser 7 Elemente enorm schwanken. Werden z.B. Buchstaben durch Bildung von Wörtern mit Bedeutung versehen und zu komplexeren chunks zusammengefasst (*chunking* - siehe Übungsaufgabe), so lässt sich die Speicherkapazität des Kurzzeitgedächtnisses deutlich steigern.

chunking

Die Inhalte des Kurzzeitgedächtnisses können neben dem mechanischen Wiederholen auch durch *aktive Bearbeitung* vor dem Vergessen bewahrt werden. Die *Organisation* (Kategorisierung, Assimilation, Hierarchisierung, etc.) des Lernmaterials ist für das Behalten sogar wesentlich wichtiger als gedankenloses Memorieren, denn häufig führen reine Wiederholungen nicht zu einer längerfristigen Einprägung (vgl. CRAIK u. LOCKHART 1972). Dies ist auch der Grund, warum zum Teil von einem Zweispeichermodell ausgegangen wird. Die Vertreter dieses Modells argumentieren, wenn das Entscheidende nicht das Memorieren der Information ist, sondern die Information in einer Art und Weise verarbeitet wird, die dem Aufbau einer Spur im Langzeitgedächtnis förderlich ist, so sei die Annahme eines Kurzzeitspeichers nicht mehr sinnvoll. Informationen gelangen danach direkt vom sensorischen Speicher in das Langzeitgedächtnis. (vgl. ANDERSON 1996, S. 169 ff.)

aktive Bearbeitung

Das *Langzeitgedächtnis* (long-term memory) weist eine sehr große Kapazität auf. Hier ist praktisch alles, was wir erlebt haben und was aus
dem Kurzzeitgedächtnis übertragen wurde, wie Erinnerungen, Emotionen, Einstellungen und motorische Fertigkeiten, gespeichert. In diesem
dritten Gedächtnissystem bleiben zwar die Informationen ein Leben lang
erhalten, aber es ist nicht immer leicht, sie wieder abzurufen. Die Über-
nahme von Informationen in den Langzeitspeicher garantiert also noch
lange nicht, dass diese in relevanten Situationen auch abrufbar sind,
dies hängt weitgehend von der Organisation des Wissens ab. Oft erinnern wir uns zwar an die Farbe eines Buches, nicht aber an dessen Titel,
oder wir sehen die Textstelle eines Artikels vor unserem geistigen Auge,
können uns aber an die Seite nicht mehr erinnern. Zwar ist noch nicht
geklärt in welcher Form Informationen im Langzeitspeicher niedergelegt
sind, jedoch spielt die Einordnung der Wissenselemente in die komplexe Struktur des gesamten Wissens eine wichtige Rolle (vgl. METZIG u.
SCHUSTER 1996, S. 23). Eine Information muss entweder in verschiedenen Zusammenhängen *(multiple Enkodierung)* oder an einer notwendig
sinnvollen Stelle (AUSUBEL 1974) eingeordnet sein, um bei Bedarf wieder gefunden zu werden. Damit eine Information in der komplexen
Struktur des Vorwissens richtig abgelegt werden kann, ist es daher notwendig, dass diese sinnvoll ist, also in einer bestimmten Beziehung zu
den bereits gespeicherten Informationen steht.

Das *Dreispeichermodell* beinhaltet neben dem sensorischen Speicher
auch ein Kurzzeit- sowie ein Langzeitgedächtnis. Damit Informationen
vom sensorischen Speicher in das Kurzzeitgedächtnis gelangen, ist eine
entsprechende *Aufmerksamkeit* notwendig. Der Begriff Kurzzeitgedächtnis bezieht sich auf eine kleine Anzahl von etwa 7 Einheiten, deren
Zugänglichkeit nur einige Sekunden anhält, sofern keine *Wiederholung*
stattfindet. Das ermöglicht es uns z.B., die Wörter in diesem Text so
lange zu behalten, bis das Ganze einen Sinn ergibt. Die begrenzte Kapazität des Kurzzeitgedächtnisses kann durch chunking stark verbessert
werden. Für das Behalten einer Information wesentlich wichtiger als das

**Langzeit-
gedächtnis**

**multiple
Enkodierung**

sinnvoll

Aufmerksamkeit

memorieren

gedankenlose Memorieren ist eine **aktive Bearbeitung** und Organisation des Lernmaterials. Ihr Wiederfinden im Langzeitspeicher hängt eng mit deren aktiven Verarbeitung und den Beziehungen der **sinnvollen Information** zum bereits gespeicherten Vorwissen, also der **Verankerung** im Vorwissen ab.

Kritisiert wird am kognitivistischen Ansatz neben einer Überbetonung kognitiver Informationsverarbeitungsprozesse u.a. die Annahme einer objektiv wahren und erkennbaren Realität sowie die damit verbundene Auffassung, dass Wissen extern und unabhängig vom Bewusstsein existiert (vgl. BLUMSTENGEL 1998, S. 114). Diese Kritik kommt v.a. von Vertretern konstruktivistischer Ansätze, welche die Bereitstellung von optimalen Methoden zur Erreichung von Lernzielen grundsätzlich in Frage stellen (vgl. KHAZAELI u.a. 2000, S. 44).

4.4 Konstruktivistisches Verständnis

Im Gegensatz zur kognitivistischen Psychologie wird Lernen im Konstruktivismus nicht als Informationsverarbeitungsprozess verstanden, sondern als individuelle Konstruktion eines aktiven Lernenden in einem sozialen Kontext, wobei das Vorwissen des Lerners von entscheidender Bedeutung ist. Die Aktivierung von Vorkenntnissen, ihre Ordnung, Korrektur, Erweiterung, Ausdifferenzierung und Integration spielen beim Lernen eine entscheidende Rolle (vgl. BLUMSTENGEL 1998, S. 115). Da Repräsentationen keine statischen Symbole, sondern ständig neu interpretierte Darstellungsformen sind, ist beim Lernen der Prozess der aktiven Auseinandersetzung mit Aufgaben von zentraler Bedeutung. Nicht die Aufstellung von Lernzielen ist wichtig, sondern die Rückbindung an die Kontextgebundenheit der Lerninhalte (vgl. SCHULMEISTER 1997, S. 74).

aktive Bearbeitung

sinnvolle Informationen

⚓

Kritik an kognitivistischen Lerntheorien

Lernen = individuelle Konstruktion

Der Konstruktivismus lehnt es aus diesen Gründen auch ab, Lernprozesse extern und im Voraus zu planen und zu kontrollieren. Lernen ist
individuell und ein Lernweg nicht voraussagbar. Lehrende können
lediglich die Rolle eines *Coaches* einnehmen und den Lerner bei seiner
Konstruktion begleiten.

**Lehrender =
Coach**

> „Teaching is not a process of imparting knowledge, because the learner
> cannot know what the teacher knows and what the teacher knows cannot
> be transferred to the learner. We believe that teaching is a process of
> helping learners to construct their own meaning from the experiences
> they have by providing those experiences and guiding the meaning-
> making process." (JONASSEN u.a. 1999, S. 3)

Auch wenn eine externe Planung und Kontrolle abgelehnt wird, ist
Lernen zumindest aus Sicht eines gemäßigten Konstruktivismus dennoch
ein Prozess, der sowohl intern wie extern initiiert werden kann. Wissen
kann aus konstruktivistischer Sicht zwar nicht durch Instruktion vermittelt
werden, da der Lerner Wissen aktiv mit seinen mentalen Modellen und
Wirklichkeitskonstrukten verknüpfen muss. Lehrende können jedoch mit
Anregungen, Hilfestellungen und situativen Anlässen lernunterstützend
wirken. Bei der Gestaltung von Lernumgebungen ist es v.a. wichtig, die
kognitive Konstruktivität und Individualität der Lerner sowie die Notwendigkeit eines relevanten Kontextes und metakognitiver Strategien
zur Selbstevaluation zu beachten.

**Lern-
unterstützung**

Den Lernern sind Situationen anzubieten, in denen eigene Konstruk-
tionsleistungen möglich sind und in denen kontextgebunden und sozial
interaktiv gelernt werden kann. Die wesentlichen Gestaltungsprinzipien
solcher Lernumgebungen bestehen darin,

> „dass sie auf authentische Aufgaben oder komplexen Anwendungskon-
> texten beruhen, die Anwendung des Wissens in multiplen Kontexten und
> unter multiplen Perspektiven vorsehen und ein kooperatives Lernen in
> sozialen Kontexten fördern." (SCHAPER u.a. 2000, S. 210)

Ansätze zur Gestaltung von Lernumgebungen auf Grundlage konstruktivistischer Überlegungen sind z.B. (vgl. GERSTENMAIER u. MANDL 1995, S. 875 ff. sowie SCHAPER u.a. 2000, S. 210):

1. der **Anchored Instruction** Ansatz
2. der **Cognitive Flexibility** Ansatz
3. der **Cognitive Apprenticeship** Ansatz

konstruktivistisch orientierte Ansätze

Der ***Anchored Instruction Ansatz*** beschäftigt sich mit dem Problem des ***trägen Wissens*** also Wissen, das in konkreten Situationen nicht abrufbar ist. Es wird davon ausgegangen, dass die fehlende Anwendungsqualität dieses Wissens mit der Art des Wissenserwerbes zusammenhängt. Um träges Wissen zu verhindern, wird mit einem ***narrativen Anker*** gearbeitet,

Anchored Instruction Ansatz

narrativer Anker

> „der Interesse erzeugt, den Lernenden die Identifizierung und Definition von Problemen erlaubt sowie die Aufmerksamkeit der Lernenden auf das Wahrnehmen und Verstehen dieser Probleme lenkt." (GERSTENMAIER u. MANDL 1995, S. 875)

Den Lernenden werden z.B. anregende Geschichten in Form von Videos dargeboten und anschließend ein komplexes Problem gestellt. Die Lernenden müssen dieses Problem eigenständig lösen, wobei alle notwendigen Informationen zur Verfügung gestellt werden.

Vom ***Cognitive Flexibility Ansatz*** wird v.a. die Notwendigkeit betont, dass die Lernenden ***multiple Perspektiven*** einnehmen sollen, um Übervereinfachungen zu vermeiden (vgl. MANDL u.a. 1997, S. 171). Es wird davon ausgegangen, dass z.B. bei der Lösung von Problemen Vorwissen nicht als geschlossene Einheit aufgerufen, sondern mit multiplen Konzeptpräsentationen zur Problemlösung geeignetes Wissen konstruiert wird.

Cognitive Flexibility Ansatz

multiple Perspektiven

> „Zur Induzierung des Aufbaus flexibler, multipler Präsentationen beim Lernenden wird dasselbe Konzept zu verschiedenen Zeiten, in veränderten

Kontexten, unter veränderten Zielsetzungen und aus unterschiedlichen
Perspektiven betrachtet und zu anderen Konzepten in Verbindung gebracht." (GERSTENMAIER u. MANDL 1995, S. 876)

Dem *Cognitive Apprenticeship Ansatz* liegen die anwendungsorien-
tierten Vermittlungsprinzipien der traditionellen *Handwerkslehre* zu
Grunde (vgl. SEEL u.a. 1998, S. 91). Es werden hier jedoch anstelle von
manuellen kognitive Fertigkeiten betont. Dazu gilt es, die nicht sichtbaren kognitiven Vorgänge sichtbar zu machen. Dies geschieht, indem
zuerst ein Experte seine kognitiven Prozesse und angewandte Strategien
bei der Lösung eines authentischen Problems verbalisiert. Anschließend
bearbeitet der Lernende die Problemlösung selbständig, wobei er veranlasst wird, die Überlegungen ebenfalls auszusprechen und seine Vorgehensweise mit der des Experten zu vergleichen. Der Experte unterstützt ihn dabei. Ziel dieses Ansatzes ist es, strategisches Handlungs-
wissen zu vermitteln. Der Lernende kann in authentischen Lernumgebungen situative Lernerfahrungen machen. Dabei wird nicht nur Wissen
erworben, sondern auch die Anwendungsbedingung dieses Wissens
gelernt sowie die Fähigkeit zur flexiblen Nutzung und zum Transfer des
Gelernten auf reale Situationen aktiv gefördert. (vgl. GERSTENMAIER u.
MANDL 1995, S. 877 sowie REINMANN-ROTHMEIER u.a. 1994, S. 48)

Cognitive Apprenticeship Ansatz

Handwerkslehre

Umstritten am konstruktivistischen Ansatz ist v.a. dessen radikale Aus-
prägung mit seiner Ablehnung instruktionaler Komponenten im Lernprozess (vgl. TULODZIECKI 1996, S. 47). Ein weitgehender Verzicht auf
Instruktion ist jedoch in vielen Fällen nicht anzuraten (vgl. BLIMSTENGEL
1998, S. 128). Auch sind komplexe Lernumgebungen v.a. für Anfänger
oft nicht geeignet (vgl. BLUMSTENGEL 1998, S. 126). Von Vertretern
der konstruktivistischen Position wird befürchtet, dass Vereinfachungen
den Wissenstransfer in der Anwendungssituation erschweren. Dem-
gegenüber wird von anderen Ansätzen wiederum betont, dass gerade
das Abstrahieren einer Problemstellung deren Übertragung in andere
Kontexte begünstigt.

**Kritik am Kon-
struktivismus**

4.5 Lernpsychologie in der Praxis

4.5.1 Lerntechniken

Lerntechniken helfen uns, das Lernen zu erleichtern, indem die Informationsaufnahme, ihre Speicherung sowie das Abrufen von Informationen verbessert wird. Die verschiedenen Lerntechniken können zwar auf Grundlage der behandelten, relativ modernen theoretischen Konzepte der Lernpsychologie erklärt werden, haben aber zum Teil Jahrtausende alte Wurzeln. Verschiedene Techniken führen u.a. zu erheblichen Verbesserungen der Gedächtnisleistungen und werden auch von sogenannten Gedächtniskünstlern professionell angewandt.

Eine Voraussetzung des Lernens ist die Konzentration der **Aufmerksamkeit** auf die zu lernende Information. Als Aufmerksamkeit wird das Ausrichten auf einen Gegenstand unter gleichzeitiger Hemmung anderer Bewusstseinsinhalte bezeichnet. Informationen, denen wir keine Aufmerksamkeit schenken, gehen sofort verloren. Wird die Aufmerksamkeit verringert, so vergrößert sich der Aufwand für das Lernen. Das Lernen wird weniger effektiv, was wiederum Erfolgserlebnisse seltener werden lässt und damit die **Selbstmotivation** senkt.

Aufmerksamkeit

Selbstmotivation

Nur konzentriertes Arbeiten ist effektives Arbeiten und dieses führt über Erfolgserlebnisse zu einer Selbstmotivation. Unter **Konzentration** wird eine willkürliche Steigerung und Fokussierung der Aufmerksamkeit verstanden. Eine Konzentration ist immer nur für kurze Zeiträume möglich, auch lässt sie bei Überforderung sowie monotoner Gestaltung des Lernens nach. Die Variation der **Lernkanäle**, der **Lernformen** und des **Lernstoffes** führt zu einer späteren und geringeren Ermüdung der Konzentration. Wesentlich in diesem Zusammenhang sind auch eine richtige **Zeitplanung** und die Berücksichtigung eines effizienten **Arbeitsrhythmus**. (vgl. DAHMER u. DAHMER 1998, S. 23 sowie RÜCKRIEM/STARY u. FRANCK 1997, S. 15 f.).

Konzentration

Variation
- **der Lernkanäle**
- **der Lernformen**
- **des Lernstoffes**

Die Untersuchungen von EBBINGHAUS zeigen, dass Informationen mehrmals wiederholt werden müssen, um sie nicht zu vergessen. Je öfter und je rascher Informationen, die sich im Kurzzeitgedächtnis befinden, wiederholt werden, desto mehr gehen in das Langzeitgedächtnis über (vgl. LEITNER 1982, S. 141 sowie DAHMER u. DAHMER 1998, S. 33). Der Lernstoff sollte zunächst selbst verbalisiert, dann möglichst rasch und oft memoriert werden. Die Wiederholungen können später seltener erfolgen, wobei sich unterschiedliche Umgebungen und Tageszeiten positiv auswirken (vgl. LEITNER 1982, S. 81). Da ein Teil der Informationen jedes Mal vom Kurzzeit- ins Langzeitgedächtnis wandert, ist es nicht notwendig immer alles zu wiederholen. Es ist daher sinnvoll, die Lernabstände je nach Bedarf zu variieren. Lernmaterial, das leichter gemerkt wird, muss nicht so oft wiederholt werden. Diesem Prinzip entspricht z.B. der Aufbau einer *Lernkartei* (vgl. LEITNER 1982, S. 64 ff.). Diese enthält fünf Fächer in unterschiedlicher Größe für Frage- oder Vokabelkarten. Dabei werden Karten mit Fragen auf der Vorder- und Antworten auf der Rückseite oder Vokabeln auf der Vorder- und Übersetzungen auf der Rückseite in das erste Fach gegeben und wandern erst dann in das nächste Fach weiter, wenn die Frage beantwortet bzw. die Vokabel übersetzt wird. Wird eine Karte vom zweiten Fach beherrscht, so kommt sie ins dritte Fach, wenn nicht, wandert sie wieder ins erste zurück etc. Unnötige Wiederholungen werden vermieden, indem die höheren Fächer weniger oft wie die unteren memoriert werden.

Lernkartei

Im Allgemeinen kann das Kurzzeitgedächtnis etwa sieben neue Informationen (Zahlen, Buchstaben, Wörter, etc.) zugleich behalten. Durch Zusammenfassung und Kodierung wird jedoch eine erhebliche Steigerung der Informationsmenge erreicht. *Bedeutungsarme Informationen* wie etwa Zahlen werden dabei direkt mit Bedeutung d.h. Wörtern, Ereignissen (Geburtstage etc.) oder Bildern assoziiert. So kann man z.B. mit der Zahl Zwei einen Schwan, mit der Zahl Vier einen Stuhl und mit der Zahl Sieben eine Sense verbinden. Die Zahl 247 würde dann als Schwan auf einem Stuhl, an dem eine Sense lehnt, dargestellt. Dieses Bild lässt sich wesentlich einfacher merken als die entsprechende Zahl. (Weitere Bei-

Bedeutungsarme Informationen

spiele enthalten u.a. BIRKENBIHL 1997, BUZAN 1994 sowie RÜCKRIEM/
STARY u. FRANCK 1997.

Die Assoziation von Informationen mit Vorstellungen wie Orten, Bildern,
Schlüsselwörtern etc. sind Grundlage verschiedenster Mnemotechniken.
Die älteste Methode ist die *Locitechnik*, die bereits von griechischen   **Locitechnik**
und römischen Rednern benutzt wurde, um sich die wichtigsten Punkte
ihrer langen Reden einzuprägen. Eine gut bekannte Folge von Orten
(z.B. auf dem Weg zur Arbeit) oder von Einrichtungsgegenständen in
einem Raum (z.B. im eigenen Wohnzimmer) wird ausgewählt und anschließend werden die bildlichen Vorstellungen der zu lernenden Begriffe mit den verschiedenen Orten bzw. Einrichtungsgegenständen bildhaft
assoziiert. Beim Abrufen der Information wird in der Vorstellung der
Weg von Ort zu Ort durchgegangen. Weitere, ähnlich arbeitende *bild-*   **bildhafte**
hafte Gedächtnistechniken sind z.B. die Technik der assoziativen Ver-   **Gedächtnis-**
bindungen, die Geschichtentechnik und die Schlüsselwortmethode (vgl.   **techniken**
RÜCKRIEM/STARY u. FRANCK 1997). Die Techniken der visuellen Vorstellungen sind insbesondere dann besonders effektiv, wenn es darum
geht, sich an eine überschaubare Anzahl von Einzelinformationen zu erinnern. Die Steigerung der Merkfähigkeit wird dabei u.a. auf die simultane Aktivierung beider Hirnhälften zurückgeführt (vgl. z.B. BIRKENBIHL
1997 sowie BUZAN 1994).

In manchen Fällen ist es möglich, mit Hilfe von *Abkürungen* die Infor-   **Abkürzungen**
mation zu reduzieren und gleichzeitig eine Bedeutung hinzuzufügen, die
das Einprägen und wieder Auffinden erleichtern. So wird z.B. das Wer-
beprinzip **Attention, Interest, Desire, Action** oft mit der leicht zu mer-
kenden Abkürzung **AIDA** assoziiert.

Teilnahmsloses Zuhören oder passives Lesen führt dazu, in Gedanken
abzuschweifen und sich mit anderen Dingen zu befassen oder einfach
dahinzudösen. Effektiv gelernt wird nur, wenn der Lernstoff aktiv bearbeitet wird, indem die Informationen in Beziehung zu Bekanntem gesetzt und der Aufbau des Vortrages oder Textes erfasst werden sowie

versucht wird, Wichtiges von Unwichtigem zu unterscheiden etc. (vgl. RÜCKRIEM/STARY u. FRANCK 1997, S. 47 f.). **Effektives Lernen** ist immer **aktives Lernen**.

aktives Lernen

Einen erheblichen Raum nimmt das Lernen aus schriftlichen Unterlagen ein. Eine häufig angewendete, effektive und leicht zu lernende Lernstrategie ist die **PQ4R-Methode** (vgl. ANDERSON 1996, S. 191 f.). Der Name leitet sich aus den sechs Phasen ab, die zur Erarbeitung eines Textes vorgeschlagen werden:

PQ4R-Methode

1. Vorprüfung (**P**review): Zunächst verschafft man sich einen Überblick über das Material. Dazu werden das Inhaltsverzeichnis, Klappentexte, Zusammenfassung, eventuell einzelne Passagen überfliegend gelesen. Dies dient dazu, eine Übersicht zu gewinnen, denn das Lernen von Bekanntem – sowohl die Informationsaufnahme wie die Abspeicherung und das Wiederfinden - ist wesentlich effizienter.

Text überfliegen, sich orientieren

2. Fragen (**Q**uestions): Formulieren Sie nun Fragen zu den Abschnitten des Textes. Werden gleich nach dem Lesen die Fragen gestellt, so kann man sich besser auf das Lernmaterial einstellen.

Fragen zum Text stellen

3. Lesen (**R**ead): Lesen Sie den Abschnitt sorgfältig, indem Sie versuchen, die gestellten Fragen zu beantworten.

Fragen beantworten

4. Nachdenken (**R**eflect): Denken Sie über den Text nach, indem Sie versuchen ihn zu verstehen, Beispiele zu finden und den Stoff in Bezug zu ihrem Vorwissen zu setzen.

Beispiele finden, assoziieren

5. Wiedergeben (**R**ecite): Versuchen Sie nach Beendigung des Textes Ihre Fragen schriftlich aus dem Gedächtnis mit eigenen Worten zu beantworten. Dies fördert einen präzisen Umgang mit dem Text und ermöglicht eine Überprüfung des Erfolges.

Text wiedergeben, Fragen erneut beantworten

6. Rückblick (**R**eview): Gehen Sie abschließend den Text nochmals in Gedanken durch und rufen sich die wichtigsten Punkte ins Gedächtnis. Versuchen Sie auch nochmals Ihre Fragen zu beantworten.

Zusammenfassen, resümieren

Das Generieren und Beantworten von Fragen führt zu einer intensiveren Verarbeitung des Textmaterials und dadurch zu einem besseren Behalten (vgl. ANDERSON 1996, S. 192 f.).

Aktives Lernen lässt sich auch sehr effektiv praktizieren, wenn der Lernstoff mit einem **Lernpartner** besprochen bzw. diskutiert wird. Wird alleine gelernt, so besteht dennoch oft die Möglichkeit das Gelernte einem
Verwandten oder Bekannten zu erzählen. Dieser Gesprächspartner (der
sogenannte *Lern-Larry*) muss von der Sache nicht unbedingt etwas verstehen, er nimmt die passive Rolle des Zuhörers ein. Der wichtigste
Lerneffekt besteht hier darin, dass der Lernende veranlasst wird, den
Lernstoff zu erklären, wobei er automatisch auf die Punkte stößt, die er
noch nicht richtig zu erklären in der Lage ist. Sollte gerade kein Lern-
Larry verfügbar sein, kann auch ein fiktiver Gesprächspartner gewählt
werden. (vgl. LEHNER u. ZIEP 1997, S. 76 f.)

Lernpartner

Lern-Larry

Viele Informationen werden zwar abgespeichert, können aus dem Langzeitgedächtnis jedoch nicht wieder abgerufen werden. Um dies sicherzu-
stellen, ist eine Organisation bzw. Gruppierung des Wissens notwendig.
Beim **hierarchischen Abrufplan** dienen die einzelnen Kategorien sowie
Kategoriennamen als Hinweis, in welchem Bereich des Speichers zu suchen ist (vgl. RÜCKRIEM/STARY u. FRANCK 1997, S. 138 ff.).

**hierarchischer
Abrufplan**

Der Abrufplan führt vom umfassenden Begriff auf der linken Seite zu
immer spezielleren rechts. So ergibt sich beim Abrufen eine logische
Folge von Suchschritten, die ein Vergessen ganzer Kategorien fast unmöglich macht (vgl. RÜCKRIEM/STARY u. FRANCK 1997, S. 139). Die
Kategoriennamen dienen als Abrufreize für die einzelnen Ereignisse,
d.h. wenn ein bestimmter Kategoriennamen gefunden ist, können ihm
zugeordnete Ereignisse generiert und geprüft werden, ob sie zusammengehören oder nicht. Auch kann eine neue Information sinnvoll mit
bestehenden Abrufplänen in Verbindung gebracht und damit die Lern-
leistung deutlich verbessert werden. Zur hierarchischen Anordnung von
Informationen eines Textes gibt es verschiedene Möglichkeiten, oft erfolgt die Darstellung auch von oben nach unten.

Abb. 69: Hierarchisch geordnete Informationen

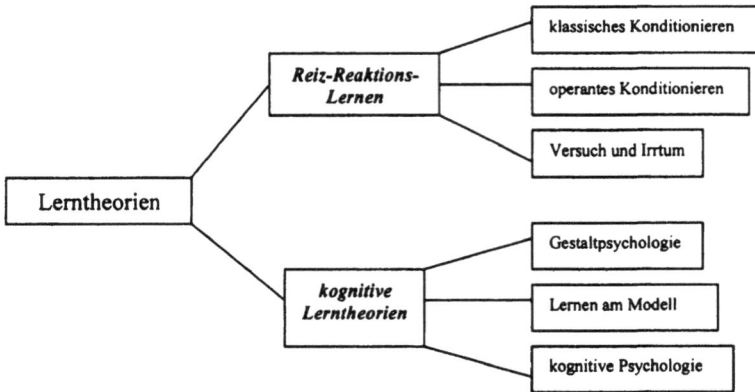

Auf Grundlage der Hemisphärenspezialisierung des Gehirns entwickelte
Tony BUZAN die **Mind-Map**-Methode. Dabei wird in der Mitte eines   **Mind-Map**
Blattes mit der Zentralidee begonnen und in den von diesem Zentrum
ausgehenden Ästen und Zweigen die Einzelideen in der vom Zentral-
thema diktierten Form entwickelt (vgl. BUZAN 1993, S. 110 f.):

BUZAN führt eine Reihe von Vorteilen des Mind-Map gegenüber linearen Aufzeichnungsformen an (1993, S.111):

„1. Die Zentral- oder Hauptidee wird deutlich herausgestellt.

2. Die relative Bedeutung jeder Idee tritt sinnfälliger in Erscheinung.
    Wichtigere Ideen befinden sich in der Nähe des Zentrums, weniger
    wichtige in den Randzonen.

3. Die Verknüpfungen zwischen den Schlüsselbegriffen werden durch
    ihre Linienverbindungen leicht erkennbar.

4. Als Ergebnis werden Erinnerungsprozess und Wiederholungstech-
    nik effektiver und schneller.

5. Die Art der Struktur erlaubt es, neue Informationen leicht und ohne
    die Übersichtlichkeit störende Streichungen und eingezwängte
    Nachträge unterzubringen.

6. Jede Mind-Map ist von jeder anderen nach Form und Inhalt deut-
    lich unterschieden. Das ist für die Erinnerung hilfreich.

7. Im kreativen Bereich des Aufzeichnens, etwa bei der Vorbereitung
    von Aufsätzen und Reden, erleichtert es das nach allen Seiten of-
    fene Mind-Map-Schema, neue Ideenverknüpfungen herzustellen."

Abb. 70: Mind-Map (aus BUZAN 1993)

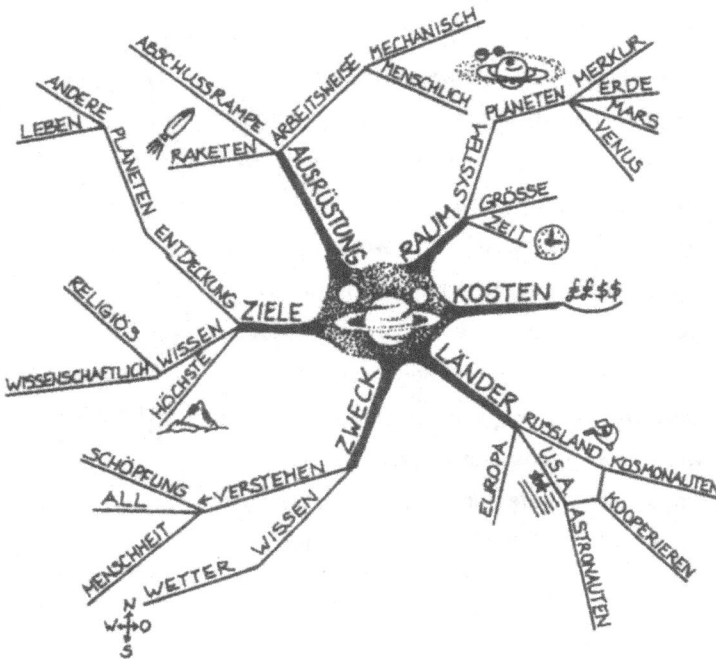

Eine Grundvoraussetzung für effektives Lernen ist die Motivation. Anzu-
streben ist dabei immer eine sachbezogene Motivation bzw. **Selbstmo-**   **Selbstmotivation**
tivation, also das Interesse an der Problemlösung, da in diesem Fall die
Information schneller und leichter aufgenommen sowie besser verarbeitet werden kann. Weiters wird über den momentanen Lernvorgang hinaus eine positive Einstellung für zukünftiges Lernen gefördert. Dazu ist
es notwendig, dass die **Belohnung** aus dem Lernen selbst erfolgt. Eine   **Belohnung**
immer wiederkehrende Befriedigung nach einem gelungenen Lernab-
schnitt wirkt motivierend für weiteres Lernen. Jedes Erfolgserlebnis wirkt
als Belohnung (Verstärkung) und die Lust zum Weiterlernen steigt. Die
Belohnung muss aber möglichst sofort erfolgen, um wirksam zu sein.
THORNDIKEs „law of effekt" bzw. SKINNERs Verstärker sind eine Sache
der Gegenwart und nicht der Zukunft. Um dies zu erreichen sind umfangreiche Lernaufgaben in Teilaufgaben zu zerlegen sowie **Teilziele**   **Teilziele,**
und **Lernschritte** festzulegen. (vgl. BEELICH u. SCHWEDE 1991, S. 26 ff.   **Lernschritte**

sowie LEITNER 1982, S. 87 ff.)

Beim Einprägen von Informationen können verschiedene Unterschiede
festgestellt werden. Es gibt Menschen, die sich leichter optische Reize
einprägen, manche die sich Inhalte und Ergebnisse von Diskussionen   **Lerntypen**
besser merken und wieder andere behalten vorwiegend Informationen
bei motorischer Beteiligung. Dies ist in erster Linie eine Frage der Gewöhnung und Übung, oft das Ergebnis beruflicher Praxis. Es gibt zahlreiche Tests, um die eigenen Vorlieben herauszufinden, wobei es jedoch
meist vorteilhaft ist, möglichst viele Sinnesorgane beim Lernprozess an-
zusprechen. Je mehr Sinnesorgane beim Lernen eingesetzt werden, umso dauerhafter und störungsfreier wird die Information aufgenommen
und verarbeitet. Sind **verschiedene Sinnesorgane** abwechselnd bei der   **Verschiedene
Informationsaufnahme** sowie Informationsverarbeitung beteiligt, so   **Sinnesorgane**
senkt dies auch die Ermüdungserscheinungen und steigert die Lernlust.
(vgl. BEELICH u. SCHWEDE 1991, S. 77, RÜCKRIEM/STARY u. FRANCK
1997, S. 47 sowie HERRMANN 1997)

Übungsaufgabe 33
Prägen Sie sich folgende zehn Wörter in der vorgegebenen Reihenfolge nach
der Locitechnik ein:
Auto, Buch, Hut, Bleistift, Lampe, Schlüssel, Zahn, Baum, Diskette, Regen.   *Übungsaufgabe 33*
Versuchen Sie auch die Begriffe rückwärts wiederzugeben.

Übungsaufgabe 34
Fertigen Sie einen hierarchischen Abrufplan und ein Mind-Map zu den Lern-   *Übungsaufgabe 34*
techniken an.

4.4.2 Lernplanung

Die Lernplanung ist in den meisten Fällen eine wesentliche Voraussetzung für effektives Lernen. Dabei sind folgende drei Regeln zu beachten
(vgl. DAHMER u. DAHMER 1998):
1. Das Ziel muss deutlich gemacht werden (**Zielplanung**).

2. Der Weg zum Ziel muss aufgeteilt werden (**Lernstoffverteilung**).

3. Die Teilerfolge auf dem Weg zum Ziel müssen sichtbar gemacht werden (**Selbstkontrolle**).

Die Ziele, die Sie sich stecken, müssen **konkret**, **anspruchsvoll**, aber **erreichbar** und **verbindlich** sein. Fernziele werden in Teilziele aufgegliedert, wobei es günstig ist, mit dem Prüfungszeitpunkt zu beginnen und von dort in Richtung gegenwärtigen Zeitpunkt weiter zu planen. Fertigen Sie dazu einen **Zeitplan** an und markieren Sie Teilziele, die Sie erreicht haben (**Verstärkung**).

Zeitplan

Der Lernstoff ist für den Lernenden oft kaum überschaubar, er muss in kleine überschaubare Einheiten zerlegt werden. Dabei gilt es, Wesentliches von Unwesentlichen zu trennen, Übergeordnetes und Untergeordnetes in die richtige Reihenfolge zu bringen und dabei die Lernetappen so zu wählen, dass man weder unter- noch überfordert wird. Die Aufteilung des Lernstoffes in lernbare Abschnitte muss in Verbindung mit der Terminplanung erfolgen, wobei auf den eigenen **Arbeitsrhythmus,** eine richtige **Pausenplanung** sowie auf die gegenseitige **Beeinflussung** des Lernmaterials zu achten ist.

Lernstoff-verteilung

Der biologische Rhythmus zwischen Aktivität und Ruhe, zwischen Tag und Nacht verändert die eigene Leistungsbereitschaft während des Tagesablaufes. Dieser Rhythmus ist sehr stark von den Lebensgewohnheiten abhängig, es ist daher sinnvoll, sich einige Tage lang selbst zu beobachten, um eine individuelle Leistungskurve zu erstellen. Bei vielen erwachsenen Personen liegen die Leistungsspitzen etwa zwischen 8:00 und 11:00 Uhr sowie zwischen 17:00 und 20:00 Uhr. Die Phasen der Leistungshochs sollten wichtigen, anspruchsvollen Tätigkeiten vorbehalten bleiben, während Tätigkeiten, die weniger Konzentration benötigen, wie z.B. Routinearbeiten, in Bereiche geringerer Leistungsbereitschaft gelegt werden können. (vgl. BEELICH u. SCHWEDE 1991, S. 34 f.)

Arbeitsrhythmus

Die Leistungshöhe hängt aber zusätzlich noch vom richtigen Einsatz der

Pausen ab, d.h. von ihrer Dauer und insbesondere von ihrer Beschaffen-   **Pausen**
heit. Pausen unterstützen das Lernen umso mehr, je stärker sich deren
Inhalte vom Lerngegenstand unterscheiden. Durch den richtigen Pau-
seneinsatz wird verhindert, dass eine totale Ermüdung überhaupt erst
einsetzt, d.h. man bleibt erheblich leistungsfähiger. Pausen verschwen-
den also keine Zeit, sondern erhöhen, richtig eingesetzt, die Leistung.
Wichtig ist jedoch, Pausen planmäßig einzusetzen. Folgende vier Pau-
sentypen werden in der Literatur hervorgehoben:

Abb. 71: Lernpausen (nach RÜCKRIEM/STARY u. FRANCK 1997, S. 33)

Pausentyp	Dauer	Abstand	Pausentätigkeit
1. Unter- brechung	1 Min.	nach Bedürfnis	Zurücklehnen
2. Mini- pause	5 Min.	nach 30 Min.	Freiübungen o.ä.
3. Kaffee- pause	15-20 Min.	nach 2 Std.	Kaffee trinken usw.
4. Erholungs- pause	60-120 Min.	nach 4 Std.	Essen, Schlafen usw.

Vergessen kommt auch durch wechselseitige Behinderung neu gelernter
Informationen zustande *(retro- und proaktive Hemmung)*. Je ähnlicher   **retro- und**
                                                                          proaktive
zwei Aufgaben sind und je geringer der zeitliche Abstand zwischen den   **Hemmung**
beiden Aufgaben ist, desto stärker sind die auftretenden retro- und pro-
aktiven Lernhemmungen. Pausen reduzieren diese gegenseitige negative Beeinflussung des Lernmaterials. Je länger und sicherer eine Information bereits im Gedächtnis haftet, desto weniger beeinträchtigt sie neu
hinzukommenden Lernstoff.

Planung und Ausführung müssen regelmäßig miteinander verglichen
werden. Wird der Lernstoff in überschaubare Teile gegliedert, so können Teilerfolge leicht sichtbar gemacht werden und dienen gleichzeitig
zur Belohnung. Dadurch wird über die *Selbstkontrolle* das Lernen ver-   **Selbstkontrolle**
stärkt.

4.5 Psychologische Aspekte multimedialer Lerndesigns

Multimedia bedeutet die Einbindung verschiedener Technologien in ein anderes Medium, den Computer (vgl. BEINGHAUS 1994, S. 137). Dabei wird jedoch - vor allem in Zusammenhang mit Lernen - immer mehr die Vielfalt der Kodierungen bzw. der angesprochenen Sinneskanäle und weniger die technische Umsetzung hervorgehoben (vgl. WEIDENMANN 1997, S. 197). Kodierung bezeichnet die Art und Weise der Verschlüsselung von Botschaften eines medialen Angebotes (Sprache, Bilder, Zahlen) und die Kategorie Sinneskanäle meint die verschiedenen eingebundenen physiologischen Rezeptionssysteme (visuelles und auditives).

Multimedia

Abb. 72: Elemente eines medialen Lernangebotes (nach WEIDEMANN 1997, S. 199)

	mono-...	multi-...
Medium	*monomedial:* • Buch • Videoanlage • PC und Bildschirm	*multimedial:* • PC+CD-ROM-Player • PC+Videorecorder • PC + ...
Kodierung	*monokodal:* • nur Text • nur Bilder • nur Zahlen	*multikodal:* • Text + Bilder • Grafik + Beschriftung
Sinnesmodalität	*monomodal:* • nur visuell • nur auditiv	*multimodal:* • audiovisuell

Beim multimedialen Lernen übernimmt der Computer zwar die Rolle des Mittlers, Organisators und Dialogpartners, dennoch stellt jede multimediale Lernanwendung ein von Menschen (Didaktiker, Grafiker, Designer, Programmierer) entwickeltes Produkt dar. Der Verbindung zwischen Lehrenden und Lernenden ist ein Computer zwischengeschaltet, dieser übernimmt die Dialogfunktion des Lehrenden, der in der Regel nun nicht mehr direkt ansprechbar ist. In multimedialen Lernsituationen treten dadurch der individuelle sowie der dezentrale Aspekt stärker in den Vordergrund, wobei der zeitliche seine Bedeutung verliert. *Multimediales*

Lernen kann jederzeit und an jedem beliebigen Ort individuell angeboten und durchgeführt werden. Der Lernende trifft selbst die Entscheidung wann, wie lange, wo und manchmal sogar was er wie lernen
möchte. Diese Wahlfreiheit stellt aber nicht nur an die Lernprogramme,
sondern auch an die Lernenden hohe Anforderungen.

- individuell
- an jedem Ort
- zu jeder Zeit

Neben dieser zeitlichen, örtlichen und oft inhaltlichen Unabhängigkeit
ist es v.a. die Möglichkeit der multimodalen und multikodalen Präsentation des Lehrstoffes, die **multimediales Lernen** auszeichnen. Mehrfach-
kodierungen wirken sich in der Regel günstig für das Behalten von Informationen aus. Ein weiterer Vorteil bimodaler Informationsdarbietung
ist ihre Redundanz, durch die Verstehensschwierigkeiten und eine fehlerhafte Informationsverarbeitung verringert wird. Auch zeigen alle Sinnesorgane bei längerer Beanspruchung eine Gewöhnung und Ermüdung, was das Sinken der Aufmerksamkeit zur Folge hat. Die Bedeutung
einer simultanen oder sukzessiven Mehrfachkodierung der Informationen wird ebenfalls durch die Forschungen zur Hemisphärenspezialisierung des Gehirns unterstützt.

multimodal
multikodal

Beim Design multimedialer Lernangebote sollte die Information daher
gezielt auf die auditive und visuelle Sinnesmodalität verteilt werden. So
ist es z.B. bei einer Analyse von Bildern besser die entsprechenden Er-
läuterungen auditiv als ebenfalls visuell anzubieten. Zudem wird eine
sinnvolle Abwechslung von auditiv und visuell präsentiertem Material
von den Lernenden als angenehmer erlebt und erhöht die Akzeptanz
(vgl. WEIDENMANN 1997, S. 202). Auch **bimodal** vorgegebene Texte
werden besser erinnert als ein ausschließlich auditiver oder visueller
Text. Beide Informationsformen nutzen zwar den gleichen Kode, nämlich
die Sprache, um Sachverhalte zu vermitteln, dennoch unterscheiden sie
sich sowohl hinsichtlich ihrer Stabilität wie der angesprochenen Sinnesmodalitäten. Wird ein Text gelesen, so kann man selbst bestimmen, in
welchem Tempo dies erfolgen soll. Auditive Texte hingegen sind flüch-
tige Informationsangebote, hier bestimmt das Lernprogramm das Tempo, in dem Informationen vorgegeben und verarbeitet werden sollen.

Bild und Text

Text:
- auditiv
- visuell

Da auditive Texte jedoch als einzige das Gehör ansprechen, kommt ihnen im Vergleich zu visuellen Texten, Stand- oder Bewegtbildern eine
besondere Rolle bei der Lenkung der Aufmerksamkeit zu (vgl. PAECH-
TER 1997, S. 224 ff.).

Verschiedene Untersuchungen zeigen, dass die Verwendung von Animationen im Vergleich zu statischen Bildern oft zu keiner signifikanten Verbesserung der Lernleistungen führen (vgl. LEWALTER 1997, S. 218). In
manchen Fällen ist der Einsatz von statischen Bildern völlig ausreichend.
Möglicherweise kommt hier die unterstützende Wirkung der Animation   **Bilder:**
durch deren geringeren Anregungsgehalt, effektive Lernstrategien ein-   **- statisch**
zusetzen, nicht zum Tragen. Vermutlich werden die in den Animationen   **- bewegt**
dargestellten Abläufe vom Lernenden als so leicht verständlich wahrgenommen, dass der Eindruck entsteht, den Sachverhalt vollständig zu verstehen. In der Folge findet deshalb keine tiefere Auseinandersetzung
mit den Hintergründen statt.

Die breite Verfügbarkeit von statischen und bewegten Bildern ist zwei-
fellos ein Charakteristikum von multimedialen Lernprogrammen. Die Bilder haben dabei unterschiedliche Funktionen. Bei informierenden und
instruktionalen Aufgaben können folgende *Funktionen von Bildern* als   **Funktion von**
wesentlich hervorgehoben werden (vgl. WEIDENMANN 1997, S. 108   **Bildern**
ff.):

- *Zeigefunktion:* Mit Abbildungen kann ein Gegenstand oder ein bestimmter Teil eines Gegenstandes gezeigt werden.
- *Situierungsfunktion:* Mit Abbildungen können Situationsvorstellun-
  gen aktiviert werden, wobei z.B. der Betrachter sich in die abgebildete Situation versetzt und entsprechende Handlungen vornimmt
  oder mögliche Äußerungen der abgebildeten Personen wiedergibt.
- *Konstruktionsfunktion:* Abbildungen können dem Betrachter helfen, ein mentales Modell zu einem Sachverhalt zu konstruieren und
  so Unanschauliches und Unvertrautes verständlich machen. Es handelt sich u.a. dabei um bildliche Darstellungen komplexer Realitäts-
  ausschnitte wie z.B. die Funktion eines Kühlschrankes oder eines

nicht beobachtbaren Sachverhaltes wie z.B. eines Atommodells.

Bei Bildern hängt die Art und Intensität des Lernens sehr stark von ihrer Gestaltung und ihrem Einsatz ab. Bilder sind lernwirksamer, wenn sie zur geistigen Verarbeitung **herausfordern** bzw. wenn wesentliche Informationen strukturell **hervorgehoben** werden (vgl. SCHANDA 1994, S. 132). Durch Gruppierungsprozesse erfolgt eine Zusammenfassung bestimmter grafischer Komponenten in einem Bild zu größeren Einheiten, wobei die **Gestaltgesetze** diese Prozesse im Wesentlichen beschreiben. So werden nach dem Gesetz der Nähe enger beieinander liegende Bildkomponenten und nach dem Gesetz der Ähnlichkeit gleiche Komponenten eher zusammengefasst, etc. Diese automatisierte Verarbeitung veranlasst den Betrachter zu einer bestimmten Interpretation des Wahrgenommenen (vgl. SCHNOTZ 1997, S. 94). Dabei wird das Verstehen des Bildes unterstützt, wenn die wahrgenommene Struktur mit der zu vermittelnden übereinstimmt. Erschwert wird sie, wenn erst eine Reorganisation auf der Wahrnehmungsebene stattfinden muss, bevor eine adäquate Interpretation möglich ist.

Anforderungen an Bilder

Eine besondere Rolle vor allem bei der Vermittlung abstrakter Inhalte spielen **Diagramme**, sogenannte **logische Bilder**. Im Gegensatz zu realistischen Bildern besteht hier keine perzeptuelle Ähnlichkeit mit dem repräsentierten Gegenstand, deshalb können wir nicht auf Schemata der alltäglichen Wahrnehmung zurückgreifen. Jedoch besitzen Lernende auf Grund der häufigen Verwendung bestimmter Diagrammtypen bei diesen Darstellungen die erforderlichen kognitiven Grafik-Schemata eher als bei anderen Formen, weshalb man nicht ohne triftigen Grund von vorhandenen Konventionen abweichen sollte (vgl. SCHNOTZ 1997, S. 99). Zur Darstellung quantitativer Zusammenhänge führt ZEZAZNY folgende fünf Schaubildformen auf (vgl. 1999, S. 19): **Kreis-, Balken-, Säulen-, Kurven- und Punktediagramm.** Für jeden Vergleichstyp eignen sich bestimmte Diagrammformen eher, wobei die Wahl des Vergleichs immer im Hinblick auf die beabsichtigte Kommunikationsfunktion erfolgen muss.

Diagramme

Diagrammformen

Abb. 73: Vergleichstypen und Diagrammformen (aus ZELAZNY 1999, S. 37)

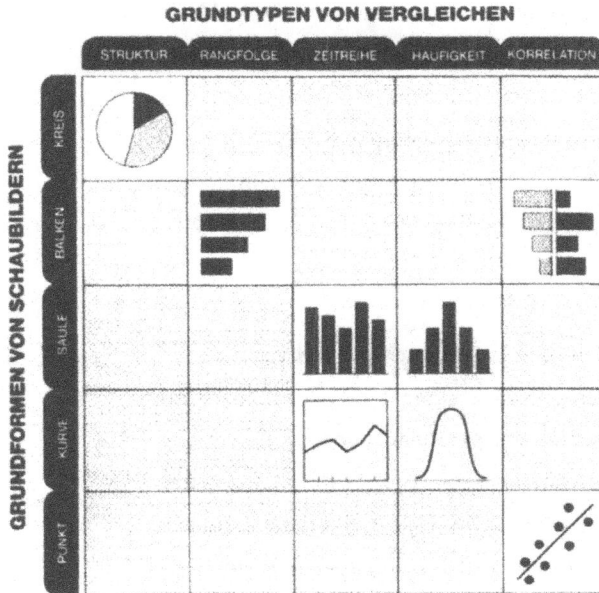

Bei der Gestaltung eines Lernprogramms ist weiters zu beachten, dass (vgl. BEINGHAUS 1994, S. 138):

- der Lernstoff in überschaubare Abschnitte gegliedert ist,
- Verzweigungen in andere Kapitel jederzeit machbar sind,
- Wiederholungen durch einfache Rücksprünge möglich sind,
- Hilfen und Zusatzinformationen optional verfügbar sind,
- jederzeit erkennbar ist, an welcher Stelle bzw. auf welchem Lernweg das Programm sich gerade befindet,
- eine Lesezeichenfunktion jederzeit einen Ausstieg und Wiedereinstieg in eine gewünschte Programmstelle ermöglicht,
- die Kontrolle des Lernerfolges gewährleistet ist.

Gestaltung eines Lernprogramms

Je vielfältiger - in Hinblick auf Kodierung, Sinnesmodalitäten, Inhalte, Strukturen - ein multimediales Angebot ist, desto größer ist die Gefahr der **Überlastung.** Dieses Problem wird erheblich reduziert, wenn der Be-

Gefahr der Überlastung

nutzer die Möglichkeit hat, den Ablauf in seiner Geschwindigkeit zu
steuern, zu einzelnen Textpassagen oder Bildern Hilfen oder Zusatzinformationen abzurufen, bestimmte Stellen durch Suchbefehle rasch aufzu-
finden, Querverbindungen nachgehen zu können usw. (WEIDENMANN
1997, S. 202 f.). Moderne Lernprogramme zeichnen sich durch ein hohes
Maß derartiger Steuerungsmöglichkeiten aus. Dabei sollte eine lineare
Abarbeitung des Lernprogramms durch zu betätigende Links erschwert
werden, damit die in den zahlreichen Verzweigungen vorhandene Information vom Lernenden auch aufgefunden wird (vgl. SCHANDA 1994,
S.133).

Eine hohe Steuerungsmöglichkeit unterstützt auch ein **aktives Lernen**.   **aktives Lernen**
Die Lernenden können ihre Lernprozesse eigenständig gestalten und
den Bedingungen der Lernsituation entsprechend anpassen. Es ist jedoch zu berücksichtigen, dass aktives Lernen bereits im Konzept des
Lernprogramms enthalten ist (indem der Lernende z.B. eigene Beispiele
finden bzw. den neuen Lernstoff mit seinem Vorwissen verbinden muss)
und nicht zufällig über Steuerungsmöglichkeiten erfolgt (vgl. dazu z.B.
MAYER u. TREICHEL 2004). Zur Steigerung der Akzeptanz von Lernprogrammen und deren optimalen zielgruppenspezifischen Gestaltung
ist es sinnvoll, wenn möglich, diese in Zusammenarbeit mit den Lernenden zu entwickeln (vgl. KLIMSA 1997, S. 20 ff.).

Um dem **sozialen Manko** multimedialer Lernprogramme zu begegnen   **soziales Manko**
können diese so gestaltet werden, dass die Bearbeitung durch mehrere
Lernende erfolgt. Auch kann die Möglichkeit geschaffen werden, über
diverse Medien Kontakte, zumindest zu bestimmten, festgelegten Zeit-
punkten, mit anderen Lernenden bzw. mit den Lehrenden aufzunehmen.

Lösungen zu den Übungsaufgaben

Übungsaufgabe 27

Aktive Personen lernen eher, da sie häufiger Rückmeldungen geben und auch erhalten.

Übungsaufgabe 28

Das Baby wird sofort anfangen zu „brüllen", wenn es auf den Arm genommen werden will. Es hat nach dem Modell des operanten Konditionierens gelernt (siehe Text).

Übungsaufgabe 29

Die Punkteaufgabe stammt aus der Gestaltpsychologie (vgl. LÜCK/RIPPE u. TIMAEUS 1984, S. 218). Zur Lösung der Aufgabe ist eine *Umstrukturierung* notwendig, erst wenn die Umgebung der Figur mit in den Lösungsversuch einbezogen wird, kann die Aufgabe gelöst werden. Dabei finden in der Regel sowohl Trial-and-Error wie Lernen durch Einsicht bzw. Umstrukturierung des Wahrnehmungsfeldes Anwendung.

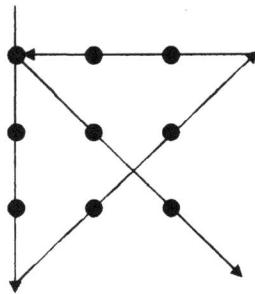

Übungsaufgabe 30

Wahrscheinlich würden Sie die anderen Gäste am Tisch beobachten und versuchen, deren Vorgehensweise zu imitieren.

Übungsaufgabe 31

Die verbalen Reaktionen gelingen schneller, da unter der zweiten Bedingung durch die Vorstellung sowie durch das Antippen mit der Hand das gleiche räumlich visuelle System belastet wird.

Übungsaufgabe 32

Da die sieben Einheiten in der ersten Zeile nicht bedeutungshaltig sind, stellt diese Reihe für unser Kurzzeitgedächtnis eine Abfolge von 21 Buchstaben dar, die verständlicherweise nicht behalten werden kann. Die Anzahl von sechs Einheiten, nämlich

WANN LÄSST ES UNS IM STICH

hätte dagegen, wie auch die zweite Zeile, keine Schwierigkeiten bereitet.

5. Psychologie in der Werbung

Ziel von Werbung ist es, Menschen in ihrem Verhalten zu beeinflussen. Ein Produkt soll gekauft, eine Partei gewählt oder eine Dienstleistung in Anspruch genommen werden. Manchmal gilt es auch Meinung bzw. Einstellung zu beeinflussen, die sich aber wiederum auf das Verhalten auswirken soll. Durch die Verhaltensbeeinflussung gilt es, Kunden, Mitglieder oder Wähler zu gewinnen bzw. das eigene Angebot gegenüber Konkurrenten durchzusetzen. Dabei wird versucht, Entscheidungsspielräume von Personen zugunsten einer bestimmten Sache zu beeinflussen oder diejenigen Qualitäten einer Sache offenkundig zu machen, die ohne Werbung verborgen bleiben (vgl. FELSER 1997, S. 13). Nach KROEBER-RIEL kann **Werbung** als **(systematischer)** Versuch der **Verhaltensbeeinflussung** mittels besonderer Kommunikationsmittel aufgefasst werden (vgl. 1993, S. 29). Mit dieser Definition erfolgt eine Abgrenzung von den anderen Formen der Marketingkommunikation, dem persönlichen Verkauf und der Verkaufsförderung (Produktproben, Gutscheine, Gewinnspiele etc.).

Werbung
- **informiert**
- **beeinflusst**

Definition

Durch die zunehmende **Sättigung des Marktes** wird Werbung als Verkaufshilfe immer wichtiger. Auf gesättigten Märkten kann ein Anbieter seinen Marktanteil an Produkten oder Dienstleitungen nur noch zu Lasten anderer Anbieter wesentlich erhöhen. Verstärkte Konkurrenz und Verdrängungswettbewerb sind die Folgen.

Sättigung des Marktes

Mit Werbung wird versucht, diejenigen Qualitäten eines Produktes, einer Dienstleitung etc. offenkundig zu machen, die sonst verborgen bleiben. Konsumenten werden besser über nützliche Eigenschaften von Produkten sowie Dienstleistungsangeboten informiert, Innovationen und Fortschritt werden gefördert. Andererseits jedoch ist das Ziel der Werbung, Entscheidungsspielräume von Personen zugunsten einer bestimmten Sache zu beeinflussen. Dadurch wird die Autonomie des Einzelnen bedroht, Scheinwelten werden aufgebaut, der Eindruck erweckt, Glück könne durch Kaufhandlungen erreicht werden usw. Wer

Informationsfunktion

Beeinflussung

Werbung betreibt bzw. psychologisches Wissen für Werbung bereit-
stellt, sollte sich daher über mögliche Auswirkungen seines Handelns
bewusst sein, er ist dafür immer mit **verantwortlich**. (vgl. dazu FELSER
1997 sowie ROSENSTIEL u. KIRSCH 1996)

Verantwortung

Das Verhalten von Personen ist neben der **Werbung** auch von einer
Vielzahl anderer Faktoren wie **Absatzmethoden** (Vertriebssysteme, Ab-
satzformen, Absatzwege), **Preispolitik** und **Produktgestaltung** (Technik,
Qualität, Sortiment u.a.) abhängig. Bei Zielvorgaben, deren Erreichung
von unterschiedlichen Einflussgrößen abhängt, können in der Regel
keine direkten Beziehungen zwischen Werbemaßnahmen und Verhalten
nachgewiesen werden. Ein unzureichender Umsatzzuwachs kann z.B.
auch in einer Reihe anderer Faktoren begründet sein. Werbeziele
müssen daher so formuliert sein, dass der Erfolg den Werbemaßnahmen
zugerechnet werden kann. Dafür braucht die Werbepsychologie
theoretische Modelle über das Zustandekommen und die Beeinfluss-
barkeit menschlichen Verhaltens (vgl. KROEBER-RIEL 1993, S. 29 ff. sowie ROSENSTIEL u. KIRSCH 1996, S. 48). Um nachweisbare Werbeerfol-
ge zu erzielen, liegen diesen Modellen oft Beeinflussungen von Haltungen zugrunde, die hinter dem konkreten Verhalten stehen **(Verhaltensdispositionen)**. Solche Verhaltensdispositionen sind z.B. Bekanntheit einer Marke, Einstellung zu einer Marke usw. Derartige Zielvorgaben setzen jedoch voraus, dass die Verhaltensdisposition nachweisbar durch die
Werbung beeinflusst werden kann und diese auch die angestrebte
Verhaltensänderung nach sich zieht. Dafür sind u.a. wiederum genauere
Kenntnisse über die Wirkungen verschiedener Werbemaßnahmen erforderlich.

**Marketing-
instrumente**
- Promotion
- Place
- Price
- Product

**Verhaltens-
dispositionen**

5.1 Wie Werbung wirkt –
verschiedene Werbetechniken

Aus den Erkenntnissen der Wahrnehmungs- und Gedächtnispsychologie entstanden die ersten wissenschaftlich orientierten Gestaltungsregeln für Werbung. Ein oft zitiertes Beispiel dafür ist die bereits Ende des 19. Jahrhunderts vom Amerikaner E. Lewis entwickelte AIDA-Regel:

A = *Attention:* Basis, damit der Text gelesen wird.

I = *Interest:* Vorteile thematisieren, damit weiter gelesen wird.

D = *Desire:* Hoffnung, Begierde auslösen.

A = *Action:* Der Leser bestellt, kauft.

AIDA-Regel

Das Modell setzt voraus, dass jeder einzelne Schritt auf die vorangegangenen Schritte angewiesen ist. Obwohl die AIDA-Regel mittlerweile als wissenschaftlich überholt gilt, findet diese Gestaltungsformel der Werbung heute noch vielfach Anwendung (vgl. NERDINGER 1996, S. 299). Ein Beispiel für eine Anzeige, die nach der AIDA-Regel gestaltet wurde, zeigt das folgende Abbild:

Abb. 74: Aufbau einer Anzeige nach der AIDA-Regel

ACHTUNG...ACHTUNG...ACHTUNG
GROSSE REINIGUNGSAKTION

Staubmilben in unseren Matratzen, nämlich Hunderttausende, hinterlassen dort ihren Kot. Der schlafende Mensch atmet das ein und erkrankt an Allergie, Bronchitis, Asthma usw. Der POTEMA-Trockenreiniger vernichtet und entfernt alle Milben, Pilzsporen, Bakterien und Ungeziefer absolut chemiefrei (UVC-Strahlung).

Jetzt AKTIONSPREIS: 1 Matratze   öS 290,–
jede weitere Matratze   öS 190,–

Anruf genügt: 0664/272 92 65 oder Tel/Fax: 212 12-32
REINIGUNG BEI IHNEN ZU HAUSE!

Das aufmerksamkeitserregende Element der Anzeige – eye catcher oder
key visual – bildet die überdimensional abgebildete Staubmilbe. Interesse soll die Überschrift (headline) wecken. Der Wunsch, die Dienstleistung in Anspruch zu nehmen, wird durch Hinweis auf die persönlichen
Bedürfnisse ausgelöst. Zuerst wird Angst erzeugt und dann versprochen,
dass das Produkt die Ursache der Angst, zurzeit sogar besonders günstig beseitigt. Schließlich wird zum Handeln aufgefordert, indem auf die
Telefon- bzw. Fax-Nummer verwiesen wird.

Werbebotschaften werden unterschiedlich vermittelt. Auch haben sich
die Grundtechniken immer wieder den Veränderungen des Marktes sowie den wissenschaftlichen Erkenntnissen der Zeit angepasst. Im Rahmen einer Inhaltsanalyse amerikanischer Werbeanzeigen vom Beginn
des Jahrhunderts bis in die 80er Jahre haben LEISS, KLINE und JHALLY
vier Appellformen unterschieden: **Rationale Appelle, Testimonial, Ver-**   **Grundtechniken**
unsicherung und **sensuale Appelle** (vgl. NERDINGER 1996, S. 300). Die
Veränderung der dominierenden Formen im Laufe der Zeit
veranschaulicht folgende Abbildung:

Abb. 75: Langfristige Trends der Werbung (aus NERDINGER 1996, S. 300)

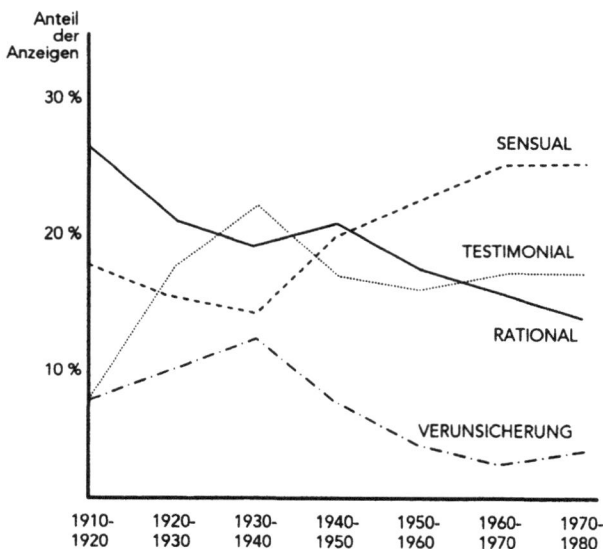

Unter **rationalen Appellen** werden Argumentationen verstanden, die   **rationale Appelle**
auf die Qualität des Produkts, seinen Preis, die Beschreibung oder De-
monstration seiner Vorzüge bzw. seiner Nützlichkeit abzielen. Dabei wird
zwischen einseitiger und zweiseitiger Argumentation unterschieden.
Werden nur Argumente zugunsten des beworbenen Produkts bzw. der
beworbenen Dienstleistung angeführt, so handelt es sich um eine ein-
seitige, bei Berücksichtigung von Gegenargumenten um eine zweiseitige Argumentation. Soll eine Zielgruppe mit höherem Bildungsniveau
angesprochen werden, erweist sich eine zweiseitige Argumentation als
wirksamer (vgl. KROEBER-RIEL u. MEYER-HENTSCHEL 1982, S. 174 ff.).
Zweiseitige Werbeargumentationen berücksichtigen gewöhnlich jedoch
keine echten Gegenargumente, sondern nur Banalitäten oder Pseudo-
nachteile, die sich dann umso leichter in Argumente für das Produkt
umwandeln lassen (vgl. NERDINGER 1996, S. 300). Da die Produkte auf
gesättigten Märkten im Allgemeinen ausgereift sind und sich ihre Qualitäten mehr und mehr angleichen, nimmt der Anteil der informativen
Werbung, unterbrochen von einem zwischenzeitlichen Bedeutungszu-
wachs in den zurückgefallenen Nachkriegsmärkten, konstant ab. Auch
reichen Informationen alleine nicht aus, wenn keine aktuellen Bedürfnisse beim Konsumenten vorhanden sind. Informationen bewegen nur   **Informationen**
dann das Verhalten, wenn sie auf Bedürfnisse stoßen, durch die sie für   **+ Emotionen**
den Empfänger relevant werden. Bedürfnisse können aber durch Wer-
bung aktualisiert, verstärkt bzw. neu geschaffen und auf ein bestimmtes
Produkt oder eine bestimmte Dienstleistung gelenkt werden. Neben der
Information ist daher in der Regel auch ein emotionaler Appell notwendig. Die Kombination der Beeinflussungsziele Information und Emotion
entspricht dem folgenden klassischen Muster der **Einstellungsbeein-**   **Einstellungs-**
flussung (vgl. KROEBER-RIEL 1993, S. 36):   **beeinflussung**

-   appelliere an ein **Bedürfnis** und
-   **informiere** über Eigenschaften des bewor-
    benen Produktes, die dieses Bedürfnis be-
    friedigen.

Übungsaufgabe 35

Suchen Sie im Fernsehen Werbespots, die nach diesem Muster aufgebaut sind. (Siehe „Lösungen zu den Übungsaufgaben")

Übungsaufgabe 35

Die Strategie der **Verunsicherung** nahm zu Beginn des Jahrhunderts stetig zu. Nicht zuletzt durch die Rezeption der Lehre Sigmund FREUDs verbreitete sich zunehmend das Bild eines "irrationalen" Menschen, dessen Verhalten stark durch - zum Teil unbewusste - Ängste beeinflusst wird. Seit den 40er Jahren nehmen solche Strategien jedoch unter dem Einfluss lernpsychologischer Erkenntnisse wieder ab. Vertreter der behavioristischen Psychologie zeigten auf, dass ein Gefühl, das regelmäßig mit einem Produkt ausgelöst wird, sich an dieses ankoppelt, wie der Speichelfluss des PAWLOWschen Hundes an den Glockenton. Die Strategie der Verunsicherung hat zur Folge, dass allein die Wahrnehmung des Produktes Gefühle der Unsicherheit und der Angst auslöst, eine wenig begrüßenswerte Vorstellung. (vgl. NERDINGER 1996, S. 301)

Verunsicherung

In einem **Testimonial** legt jemand Zeugnis für ein bestimmtes Produkt ab, wobei unterschieden werden kann zwischen

- Experten-Testimonial,
- Star-Testimonial und
- Laien-Testimonial.

Testimonial

Beim **Experten-Testimonial** soll die Glaubwürdigkeit der Aussage durch Behauptungen eines Experten gesteigert werden. Zu dieser Form der Werbung zählen u.a. Dr. Best als Experte für Zahnbürsten, ebenso wie der Monteur als Experte zur Vorbeugung gegen Verkalkungen bei Waschmaschinen, der Hundezüchter als Experte für Hundefutter sowie ein Italiener als Experte für Cappuccino oder ein Chinese als Experte für Reis.

Experten-Testimonial

Neben der stärkeren Beachtung des Werbespots oder der Werbeanzeige wird bei **Star-Testimoniels** auch deren Sympathie beim Zielpublikum ausgenützt. Zudem besitzen Prominente eine relativ hohe Glaubwürdig-

Star-Testimonial

keit, obwohl sie in den meisten Fällen nicht als Experten für das Produkt gelten können (vgl. MAYER 1993, S. 208). Borris Becker erklärt, dass er schon als Junge einen bestimmten Schokoladenaufstrich verwendet hat, Gottschalk isst immer noch Gummibärchen, Uschi Glas erklärt den Hausfrauen, welches Wischtuch sie verwendet und der Schauspieler und nunmehrige Weltenbummler Hardy Krüger fährt neuerdings wie Arnold Schwarzenegger - zumindest in Werbespots - mit der Bahn. Oft besteht beim Konsumenten der Wunsch so zu sein wie der Prominente, sein Ideal. Er versucht, durch Nachahmung einer in der Werbung gezeigten Handlung (oft unbewusst) diese Person zu kopieren, um zumindest partiell so zu sein wie sein Ideal. Nach FREUD wird dieser Vorgang, bei dem jemand einen Aspekt, eine Eigenschaft oder ein Attribut des anderen assimiliert und sich zumindest teilweise nach dem Vorbild des anderen umwandelt, als *Identifizierung* bezeichnet (vgl. 1988, S. 44 ff.). **Identifizierung**

Manchmal gelingt es auch relativ unbekannten Schauspielern in Werbespots zu Stars bzw. Kultfiguren aufzusteigen, was dann dazu führt, dass allein ihr Erscheinen auf dem Bildschirm mit der Marke assoziiert wird. Beispiele dafür sind Clementine aus der Waschmittel- oder Bruno Macallini, der Angelo aus der Cappuccino-Werbung. Wird ein Gesicht mit einer bestimmten Marke verbunden, so kann die Werbung für eine weitere Marke entweder Synergieeffekte auslösen oder sich negativ auf die erste Marke auswirken. In solchen Fällen wird oft untersucht ob die Zielgruppen beider Marken übereinstimmen oder ob die Glaubwürdigkeit der Person aufrechterhalten bleibt. Dies war der Fall, als z.B. Bruno Macallini neben dem Cappucino auch noch für eine Automarke werben sollte (vgl. SCHRÖTER 1997, S. 78).

Das *Laien-Testimonial* nutzt die Ähnlichkeit der Zeugnis ablegenden Person mit den Zusehern. In Werbespots wird dies gern in Form von kurzen Alltagsgeschichten gezeigt, die oft folgendermaßen aufgebaut sind (vgl. PFLAUM 1993, S. 347): **Laien-Testimonial**

- Eine Person "wie aus dem richtigen Leben" hat ein Problem,

- ein Bekannter oder eine Bekannte weiß Rat,

- Zweifel an den Behauptungen treten auf,

- ein überzeugender Beweis des Produktnutzens bildet
  den Höhepunkt, strahlende Gesichter sind die Folge,

- Produktabbildung und Jingle (Werbemelodie) krönen
  das Happy-End.

Die Grenze zwischen Laien- und Experten-Testimoniel ist eher fließend,
wenn man z.B. an Mütter, die für bestimmte Windeln oder ältere Personen, die für Zahnhaftungen Zeugnis ablegen, denkt. Es handelt sich dabei zwar um Personen "wie aus dem richtigen Leben", dennoch werden
sie in gewisser Weise als Experten betrachtet.

Zum Teil werden auch "Zeugen" verwendet, die in der sozialen Schicht
höher angesiedelt sind als die Zielgruppe. Hier geht es, ähnlich wie bei
den Star-Testimonials darum, dass die Konsumenten ihre Motive nach
sozialen Aufstieg durch die Verwendung eines bestimmten Produktes zu
befriedigen versuchen (vgl. NERDINGER 1996, S, 301).

Kontinuierlich zugenommen haben in den letzten Jahren *sensuale Ap-*
pelle. Mit ihnen wird entweder in erster Linie die *Aufmerksamkeit* ge-
weckt - diese Technik hat z.B. in der AIDA-Regel eine lange Tradition –
bzw. ein *angenehmes Wahrnehmungsklima* erzeugt oder das beworbene Angebot wird in der emotionalen Erfahrungs- und Erlebniswelt der
Konsumenten verankert. Eine solche Strategie bezeichnet man als *emo-*
tionale Positionierung. Dabei betonen sensuale Appelle die sinnliche
Qualität eines Produktes oder die Sinnlichkeit der Person bzw. des Um-
feldes, in dem das beworbene Objekt präsentiert wird. Es geht hier
nicht um rationale Begründungen, sondern um emotionale Beziehungen des Konsumenten zum Produkt. Im Zentrum emotionaler Werbung
stehen Erlebnisse. Die starke Zunahme emotionaler Werbung ist vor allem in den gesättigten Märkten, der Informationsüberflutung und ver-
stärkten Erlebnisorientierung begründet. (vgl. KROEBER-RIEL 1993, S.
68 ff. sowie NERDINGER 1996, S. 303)

sensuale Appelle

- **Aufmerksamkeit**

- **angenehmes
  Klima**

- **emotionale
  Positionierung**

**Zunahme
sensualer Appelle**

Für Konsumenten besteht auf **gesättigten Märkten** mit ausgereiften
und austauschbaren Produkten lediglich ein geringes Kaufrisiko. Die
sachliche Produktqualität ist für sie Selbstverständlichkeit geworden,
wodurch das funktional orientierte Informationsbedürfnis abnimmt.
Weiters führt die zunehmende **Informationsüberflutung** dazu, dass immer mehr Informationen nicht mehr verarbeitet werden können bzw.
keine Beachtung mehr finden. In vergleichenden Studien wurde festgestellt, dass die durchschnittliche Betrachtungsdauer einer Anzeige etwa
zwei Sekunden beträgt bzw. lediglich ca. 2 % der insgesamt angebote-
nen Informationen verarbeitet werden (vgl. KROEBER-RIEL 1993, S. 102
und S. 135 ff. sowie KROEBER-RIEL u. WEINBERG 1996, S. 76 f.). Ein
dritter Grund für die starke Zunahme emotionaler Werbung ist die verstärkte **Erlebnisorientierung** in unserer heutigen Gesellschaft. Konsumenten präferieren in zunehmendem Maße anregendes und lustbeton-
tes Erleben. In Wohlstandsgesellschaften sind die grundlegenden Bedürfnisse gestillt, höhere Bedürfnisse wie Selbstverwirklichung, sensuale
Anregung, verfeinertes emotionales Erleben etc. kommen nun zum Zu-
ge (vgl. MASLOW 1996). Das Streben nach sinnlicher und emotionaler
Stimulierung wird durch kühle und rationalisierte Arbeitsbedingungen,
verstärkte Individualisierung mit einhergehender Vereinsamung, Ent-
fremdung des städtischen Menschen von der Natur usw. noch verstärkt.
Unter diesen Bedingungen wird der Konsum zu einer willkommenen
Möglichkeit für emotionales Erleben und emotionale Ersatzhandlungen
(vgl. KROEBER-RIEL und WEINBERG 1996, S. 124).

- gesättigte Märkte

- Informations-
  überflutung

- Erlebnis-
  orientierung

Werbetechniken dienen dazu, Werbemittel so zu gestalten, dass damit
bestimmte, vorgegebene Werbeziele erreicht werden können. Da nicht
alle Konsumenten auf Werbebotschaften gleich reagieren, ist für eine
effiziente Gestaltung die Kenntnis der den Werbewirkungen zugrunde
liegenden psychologischen Prozesse notwendig. Es muss berücksichtigt
werden unter welchen Umständen eine Werbebotschaft wahrgenommen und - da ein Kauf in der Regel erst später erfolgt - wie diese im
Gedächtnis behalten sowie eine bestimmte Einstellung zum Produkt

hervorgerufen wird. Zuvor gilt es noch zu klären, wer mit der Werbebotschaft in seinem Verhalten beeinflusst werden soll, welche Wertvorstellungen und Interessen die Zielgruppe hat, kurz welche Motive anzuspre-
chen sind.

Bei diesem Modell der Werbewirkung wird Werbung als Stimulus aufgefasst, der auf das Individuum einwirkt, von diesem verarbeitet wird
und zu einer bestimmten Reaktion veranlasst. Folgt man dieser Konzeption, so lässt sich das Konsumentenverhalten folgendermaßen erklären
(vgl. KROEBER-RIEL u. WEINBERG 1996, S. 30 sowie ROSENSTIEL u.
KIRSCH 1996, S. 49):

1. Beobachtbare Stimuli (Reize), wirken auf das Individuum
   ein,

2. psychische Prozesse laufen in der Person ab, die schließlich zu

3. beobachtbaren Reaktionen des Individuums führen.

Abb. 76: Modell der Werbewirkung

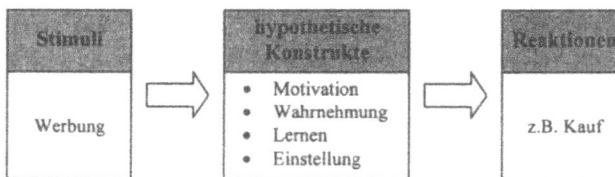

Modell der
Werbewirkung

Die Person wird zwar nicht nur als passiv auf äußere Stimuli reagierend
verstanden - wie es das **neobehavioristische S-O-R-Modell** nahelegt -
sondern sie nimmt durch kognitive Prozesse auch aktiv Einfluss. Um die
durch Werbung ausgelösten psychischen Prozesse genauer zu analysieren, ist es jedoch sinnvoll, davon auszugehen, dass die internen und
externen Reaktionen durch Stimuli verursacht werden, wobei kognitive
Vorgänge innerhalb der psychischen Prozesse dennoch Beachtung finden.

Motivation, Wahrnehmung, Lernen, und *Einstellung* sind hypotheti- **hypothetische**
sche Konstrukte, mit deren Hilfe versucht wird, verschiedene psychische **Konstrukte**
Vorgänge zu erklären. Da diese Prozesse nicht direkt zugänglich sind,
sondern als sogenannte intervenierende Variable zwischen Stimulus und
Reaktion wirken, müssen sie über bestimmte beobachtbare Verhaltensweisen erschlossen werden, die als Indikatoren der einzelnen hypotheti-
schen Konstrukte gelten. Eine weitere Einschränkung für ein Werbewir-
kungsmodell, das nur die zugrunde liegenden psychischen Prozesse
berücksichtigt ist, dass daneben noch weitere Einflussfaktoren wie z.B.
die allgemeine wirtschaftliche Lage oder Gruppenprozesse wirksam sind
(vgl. ROSENSTIEL u. KIRSCH 1996, S. 50).

Übungsaufgabe 36
Suchen Sie in Printmedien Anzeigen, die nach der AIDA-Regel aufgebaut sind. *Übungsaufgabe 36*

Übungsaufgabe 37
Beobachten Sie verschiedene Werbespots im Fernsehen und ordnen Sie diese *Übungsaufgabe 37*
den vorgestellten Appellformen zu.

5.2 Psychische Prozesse als Grundlage

5.2.1 Motivation

Neben den objektiven Eigenschaften wird die individuelle Einstellung
zum Produkt vor allem durch Konsummotive beeinflusst. Wenn jemand
zum Kauf eines Produktes veranlasst werden soll, so muss er dieses Produkt auch wollen. *Motive* sind relativ überdauernde Persönlichkeits- **Motiv**
merkmale, die losgelöst von der konkreten Lebenssituation existieren.
Werden durch äußere Anreize bestimmte Motive aktiviert, so sprechen
wir von *Motivation.* Ein solcher äußerer Anreiz kann auch Werbung sein. **Motivation**
Dazu müssen sowohl die persönlichen Motive der Konsumenten

bekannt sein und herausgefunden werden, welche Motive sich durch das Produkt ansprechen lassen bzw. welche Motive überhaupt kaufentscheidend sind. Ist dies der Fall, so kann mittels Werbung versucht werden, gezielt diese kaufentscheidenden Motive zu aktivieren.

Grundlegende menschliche Antriebskräfte sind **Triebe** und **Emotionen**. Während Triebe durch eine innere Stimulierung, die der Aufrechterhaltung eines körperlichen Gleichgewichts dient, hervorgerufen werden, beruhen Emotionen im Wesentlichen auf äußeren Reizen. Emotionen wie Trieben ist gemeinsam, dass sie das Individuum über spezifische und allgemeine Erregungsvorgänge dazu bringen aktiv zu werden (vgl. KROEBER-RIEL u. WEINBERG 1996, S. 141.). Um das Verhalten auf spezielle Ziele wie z.B. den Kauf eines Produktes auszurichten, sind neben den Emotionen und Trieben zusätzlich noch **kognitive Prozesse** der Verhaltenssteuerung erforderlich. Motive können somit auf

Triebe und Emotionen

kognitive Prozesse

- biologischen **Trieben**
- **Emotionen** und
- **kognitiven Prozessen** beruhen.

Abb. 77: Der Motivationsbegriff nach KROEBER-RIEL
(aus KROEBER-RIEL u. WEINBERG 1996, S. 142)

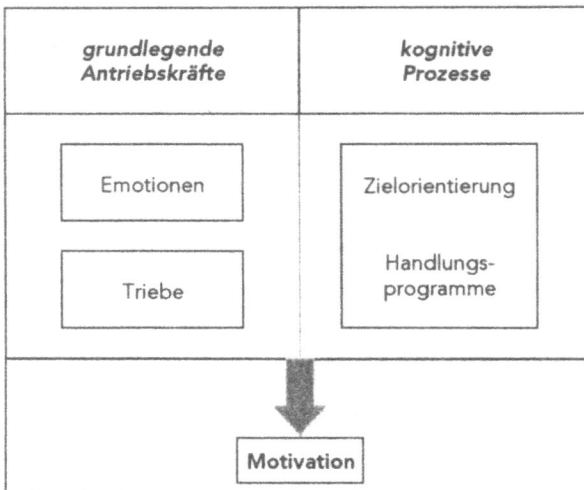

Wie bereits im Kapitel „Motivation" behandelt, sind die bekanntesten
biologisch begründeten Konsummotive Hunger, Durst und Sexualität.
Physiologische Bedürfnisse können auch als Kanäle für andere Bedürfnisse dienen. Eine Person, die hungrig ist, kann auch nach mehr
Bequemlichkeit sowie Geborgenheit verlangen und umgekehrt kann das
Nahrungsbedürfnis teilweise mit anderen Aktivitäten wie z.B. Zigaretten
rauchen befriedigt werden. Physiologische Bedürfnisse sind relativ, aber
nicht vollständig isolierbar (vgl. MASLOW 1996, S. 63).

Als emotional begründete Konsummotive gelten u.a. Prestige, Geselligkeit, Geborgenheit, Natürlichkeit, Abwechslung, Erfolg, Überlegenheit
sowie Jugendlichkeit. Die kognitive Komponente umfasst die Wahrnehmung und Interpretation der Handlungssituation sowie Überlegungen zu den Ziel-Mittel-Beziehungen. (vgl. KROEBER-RIEL u. WEINBERG
1996, S. 153 ff.)

Hier handelt es sich nur um eine kleine Auswahl, zudem verändern sich
die in einer Kultur bestehenden Überzeugungen bzw. Normen und da-
mit auch die Motive. Neben diesem *Wertewandel* ist es in der Praxis   **Wertewandel**
auch auf Grund der zunehmenden Marktsegmentierung erforderlich für
die relevanten Konsumenten spezifische Konsummotive ausfindig zu
machen. Zielgruppen sollten nicht nach indirekten Kriterien wie demo-
graphische (Alter, Geschlecht), soziographische (Familienstand, Haus-
haltsgröße, Schicht) oder geographische (Stadt, Land) Unterschiede
sondern anhand ihrer Motive gebildet werden.

Als Beispiel ist aus der folgenden Abbildung die zeitliche Veränderung
des kommunizierten Nutzens eines Weichspülers (Lenor) von den Werthaltungen der Verbraucher, den Konkurrenzangeboten und anderen
äußeren Bedingungen ersichtlich. Das Produkt sorgte anfangs lediglich
für ein Gefühl der Weichheit der Wäsche, zudem muss der Weichspüler
zusätzlich zum Waschmittel zugegeben werden. Den Hausfrauen wurde
die Eigenschaft des Weichspülens so kommuniziert, dass sie dadurch

ihre besondere Sorgfalt und Fürsorge unter Beweis stellen. Das Auftauchen von Konkurrenzangeboten machte es notwendig, das eigene Produkt von den technisch oft gleichwertigen Konkurrenzprodukten zu differenzieren. Dabei fanden sowohl der Wertewandel wie die Erwartungshaltungen der Verbraucher Berücksichtigung. (vgl. ROSENSTIEL u. KIRSCH 1996, S. 139 f.)

Abb. 78: Entwicklung von kommuniziertem Nutzen und Zusatznutzen
(aus ROSENSTIEL u. KIRSCH 1996, S. 139)

Zeit	Werthaltung der Verbraucher	Situation		Kommunizierter Nutzen	
		Konkurrenz	äußere Beding.	Grundnutzen	Zusatznutzen
ab 1963	traditionelle Werte	Lenor alleine		spült weich	
ab 1967		Einführung Kuschelweich	Dominanz der Weißwäsche	weich +	weiß
70er		Vernell mit Duftpflanzen	Buntwäsche	weich +	aprilfrisch
80er	Öko-Trend		Konzentrate	weich +	konzentriert
90er	Pluralismus			weich +	verschiedene Düfte

Motive sind abstrakte Orientierungen, die erst durch bestimmte situative Anreize aktiviert werden. **Motivation** kann als ein durch äußere Anreize aktiviertes bewusstes Anstreben von Zielen in einer konkreten Situation beschrieben werden. Die Motivation für eine Handlung ist nach der VIE-Theorie abhängig vom subjektiv erwarteten Wert eines Motivs, der Instrumentalität der Verwendung des Produktes für das Motiv sowie der Erfolgserwartung (siehe Kapitel „Motivation"). Für die Werbung bedeutet dies: sie sollte kommunizieren, dass

Motivation

(V) hoch bewertete Motive durch den Konsum des Produktes befriedigt werden (z.B. Prestige),

(I) der Konsum des Produktes instrumentell für das hoch bewertete Motiv ist (z.B. Sportwagen),

(E) die Verwendung des Produktes zur Erreichung des gewünschten Zieles führt.

VIE-Theorie
- **Valenz**
- **Instrumentalität**
- **Erwartung**

Eine wichtige Rolle für die Werbung spielt das Interesse der Kunden. Ist ein Konsument bereit sich zu engagieren, also sich emotional und kognitiv mit der Kaufentscheidung auseinanderzusetzen, so spricht man von einem hohen **Involvement**. Je stärker z.B. das Produktinvolvement eines Konsumenten ist, desto ausgeprägter ist seine Vorstellung darüber, welchen Nutzen er aus einem Produkt ziehen kann. Im Vordergrund sollte daher auch hier nicht die objektive Produkteigenschaft, sondern vielmehr der Nutzen, den das Produkt für den Konsumenten hat, stehen. Die Involviertheit des Konsumenten gilt auch als Maß für die kognitive Kontrolle, die er bei seiner Entscheidung ausübt. Bei einem geringen Involvement wird geschlossen, dass der Kunde emotional ansprechbar ist (vgl. FELSER 1997, S. 65). Nach KROEBER-RIEL (1993, S. 98 f.) wird das Involvement bestimmt durch Eigenschaften

Involvement

- der **Persönlichkeit**: Werte, Motive etc.
- des **Produktes**: Preis, Nutzen, wahrgenommene Risiken etc.
- der **Situation**: Zeitdruck, Entscheidungs-, Kauf- und Konsumsituation etc.
- der **Medien**: Printmedien, elektronische Medien, Zielgruppenorientierung der Medien etc.
- der **Werbemittel**: Aktivierungskraft etc.

Involvement wird bestimmt durch

Werbung kann eingestuft werden in *"High-Involvement-Werbung"* und *"Low-Involvement-Werbung"*. Fast die gesamte Werbung in Publikumszeitschriften ist "Low-Involvement-Werbung", während man bei Fachzeitschriften auf ein größeres Involvement stößt. Das Involvement der Konsumenten spielt auch bei der Wahrnehmung der Werbebotschaft eine wichtige Rolle.

Werbung:
- High-Involvement
- Low-Involvement

Die zunehmende Marktsegmentierung erfordert eine stärkere Differenzierung des Angebotes und der Marktkommunikation. Die Werbebotschaft wird besser wahrgenommen, wenn sie auf die verschiedenen **Zielgruppen** abgestimmt ist und die Medien zur Vermittlung genutzt werden, die sich an die spezielle Zielgruppe richten.

Zielgruppe

Auf gesättigten Märkten sind die Produkte vielfach ausgereift und austauschbar. Daher ist die gedankliche Auseinandersetzung mit einem Angebot häufig gering, v.a. bei kleinem Involvement oft kaum vorhanden.
Meist spielt der emotionale Eindruck eine dominierende Rolle und bestimmt entweder direkt die Entscheidung (wie bei Impulskäufen) oder
kanalisiert die rationalen Überlegungen, die sich auf das Angebot richten. Funktionale Produkteigenschaften verlieren immer mehr an Bedeutung, die emotionale Erlebnisvermittlung durch Produkte und Leistungen spielt auf gesättigten Märkten eine immer größer werdende Rolle.
Eine Marke kann sich hier von anderen Marken dadurch abheben, indem
sie hoch bewertete Konsumerlebnisse vermittelt, die andere Marken
nicht vermitteln.

Der Einsatz emotionaler Appelle setzt zielgruppenspezifische Einsichten
in das emotionale Verhalten der Konsumenten voraus. Hinsichtlich der
Wirkung kann zwischen folgenden Arten unterschieden werden (vgl.
KROEBER-RIEL 1993, S. 147 ff. sowie NERDINGER 1996, S. 303):

- – Wecken der **Aufmerksamkeit**,   **Aufmerksamkeit**
- – Erzeugung einer angenehmen **Wahrnehmungsatmos-**   **Wahrnehmungs-**
  phäre zur Verbesserung der Vermittlung der Werbebot-   **atmosphäre**
  schaft und
- – Vermittlung von **emotionalen Erlebnissen**.   **emotionale**
                                                                       Erlebnisse

Ziel ist im letzten Fall die Vermittlung von Gefühlen, während in den anderen Fällen die emotionalen Reize entweder lediglich zur Weckung der
Aufmerksamkeit verwendet werden oder neben der Aufmerksamkeit
auch noch eine angenehme Wahrnehmungsatmosphäre erzeugen
sollen. Auch wenn den verschiedenen Techniken die Erzeugung
emotionaler Reize gemeinsam ist, stellen sie doch unterschiedliche
Anforderungen an die Wahrnehmung.

Übungsaufgabe 38

Nennen Sie einige Motive, die in Fernsehwerbespots häufig angesprochen   *Übungsaufgabe 38* werden. Überlegen Sie sich Gründe dafür, warum bestimmte Motive heute einen hohen Stellenwert haben. (Siehe „Lösungen zu den Übungsaufgaben")

5.2.2 Wahrnehmungsprozesse

Bei der Betrachtung von Wahrnehmungsprozessen in der Werbung sind neben den Motiven der anzusprechenden Zielgruppe auch Erkenntnisse der **Psychophysik,** aus der **Gestalt-** sowie der **kognitiven Psychologie** mit einzubeziehen (siehe Kapitel „Wahrnehmung"). Wahrnehmungsschwellen und die notwendige Größe der Reizzunahme gilt es ebenso zu berücksichtigen, wie Figur-Grund-Beziehungen, das Gesetz der Nähe, der guten Gestalt etc. Aber auch kognitive Prozesse der Wahrnehmung dürfen nicht vernachlässigt werden. Verschiedene Aspekte wurden in den entsprechenden Kapiteln bereits großteils behandelt und sollen hier lediglich am Rande Erwähnung finden. Für Wahrnehmungsprozesse in der Werbung sind jedoch zusätzlich noch eine Reihe anderer Effekte von Bedeutung.

Psychophysik, Gestalt- und kognitive Psychologie

Zentral für den Wahrnehmungsprozess ist neben der Wirkung von Aktivierungsvorgängen die Frage nach deren Auslösung, das heißt der Steigerung der Aufmerksamkeit. Aufmerksamkeit ist eine vorübergehende Erhöhung der Aktivierung und führt zur Sensibilisierung des Individuums gegenüber bestimmten Reizen. Reize, denen es gelingt, Aufmerksamkeit zu erreichen, haben folglich leichter Zugang zum Informationsverarbeitungssystem, während andere eher ausgeschlossen bleiben, da der Organismus für ihre Verarbeitung nicht aktiviert ist. In der Werbung wird Aufmerksamkeit durch drei Techniken erzeugt (vgl. KROEBER-RIEL u. WEINBERG 1996, S. 61 f. und S. 71):

Auslösung und Wirkung

1. *physische Reizwirkung,*
2. *kognitive Reizwirkung* und
3. *emotionale Reizwirkung.*

Eine ziemlich sichere Aktivierung wird über **physisch intensive Reize** erzielt. Signalfarben, große Anzeigen und laute Reize aktivieren sehr stark. So wird eine ganzseitige Anzeige etwa dreimal so lang betrachtet wie eine halbseitige. Ebenfalls von Bedeutung, wenn auch von etwas geringerer, ist die Platzierung der Anzeige. Besonders häufig fixiert werden vor allem die Mitte und der linke obere Quadrant einer Seite. Die Platzierung dürfte aber durch die Prägnanz der Gestaltung sowie die inhaltliche Bedeutung deutlich überkompensiert werden (vgl. ROSEN-STIEL u. KIRSCH, 1996, S. 64). Auch die Verteilung der Aufmerksamkeit innerhalb der Anzeige hängt vom Aktivierungspotential der einzelnen Elemente ab. Eine große und kontrastreiche Headline zieht die Aufmerksamkeit auf sich und bei geeigneter Verknüpfung weiter auf die anderen Elemente der Anzeige. (vgl. KROEBER-RIEL u. WEINBERG 1996, S. 76)

physische Reizwirkung

Kognitive Reizwirkung entsteht durch bewusste Verstöße gegen Wahrnehmungs- und Gestaltgesetze, gedankliche Konflikte, Widersprüche sowie Überraschungen, die den Wahrnehmungsprozess vor unerwartete Aufgaben stellt und dadurch die Informationsverarbeitung stimuliert.

kognitive Reizwirkung

Abb. 79: Aktivierung durch visuelle Überraschung

Z.B. warb der Mobilfunkanbieter „One" bei seiner Markteinführung mit Werbespots, in denen zu Bildern mit zwei Personen, zwei Fingern, zwei Kühen etc. der Sprecher immer „one" wiederholte. Dieser Widerspruch sollte bei den Zusehern Aufmerksamkeit hervorrufen. Durch den Einsatz von Computern werden bei Fernsehspots Überraschungseffekte immer häufiger angewandt. Der länger werdende Löffel, der zerschlagene Tisch, der sich wieder zusammenfügt, die lila Kuh oder ein Mensch mit leuchtenden Augen, langen Zähnen, einem Tierkopf usw. Dies sind alles Verfremdungstechniken, die eine Erinnerung verstärken. Emotionalen Techniken sind sie jedoch unterlegen, da bei Wiederholung Abnützungserscheinungen auftreten (vgl. KROEBER-RIEL u. WEINBERG 1996, S. 72).

Zu den kognitiven Reizwirkungen kann auch die **Teaser-Technik** gezählt werden. Sie beruht auf dem psychologischen Prinzip der Spannungserzeugung durch Unvollständigkeit, auch zeigt der ZEIGARNIK-Effekt, dass unvollständige Informationen besser behalten werden (vgl. ZIMBARDO 1983, S. 268). Bei der Teaser-Werbung wird zunächst kein Hinweis auf das Produkt gegeben. Die Auflösung des Rätsels erfolgt entweder im selben Medium zur gleichen Zeit oder zu einem späteren Zeitpunkt. Im zweiten Fall ist darauf zu achten, dass die Spannung bis zur Auflösung erhalten bleibt. (vgl. NERDINGER 1996, S. 304.)

Teaser-Technik

In der Werbung zählen **emotionale Reize** zum klassischen Instrumentarium zur Erzeugung von Aufmerksamkeit. Besonders wirksam sind **Schlüsselreize** wie das Kindchenschema, erotische Abbildungen, Augen, Mimik etc., die biologisch vorprogrammierte Reaktionen auslösen und die Empfänger weitgehend automatisch erregen. Ähnliches gilt auch für sogenannte **„Archetypen"** (C.G. JUNG), das sind allgemein auftretende psychische Grundtypen des „kollektiven Unbewussten" wie z.B. der Held, die große Mutter etc. (vgl. REXILIUS u. GRUBITZSCH 1986, S. 206 f.). Zwar werden beim Menschen Lernvorgänge – insbesondere durch Sozialisation – wirksam, dennoch zeigen solche Reize eine verlässliche Wirkung und finden auch einen entsprechend häufigen Einsatz. Die Rei-

emotionale Reize

ze dürfen aber nicht dümmlich, peinlich oder geschmacklos wirken, da
es sonst zu Irritationswirkungen kommen kann. Dasselbe gilt in gleicher
Weise auch für kognitive sowie für aufdringliche physische Reize. Als *Irri-*   **Irritation**
tation wird ein Gefühl der Verunsicherung und Störung bezeichnet. Sie
verstärkt zwar die gedankliche und emotionale Verarbeitung und Speicherung der Werbebotschaft, setzt aber den Beeinflussungserfolg herab,
da die Informationsverarbeitung auch zu unbeabsichtigten Ergebnissen -
wie z.B. negativen Einstellungen zum Produkt - führen kann (vgl. KRO-
EBER-RIEL u. WEINBERG 1996, S. 77). Ein Beispiel für die Erzeugung
von Aufmerksamkeit durch Schlüsselreize zeigt die folgende Abbildung.

Abb. 80: Aktivierung durch emotionale Reize

Schlüsselreiz

Emotionale Reize werden neben der Erzeugung von Aufmerksamkeit   **emotionale Reize**
auch zur Herstellung einer angenehmen Wahrnehmungsatmosphäre so-   **- Aufmerksamkeit**
wie zur Vermittlung von emotionalen Erlebnissen verwendet. Dabei hat   **- Atmosphäre**
die Erzeugung einer angenehmen Wahrnehmungsatmosphäre das Ziel,   **- emotionale**
die Informationsvermittlung zu verbessern, während bei der Vermittlung   **Erlebnisse**
emotionaler Erlebnisse die Erzeugung von Gefühlen im Vordergrund
steht. Nach KROEBER-RIEL sind Emotionen „(1.) innere Erregungen, die

(2.) angenehm oder unangenehm empfunden und (3.) mehr oder weniger bewusst (4.) erlebt werden" (1993, S. 149). Emotionen sind mit inneren Erregungen verbunden und haben eine aktivierende Funktion.

Mit Hilfe *atmosphärischer Reize* werden eher positive Elemente ins Bewusstsein gerufen, die Information wird positiver aufgenommen sowie die gedanklichen Beurteilungsvorgänge positiv beeinflusst (vgl. KROEBER-RIEL 1993, S. 156). Eines der bekanntesten Beispiele ist wohl das Mädchen neben dem Auto. Der emotionale Reiz soll eine angenehme Wahrnehmungsatmosphäre erzeugen, damit die Aufnahme der Werbebotschaft verbessert wird. Oft werden zu diesem Zweck auch Kinder, Tiere, Blumen etc. eingesetzt.

atmosphärische Reize

Abb. 81: Erzeugung einer angenehmen Atmosphäre

angenehme Wahrnehmungsatmosphäre

Bei der Vermittlung *emotionaler Erlebnisse* tritt die Information in den

emotionale Erlebnisse

Hintergrund. Die relevanten Eigenschaften eines Produktes sind in der Regel bekannt und auf gesättigten Märkten mit ausgereiften Produkten unterscheiden sich diese kaum. Informationen über letztendlich austauschbare Eigenschaften werden trivial. Auch herrschen immer mehr genuss- und erlebnisbetonte Werthaltungen vor, wodurch sachliche Werbung viele Konsumenten kaum erreichen kann. Auf gesättigten Märkten und vor dem Hintergrund eines gesellschaftlichen Wertewandels hin zu immer mehr Genuss- und Erlebnisorientierung spielen daher emotionale Erlebniswerte für die Werbung eine zentrale Rolle. Werbung konzentriert sich hier darauf, Emotionen anstatt der Informationen anzubieten. Produkte, Marken und Dienstleistungen erhalten eine emotionale Bedeutung, sie werden emotional aufgeladen. Denn eine Konditionierung angenehmer Reaktionen auf ein Produkt führt dazu, dass dieses eher gekauft wird (vgl. KROEBER-RIEL 1993, S. 149 ff.). Dabei werden für die Zielgruppe wertvolle Motive verwendet und mit dem beworbenen Produkt in Verbindung gebracht (siehe unten Kapitel „Lernprozesse").

Abb. 82: Austauschbare Erlebnisvermittlung

Erlebnis-
vermittlung

Übungsaufgabe 39

Inwiefern unterscheiden sich die drei Anzeigen voneinander? (Siehe „Lösungen zu den Übungsaufgaben")

Übungsaufgabe 39

Übungsaufgabe 40

Analysieren Sie die letzte der drei Abbildungen hinsichtlich der Zielgruppe und der angesprochenen Motive. Stellen Sie auch Überlegungen an, warum diese Zielgruppe angesprochen wird. (Siehe „Lösungen zu den Übungsaufgaben")

Übungsaufgabe 40

Die Informationsüberlastung, die immer geringere Bedeutung von Informationen in der Werbung sowie das in der Regel geringe Involvement der Empfänger führen zu einer Zunahme der **Bildkommunikation.** Um ein Bild aufzunehmen, benötigen wir nur wenige Sekunden, während dieselbe Information mittels Text zu vermitteln ein Vielfaches der Zeit benötigt (vgl. KROEBER-RIEL 1993, S. 16 f.). Diese Zeit sind gering involvierte Empfänger kaum bereit aufzubringen. Bildinformationen werden anders verarbeitet als sprachliche, sie werden schneller sowie leichter aufgenommen, benötigen eine geringere aktive Beteiligung der Empfänger und werden besser erinnert (siehe Kapitel „Lernen"). Sie haben auch einen größeren Erlebnis- und Unterhaltungswert als sprachliche Informationen. Weiters lösen Bilder auf Grund ihrer rechtshemisphärischen Verarbeitung automatisch und ohne weitere gedankliche Kontrolle emotionale Erlebnisse aus, während sprachliche Reize bewusster und im Allgemeinen mit stärkerer kognitiver Kontrolle aufgenommen und verarbeitet werden (vgl. KROEBER-RIEL u. WEINBERG 1996, S. 119).

Zunahme der Bildkommunikation

Neben visuellen Bildern werden in der Werbung auch akustische Bilder eingesetzt. Geräusche, die in Zusammenhang mit dem Produkt stehen, wie z.B. das Beißen in einen Apfel verbunden mit dem Werbeslogan „damit Sie auch morgen noch kraftvoll zubeißen können" finden ebenso Anwendung wie einprägsame Werbemelodien. Bilder in Verbindung mit Geräuschen bzw. Melodien ermöglichen wie das Vorlesen geschriebener Texte eine multimodale Informationsaufnahme. Wie bereits im Kapitel

„Lernen" erläutert, führen *multimodale* und *multikodale Präsentationen* zu einer besseren Informationsaufnahme und Informationsverarbeitung. Dies bedeutet, die Werbeinformation wird nicht nur besser aufgenommen, sondern auch besser abgespeichert, denn neben der Wahrnehmung der Werbeinformation ist auch ihr Behalten von zentraler Bedeutung, da in der Regel die Kaufsituation verzögert eintritt.

multimodale und multikodale Präsentation

Bereits vor längerer Zeit wurden erste Überlegungen angestellt, ob und wie *unterschwellige Wahrnehmung* das Verhalten beeinflusst. So führte BYRNE in den 50er Jahren einigen Studenten in einer Lehrveranstaltung einen Film vor, in dem im Abstand von sieben Sekunden für 1/200 Sekunde das Wort „beef" eingeblendet war. Bei einer anschließenden Befragung zeigten Studenten, die die Vorführung gesehen hatten ein größeres Hungergefühl (vgl. FELSER 1997, S. 158). In den 60er Jahren kam SPENCE in einem ähnlichen Versuch zum selben Ergebnis (vgl. KROEBER-RIEL u. WEINBERG 1996, S. 272). HAWKINS wählte in seiner Untersuchung Anfang der 70-er Jahre eine Darbietungszeit von 2,7/1000 Sekunden, in der er während 15 Minuten einer Studentengruppe 40 Mal „DRINK COKE" einblendete. Die betreffenden Studenten zeigten anschließend ebenso ein erhöhtes Durstempfinden wie solche, denen der Begriff „COKE" oberschwellig dargeboten wurde (vgl. ROSENSTIEL u. KIRSCH 1996, S. 76 f.). Offenbar reichen sehr kurzfristige Darbietungen, die der Versuchsperson nicht bewusst werden, aus, um Grundbedürfnisse wie Hunger oder Durst hervorzurufen. Spezifische Verhaltensweisen, wie ein bestimmtes Getränk zu kaufen, können unterschwellig jedoch eher nicht vermittelt werden.

unterschwellige Wahrnehmung

5.2.3 Lernprozesse

Nachdem Werbung wahrgenommen wurde, gilt es dafür zu sorgen, dass die vermittelten Inhalte auch gelernt und behalten werden. Nur wenn

sich der Konsument in der Kaufsituation an die sachlichen und emotionalen Inhalte erinnert, kann Werbung wirksam werden. Bei der Gestal-
tung von Werbungen sind also Erkenntnisse aus der **Lernpsychologie**   **Lernpsychologie**
wie z.B. Informationsaufnahme und Informationsverarbeitung mit zu
berücksichtigen. Der Betrachter der Werbebotschaft muss auf das Wesentliche aufmerksam gemacht werden, die Informationsmenge darf
nicht zu groß sein, sie soll sich auf wenige Schlüsselbotschaften be-
schränken, sich in das Vorwissen einordnen etc. (siehe Kapitel „Lernen").

Ein wichtiger Aspekt beim Lernen ist die Motivation. Motivierte Personen lernen lieber, leichter und effizienter (siehe Kapitel „Motivation"
sowie Kapitel „Lernen"). Dies bedeutet, dass High-Involvement-
Werbung mehr Information beinhalten kann als Low-Involvement-
Werbung und dass bei der Gestaltung von Werbung auf hoch bewertete
Motive der Zielgruppe zu achten ist. Neben den kognitiven Aspekten   **Motive**
lassen sich zur Erklärung von Werbewirkungen v.a. die Theorie des
klassischen Konditionierens sowie des **Modelllernens** heranziehen.

5.2.3.1 Klassisches Konditionieren

Das Grundprinzip des klassischen Konditionierens lautet: Wird ein neutraler Reiz **gleichzeitig** und **wiederholt** mit einem unkonditionierten Reiz
dargeboten, so erhält auch der neutrale Reiz nach einiger Zeit die Fähigkeit, die unkonditionierte Reaktion auszulösen (es wird dann von einer konditionierten Reaktion gesprochen). Wie bereits im Kapitel „Lernen" beschrieben, kann nach diesem Prinzip auch eine Koppelung einer
emotionalen Reaktion an einen unkonditionierten Stimulus erfolgen.
Wird ein ursprünglich neutrales Produkt, eine Marke oder Dienstleistung
gleichzeitig und wiederholt mit Reizen angeboten, die bestimmte Ge-
fühlsreaktionen auslösen, kann mit der Zeit das vormals neutrale Produkt
etc. alleine diese Gefühle auslösen. KROEBER-RIEL spricht hier von

emotionaler Konditionierung (vgl. KROEBER-RIEL u. WEINBERG 1996, S. 130). Bietet man in der Werbung ein neutrales Produkt zusammen mit positiven emotionalen Reizen wie Bilder mit emotionalen Erlebnissen oder angenehme Musik dar, so kann das Produkt einen emotionalen Erlebniswert erhalten, es wird emotional aufgeladen.

emotionale Konditionierung

Abb. 83: Klassische Konditionierung in der Werbung
(nach KROEBER-RIEL u. WEINBERG 1996, S. 330)

a) VOR DER KONDITIO-NIERUNG	Reflexkon-ditionierung	Konditionie-rung von Emotionen	Bedeutungs-kon-ditionierung	werbliche Kon-ditionierung
Glocke	neutraler Stimulus	emotionsfreies Objekt (z.B. Kasten)	neutrale Wörter (z.B. YOF)	neutraler (neuer) Produktname
Futter	unkon-ditionierter Stimulus	Angstauslöser (z.B. lauter Pfiff)	Wörter mit emotionaler Bedeutung	Bilder mit emotionaler Bedeutung
Speichel	unkon-ditionierter Stimulus	Angstreaktion	emotionale Bedeutung aktiviert	emotionale Bedeutung aktiviert
b) NACH DER KONDITIO-NIERUNG				
Glocke	konditionierter Stimulus	Objekt (z.B. Kasten)	Wort (YOF)	Produktname
Speichel	konditionierter Reflex	emotionale Reaktion	emotionale Bedeutung	emotionale Bedeutung

KROEBER-RIEL hat diese Prinzip eindrucksvoll am Beispiel seines HOBA-Experimentes demonstriert (vgl. KROEBER-RIEL u. WEINBERG 1996, S. 133). Dabei wurde mit Hilfe der klassischen Konditionierung versucht, die Einstellung von Versuchspersonen zu zwei künstlich geschaffenen Marken, die „HOBA-Seife" und der „SOMO-Ordner" zu ändern. Beide Markennamen hatten zu Beginn des Experimentes keine emotionale Bedeutung. Nachdem den Versuchspersonen Bilder mit emotionaler Werbung vorgeführt wurde, schrieben sie z.B. der „HOBA-Seife" emotionale Eigenschaften wie zärtlich, erlebnisreich, fröhlich und erregend zu, die vor der Konditionierung im Seifenimage fehlten.

Wie bereits erwähnt sind **Bilder** sehr gut zur Vermittlung von Emotionen

Bilder

geeignet. Besonders wirksam sind nach KROEBER-RIEL (1993, S, 151 ff.) u.a. Bilder mit

- **vorprogrammierten Erlebnisschemata** wie z.B. eroti-
  schen Darstellungen, Typen (Vaterfigur, Mutter, Kindchenschema etc.), Naturereignisse;

- **kulturell geprägten Erlebnisschemata** wie soziale Ereignisse (Hochzeit, Taufe, Familienfeste), Landschaften
  (Toskana, Mittelmeer, Berge), Charaktere (Cowboy), Ri-
  tuale (Hände schütteln), symbolische Gegenstände (grie-
  chische Säule);

- **zielgruppenspezifischen Erlebnisschemata** (Sport, Haus-
  frau, Studenten, Geschäftswelt etc.).

Bei **Musik** ist zu berücksichtigen, dass bekannte Melodien häufig bereits mit bestimmten Emotionen konditioniert sind. Konditionierungen hö-herer Ordnung können jedoch nur begrenzt kontrolliert werden, da die ursprünglichen Erfahrungen individuell verschieden sind. Die Melodie kann bereits emotional positiv aber auch emotional negativ belegt sein.

Musik

Begriffe können die durch Bilder ausgelösten Emotionen verstärken bzw. selbst Emotionen auslösen. Geeignet sind Wörter in **scheinbaren Sachaussagen** wie „Vertrauen", „Sicherheit", „Qualität", **bildhafte Ausdrücke** wie „Wir machen den Weg frei", „Schnell wie der Blitz", Wörter, die **positive Assoziationen** auslösen wie „aprilfrisch" oder **Schlüsse auf Sachverhalte nahelegen** wie z.B. „Intensivpflege". (vgl. ROSENSTIEL u. KIRSCH 1996, S. 117)

Begriffe

Im Kapitel „Lernen" wurde bereits darauf hingewiesen, dass eine Kon-ditionierung besonders wirksam ist, wenn der neutrale Reiz (das Produkt, das emotional aufgeladen werden soll) bereits kurz vor dem emotiona-len Reiz dargeboten und dann gleichzeitig mit diesem weiter gezeigt wird (**„verzögerte Konditionierung"**). Aus unterschiedlichen Gründen ist das in der Werbung nicht immer möglich. Aber auch ungefähre Gleichzeitigkeit von neutralem und emotionalem Reiz ist bei der

Gleichzeitigkeit von Produkt und emotionalem Reiz

emotionalen Konditionierung wirksam (vgl. EDELMANN 1993, S. 74).
Nicht an die Konditionierungsregel hält sich jedoch Werbung, in der das
Produkt losgelöst von der emotionalen Szene am Ende eingeblendet
wird (vgl. KROEBER-RIEL 1993, S. 151).

Zur Konditionierung lassen sich nur **starke Reize** verwenden. An einen
schwachen Reiz, der selbst nur schwache Reaktionen auslöst, lässt sich
nichts koppeln. Die Reizschwäche kann auf abgegriffene und stereotype
Bildgestaltung oder einen gefühlsschwachen Inhalt zurückgeführt werden. Oft kommt eine Reizschwäche zustande, weil eine unzureichende
Abstimmung der Reize auf die Zielgruppe erfolgte. Auch Reize, die
immer wieder geändert werden, haben eine unzureichende Wirkung.

starke Reize notwendig

Je häufiger zwei Stimuli zusammen dargeboten werden, desto größer ist
in der Regel auch der Konditionierungseffekt, wobei die notwendige
Anzahl u.a. von der Stärke des emotionalen Reizmaterials abhängt (vgl.
KROEBER-RIEL 1993, S. 155). In Experimenten stellten sich die gewünschten Erfolge oft erst nach etwa 20 Wiederholungen ein. Weiters
ist zu berücksichtigen, dass weniger aktivierende Werbung häufiger geschaltet werden muss, um überhaupt erst so viele Kontakte zu erreichen
wie stark aktivierende Werbung. Eine größere Frequenz ist aber nur
dann wirtschaftlich durchzusetzen, wenn für die einzelne Werbeschal-
tung weniger aufgewendet wird, d.h. mit kürzeren Spots geworben wird.
Neben einem Trend hin zum kurzen Spot ist auch eine Zunahme von
sogenannten *Tandem-Werbungen* festzustellen. Hier wird zeitlich verzögert nach dem eigentlichen Spot eine Kurzversion, der sogenannte
Reminder geschaltet. Da Bilder weitgehend automatisch und mit geringer gedanklicher Kontrolle verarbeitet werden, ist auch bei häufiger
Wiederholung von emotionaler Low-Involvement-Werbung kaum zu er-
warten, dass nachteilige gedankliche Reaktionen gegen die Werbung
auftreten (vgl. KROEBER-RIEL 1993, S. 116).

zahlreiche Wiederholungen

Klassisches Konditionieren beruht auf einer automatischen Reaktion und
erfordert deshalb keine kognitive Beteiligung bzw. kein Involvement von

Seiten des Konsumenten, was diese Technik für die Werbung sehr attraktiv macht. Die Empfänger lassen sich konditionieren, gleichgültig ob sie sich für die Werbung interessieren oder nicht. Die emotionale Konditionierung ist also eine besonders geeignete Technik, um passive Konsumenten zu beeinflussen, denen die Produkteigenschaften gleichgültig sind.

passive Konsumenten

5.2.3.2 Modell-Lernen

Lernen durch Beobachtung eines Modells ist ein effizienter Weg, um neue Verhaltensweisen ohne eigene Erfahrung zu übernehmen (siehe Kapitel „Lernen"). Eine wichtige Rolle dabei spielt die **Verstärkung des Modells**. Wird das Modell für sein Verhalten belohnt, so ist die Wahrscheinlichkeit, dass dieses Verhalten vom Beobachter übernommen wird, größer als wenn keine Belohnung erfolgt (vgl. BANDURA 1976). Die Theorie des operanten Konditionierens besagt, dass ein Verhalten gelernt (im Sinne von häufiger gezeigt) wird, wenn es positive Konsequenzen hat (positive Verstärkung). Das Modelllernen geht darüber hinaus, indem es aufzeigt, dass die Handlungsfolge nicht selbst erlebt werden muss, sondern es oft schon genügt, wenn andere mit einem bestimmten Verhalten Erfolg haben und dafür belohnt werden. Gelernt (im Sinne von Verhaltensmöglichkeiten speichern) wird ein beobachtetes Verhalten zwar auch ohne positive Verstärkung, jedoch wird es später seltener gezeigt (vgl. KROEBER-RIEL u. WEINBERG 1996, S. 618).

Verstärkung des Modells

Da nach dem Modelllernen nicht der Beobachter belohnt werden muss, sondern es genügt, wenn dies stellvertretend beim Modell erfolgt, ist diese Variante sehr gut für Werbung geeignet. Wie bereits im Kapitel „Lernen" aufgezeigt, spielen beim Modelllernen die Persönlichkeitsmerkmale sowohl des Beobachters als auch des Modells eine wesentliche Rolle. Wichtig sind auf Seiten des Modells u.a. Attraktivität,

Modelllernen in der Werbung

Kompetenz, Status aber auch Ähnlichkeit mit dem Beobachter und auf
Seiten des Beobachters Erregung, Gefühl der Abhängigkeit, Unklarheit
über angemessene Verhaltensform etc.

In Situationen, in denen **Unsicherheit** über das angemessene Verhalten   **Unsicherheit**
herrscht, ist die Orientierung am Verhalten anderer besonders stark vor-
handen (vgl. FELSER 1997, S. 174). Unsicherheit ist wiederum ein häufiges Phänomen im Konsumentenverhalten, dies gilt besonders bei der
Einführung neuer Produkte. Auch werden auf gesättigten Märkten durch
die immer größere Ähnlichkeit der Produkte Zweifel über das angemessene Produkt gefördert. Die kognitive Entlastung muss in diesen Fällen
nicht das Ergebnis eigener Erfahrung des Konsumenten sein, sondern
kann auch durch Beobachtung vorgegebener Konsummuster erfolgen
(vgl. KROEBER-RIEL u. WEINBERG 1996, S. 393). In der Werbung wird
diesem Effekt durch sogenannte **Testimonials** entsprochen.   **Testimonials**

Damit das Verhalten einer Person durch Modelllernen nachgeahmt wird,
müssen u.a. zwei Bedingungen erfüllt sein:
- das Verhalten muss **belohnt** werden und   **Belohnung**
- die Modellperson muss der Zielgruppe möglichst **ähnlich**   **Ähnlichkeit**
  sein (siehe Kapitel „Lernen").

In der Werbung erfolgt die **Belohnung** oft dadurch, dass die von der
Modellperson mit dem „richtigen" Produkt Beglückten dieser Liebe und
Dankbarkeit entgegenbringen bzw. damit selbst erfolgreich sind (siehe
„Laien-Testimonial"). Das angenehme Gefühl hat die Modellperson
stellvertretend für mich (vgl. FELSER 1997, S. 177). Geht es der Modellperson gut, so kann mir das die Erwartung nahelegen, dass ihr Verhalten
mit der positiven Situation zusammenhängt. Als Modelle eignen sich vor
allem Personen, die der Zielgruppe sehr ähnlich sind. Daher erscheinen
in der Werbung so häufig **scheinbar unscheinbare Darsteller**, diese
sollten aber möglichst attraktive und sympathische Personen sein. Besonders gut als Modelle eignen sich auch **Prominente** (vgl. FELSER
1997, S. 176), jedoch ist auch hier auf Ähnlichkeiten mit der Zielgruppe

(Alter, Schicht, Tätigkeit etc.) zu achten.

Oft reicht es bereits, wenn in der Werbung von einem Produkt behauptet wird, es sei das „meist verkaufte". Es ist dann nicht mehr notwendig jemanden zu überzeugen, dass es sich dabei um ein gutes Produkt handelt. Es genügt die Unterstellung, es gäbe ein Urteil irgendwelcher anderer Leute, an dem man sich orientieren kann. Da hier in der Regel nicht neues Verhalten gelernt, sondern das Handeln der Konsumenten **soziale** bestätigt werden soll, wird auch von *sozialer Bestätigung* gesprochen **Bestätigung** (vgl. FELSER 1997, S. 172 ff. sowie Kapitel „Lernen am Modell"). Der Effekt der sozialen Bestätigung ist ebenfalls bei Unsicherheit und bei Darstellung durch Personen „wie du und ich" sehr effizient. Eine häufig angewandte Strategie ist das gestellte Interview, in dem Personen so dargestellt werden, als seien sie gerade eben auf der Straße auf das Produkt angesprochen worden (vgl. FELSER 1997, S.174).

Übungsaufgabe 41

Betrachten Sie an einigen Abenden in verschiedenen Sendern die Fernsehwerbung und analysieren Sie, welchen Anteil klassisches Konditionieren bzw. Mo *Übungsaufgabe 41* delllernen hat. Untersuchen Sie weiters, welche Produkte vorwiegend mit klassischem Konditionieren und welche vorwiegend mit Modelllernen beworben werden.

5.2.4 Einstellung/Image

Eine *Einstellung* zu haben bedeutet die Bereitschaft auf ein Objekt (eine **Einstellung** Person, eine Menschengruppe, eine Situation, eine Marke etc.) in bestimmter konsistenter Weise zu reagieren (vgl. MANN 1987, S. 165 sowie ZIMBARDO 1983, S. 164). Es handelt sich dabei um ein einigermaßen überdauerndes Merkmal einer Person mit dessen Hilfe erklärt wird, warum diese sich gegenüber gleichartigen Objekten auch stets in ungefähr gleicher Weise verhält. Bei Einstellungen zu Produkten wird

auch vom *Image* gesprochen (vgl. ROSENSTIEL u. KIRSCH 1996, S. 158   **Image**
f.). Werbung hat den Zweck das Vorstellungsbild von dem beworbenen
Produkt, der Marke oder Dienstleistung zu beeinflussen. Das unter
Image gemeinte Vorstellungsbild eines Produktes, einer Marke etc. entspricht dem psychologischen Begriff „Einstellung" (vgl. KROEBER-RIEL
u. WEINBERG 1996, S. 167 und 196 f. sowie ROSENSTIEL u. KIRSCH
1996, S. 158). Durch Werbung soll das Image, das heißt die innere Vorstellung eines Konsumenten von diesem Produkt also seine Einstellung
zum Produkt, verbessert werden.

Einstellungen werden erworben, sind zeitlich einigermaßen stabil und
beziehen sich auf ein Objekt. Es handelt sich dabei um keine objektiven
Tatsachen, sondern um subjektive Vorstellungen und Bewertungen, die
in den persönlichen *Motiven* begründet sind. Aufgrund der durch den   **Motive**
Einstellungsgegenstand angesprochenen Motivation wird das Individu-
um zu einem bestimmten Verhalten angetrieben. Einstellungen kann
man somit „als subjektiv wahrgenommene Eignung eines Gegenstandes
zur Befriedigung einer Motivation" auffassen (KROEBER-RIEL u. WEIN-
BERG 1996, S. 168).

Abb. 84: Einstellungsbeeinflussung nach dem Muster der Ziel-Mittel-Analyse

Dieser Betrachtungsweise liegt die sogenannte *Ziel-Mittel-Analyse* der Einstellungen zugrunde, der auch das klassische Muster der Einstellungsbeeinflussung entspricht:

- appelliere an ein *Bedürfnis* (hier: Ein Auto für die ganze Familie) und

- weise darauf hin, dass die angebotene Marke besonders dazu geeignet ist, dieses Bedürfnis zu befriedigen *(Information)*.

Ziel-Mittel-Analyse

emotionale Komponente

kognitive Komponente

Aus der stärker positiven oder negativen Einschätzung eines Objektes folgt in der Regel die entsprechende Bereitschaft, sich dem Gegenstand gegenüber in einer bestimmten Weise zu verhalten. Ein Produkt, zu dem eine positive Einstellung besteht, wird eher gekauft, eine Marke, zu der eine negative Einstellung besteht, eher gemieden etc. Der Einstellungsbegriff wird daher häufig aus drei Komponenten bestehend aufgefasst. Neben der *emotionalen* und der *kognitiven* Einstellungskomponente umfasst er nach diesem Verständnis auch die *Verhaltenskomponente* (vgl. HAUBL 1987, S. 252, MANN 1987, S. 165 und MANZ 1987, S. 86 ff.). Unter der kognitiven Komponente wird die Vorstellung von einem Objekt verstanden. Sie besteht aus den Wahrnehmungen, Ansichten und Stereotypen des Individuums. Die emotionale Komponente beinhaltet die Gefühle des Individuums dem Objekt gegenüber und die Verhaltenskomponente ist die Bereitschaft, in Hinblick auf das Objekt in bestimmter Weise zu agieren bzw. zu reagieren (vgl. MANN 1987, S. 165, f.).

Verhaltenskomponente

Zwar lässt sich für gewöhnlich eine interne Konsistenz zwischen der kognitiven und der emotionalen Komponente feststellen, dagegen scheint das Verhältnis zwischen diesen beiden und der Verhaltenskomponente oft inkonsistent zu sein. Viele Raucher sind zwar der Gesundheitsgefährdung durch den Nikotingenuss bewusst, ändern ihr Verhalten aber trotz dieses Wissens nicht. Verhaltensweisen werden nicht nur von Einstellungen, sondern auch von externen v.a. situativen Faktoren bestimmt. So wird das Kaufverhalten neben der Einstellung zum Produkt u.a. noch von der Kaufsituation (Preis, Art des Geschäfts, Verfügbarkeit des Produkts etc.) beeinflusst. Weiters können für ein und dasselbe Verhalten mehrere Einstellungen relevant sein (vgl. MANN 1987, S. 166 ff.).

Die Stabilität von Einstellungen ist von verschiedenen Determinanten abhängig. Einstellungen, die für das Individuum eine zentrale Bedeutung haben und solche, die mit anderen Einstellungen des Individuums in einer konsistenten Weise verbunden sind, können weniger leicht geändert werden als Einstellungen von peripherer Bedeutung oder als relativ isolierte Einstellungen (vgl. KROEBER-RIEL u. WEINBERG 1996, S. 178).

Zwischen Einstellung und Verhalten besteht eine wechselseitige Beziehung. Genauso wie Einstellungen das Verhalten beeinflussen können, wirkt sich das Verhalten auf die Einstellungen aus. Die Einstellung zu einer politischen Partei kann zu deren Wahl führen, die Wahl wiederum kann die Einstellung zur Partei beeinflussen. Unter *Low-Involvement-Bedingungen* tritt häufig eine Veränderung der Einstellung zu einer Marke auf, nachdem diese gekauft wurde. Die positive Einstellung zur Marke ist dann nicht Voraussetzung für, sondern das Ergebnis des Kaufes. Oft werden nach einem Kauf eher positive Informationen über das gekaufte sowie eher negative Eigenschaften über das abgelehnte Produkt wahrgenommen, um dadurch die Kaufentscheidung zu bestätigen (vgl. KROEBER-RIEL u. WEINBERG 1996, S. 184 f.).

Verhalten kann die Einstellung beeinflussen

Inkonsistenzen im Einstellungssystem führen beim Individuum zu kognitiven Konflikten. So kann z.B. durch das Wissen, mit der Kaufentscheidung die Nachteile des gewählten Produktes hinzunehmen und auf die Vorteile der ausgeschlagenen Alternative zu verzichten, eine *kognitive Dissonanz* entstehen (vgl. ZIMBARDO 1983, S. 603). Je ähnlicher die Alternativen, je mehr Vorteile beide aufweisen und je wichtiger der Konsumartikel, desto stärker die Dissonanz. Maßnahmen zur *Dissonanzreduktion* nach dem Kauf, insbesondere durch die nachträgliche Höherschätzung des gekauften Produktes, führen zu einer Stabilisierung und

FESTINGER: kognitive Dissonanz

Vergrößerung der Präferenzen für die entsprechenden Produkte und
damit zu Wiederkaufverhalten und Markentreue. Im Rahmen von **Nach-
kauf-Werbung** werden Besonderheiten des gekauften Produkts hervorgehoben oder Informationen geliefert, die die Vorteilhaftigkeit des Produkts hervorheben. Die Reduzierung der **Nachkauf-Dissonanz** erfolgt
dabei z.B. durch entsprechende Abfassung der Bedienungsanleitung
(Herzlichen Glückwunsch. Sie haben Qualität gekauft!), durch einen entsprechenden Begleitbrief oder durch Broschüren mit Beiträgen über
neue Anwendungsmöglichkeiten.

**Dissonanz-
reduktion**

Übungsaufgabe 42

Wie können Raucher, die über die Schädlichkeit des Nikotingenusses Bescheid
wissen, die vorhandene kognitive Dissonanz reduzieren? (Siehe „Lösungen zu
den Übungsaufgaben")

Übungsaufgabe 42

Lösungen zu den Übungsaufgaben

Übungsaufgabe 35

Beispielhaft für einen nach dem klassischen Muster der Einstellungsbeeinflussung aufgebauten Fernsehspot ist die Volvo-Werbung:

- Achte auf Sicherheit beim Auto fahren,
- Volvo ist ein sicheres Auto.

Die Werbestrategie wurde vor kurzem jedoch geändert. Da sich die verschiedenen Fahrzeuge in dieser Klasse auch in Belangen der Sicherheit immer weniger unterscheiden setzt nun auch Volvo vermehrt auf Emotionen.

Übungsaufgabe 38

Häufig werden Motive wie Erfolg, Geborgenheit, Geselligkeit, Lebensgenuss,
Gesundheit, heile Familie und Jugendlichkeit angesprochen. Jugend gilt zwar

seit längerer Zeit schon als erstrebenswert, was in der Marketingkommunikation auch ausgenutzt wird, die Werbung entdeckt in der letzten Zeit aber immer stärker die über 50-Jährigen. Die ältere Generation, die jahrelang von der werblichen Seite her ausgeblendet wurde, wird als hochpotenter Konsument erkannt (vgl. HÄBERLE 1999, S. 8 f.). Eine globalisierte Gesellschaft sowie der Wertewandel führen oft zu Orientierungslosigkeit. Geborgenheit nimmt in solchen Situationen an Bedeutung zu. Eine stärkere Individualisierung hat oft auch eine Vereinsamung des Einzelnen zur Folge, was wiederum den Wunsch nach Geselligkeit steigern lässt. Auch der Wunsch nach heiler Familie wird bei einer ständig steigenden Scheidungsrate und der damit einhergehenden Verunsicherung was die Stabilität der Familie anbelangt verständlich.

Übungsaufgabe 39

Die Augen in der ersten der drei Abbildungen dienen als Schlüsselreiz um auf die Anzeige aufmerksam zu machen, während das zweite Bild auch eine angenehme Wahrnehmungsatmosphäre erzeugen soll. Das dritte Bild schließlich dient der Erlebnisvermittlung (siehe die folgende Übungsaufgabe).

Übungsaufgabe 40

Immer mehr Biermarken drängen sich auf dem Markt. Um den Absatz zu steigern, zum Teil auch um ihn zu halten, müssen neue Verkäuferschichten gewonnen werden. Lange Zeit haben sich die Brauer kaum bemüht Jugendliche oder Frauen für den Gerstensaft zu begeistern. Jugendliche trinken heute vorwiegend Mischgetränke oder Muntermacher. 61 Prozent der deutschen 14- bis 21-Jährigen trinken eher selten oder überhaupt kein Bier (vgl. DIEKHOF 1997, S. 72). Bier gilt dort für viele als Getränk der Papas und Onkels. Langsam werden nun aber auch Marken für die jüngere Generation auf den Markt gebracht, die eine für die Zielgruppe entsprechende Werbung benötigen. Die abgebildete Anzeige richtet sich an Jugendliche und dort v.a. an Frauen, obwohl die Frau im Vordergrund als Blickfang für Männer angesehen werden kann. Motive wie unkonventioneller Genuss bzw. Belohnung, aber auch Überlegenheit sowie die selbstbewusste Frau werden angesprochen. Bier trinkende Frauen sind unkonventionell, also muss dies positiv besetzt werden. Bier ist hier eine Belohnung und kein gewöhnliches Getränk. Zudem soll das Bild Aufsehen erregen und so die neue Biermarke bekannt machen. Interessant ist die Überlegung, welche Folgen ein Geschlechtertausch wohl hätte, also im Vordergrund ein Mann und im Hintergrund zwei Frauen in derselben Pose. Oder, wie wäre diese Anzeige wohl vor 30 Jahren von der Öffentlichkeit aufgenommen worden? Im Original ist das Bild in Farbe und die Couch im Hintergrund rot. Rot wird u.a. mit Leidenschaft, Begierde, Verführung und Aktivität assoziiert (vgl. Kapitel „Wahrnehmung"). Weiters wirkt die rote (Signalfarbe) Couch als Blickfang, die unscharf abgebildeten Männer und natürlich die Bierflasche im Vordergrund treten deutlicher hervor. Die erschöpften Männer und das Bier, also der Grund für die Belohnung und die Belohnung selbst, sind gemeinsam abgebildet (Gesetz der Nähe).

Übungsaufgabe 42

Um die in diesem Fall vorhandene kognitive Dissonanz zu reduzieren, gibt es mehrere Möglichkeiten. Der Raucher könnte

a) seine Überzeugung ändern (Lungenkrebs ist nicht eindeutig nachgewiesen worden),

b) neue kognitive Elemente einführen (Ich inhaliere nur selten),

c) sein Verhalten ändern (weniger rauchen).

Literatur

ALBERT, H. 1973: Probleme der Wissenschaftslehre in der Sozialforschung. In: KÖNIG, R. (Hg.): Handbuch der empirischen Sozialforschung, Bd. 1, Stuttgart, S. 57-102

ANDERSON, J. R. 1996: Kognitive Psychologie. Heidelberg/Berlin/Oxford

ANGERMEIER, W. F. u.a. 1984: Lernpsychologie. München/Basel

AUSUBEL, D. P. 1974: Psychologie des Unterrichts. Weinheim

BANDURA, A. 1976: Lernen am Modell. Ansätze zu einer sozial-kognitiven Lerntheorie. Stuttgart

BANDURA, A. u. WALTERS, R. 1963: Social learning and personality development. New York

BEDNORZ, P. 1984: Klassisches Konditionieren. In: ANGERMEIER, W. F. u.a.: Lernpsychologie, München, S. 43-52

BEELICH, K. H. u. SCHWEDE, H.-H. 1991: Denken-Planen-Handeln. Würzburg

BEINGHAUS, E. 1994: Didaktisches Fragezeichen am Multimediahimmel. In: BECK, U. u. SOMMER, W. (Hg.): Learntec 93 – Europäischer Kongress für Bildungstechnologie und betriebliche Bildung, Berlin, S. 137-141

BIRKENBIHL, V. F. 1997: Stroh im Kopf. Gebrauchsanleitung fürs Gehirn. Speyer

BLUMSTENGEL, A. 1998: Entwicklung hypermedialer Lernsysteme. Berlin

BREZINKA, W. 1981: Grundbegriffe der Erziehungswissenschaft. München

BRUNER, J. S. 1973: Der Prozess der Erziehung. Düsseldorf

BUZAN, T. 1993: Kopftraining. Anleitung zum kreativen Denken. München

BUZAN, T. 1994: Nichts vergessen. Kopftraining für ein Supergedächtnis. München

CSIKSZENTMIHALYI, M. 1975: Beyond boredom and anxiety. San Francisco

COREN, S. 1972: Subjective contours and apparent depth. In: Psychological Review, 79, S. 3359-367

CRAIK, F. I. M. u. LOCKHART, R. S. 1972: Levels of processing: Evidence of pronoun's influence on a syntactic decision that affects naming. In: Journal of Verbal Learning and Verbal Behavior, H. 11, S. 671-684

DAHMER, H. u. DAHMER, J. 1998: Effektives Lernen. Leichter merken – besser behalten. Bindlach

DICKREITER, M. 1987: Handbuch der Tonstudiotechnik. München

DIEKHOF, R. 1997: Der Kampf ums tägliche Bier. In: Werben & verkaufen, H. 14, S. 72-74

EDELMANN, W. 1993: Lernpsychologie. Weinheim

ERICKSON, H. M. 1938: Negation or reversal of legal testimony. In: Archives of Neurology and Psychiatry, H. 40, S. 548-553

FELSER, G. 1997: Werbe- und Konsumentenpsychologie. Stuttgart

FISCHER, E. P. 1994: Die Wege der Farben. Konstanz

FLADE, A. u. KALWITZKI, K.-P. 1985: Wahrnehmungspsychologie, Kurseinheit 1. Hagen

FRANKE, J. u. KÜHLMANN T. M. (Hg.) 1990: Psychologie für Wirtschaftswissenschaftler. Landsberg am Lech

FREUD, S. 1988: Massenpsychologie und Ich-Analyse. Frankfurt am Main

FRIELING, H. 1980: Farbe hilft verkaufen. Farbenlehre und Farbenpsychologie für Handel und Werbung. Göttingen/Zürich

FRUTIGER, A. 1998: Der Mensch und seine Zeichen. Wiesbaden

GAGNE, R. M. 1969: Die Bedingungen des Lernens. Hannover

GARDNER, M. B. u. GARDNER, R. S. 1973: Problem of localization in the median plane: Effect of pinnae cavity occlusion. In: Journal of the Acoustical Society of America, H. 53, S. 400-408

GERSTENMAIER, J. u. MANDL, H. (1995): Wissenserwerb unter konstruktivistischer Perspektive. In: Zeitschrift für Pädagogik, H. 6, S. 867-888

GIBSON, E. J. 1973: Die Wahrnehmung der visuellen Welt. Weinheim

GILLAM, B. 1986: Geometrisch-optische Täuschungen. In: Spektrum der Wissenschaft: Wahrnehmung und visuelles System. Heidelberg

GLASERSFELD, E. v. 1992: Konstruktion der Wirklichkeit und des Begriffs Objektivität. In FOERSTER, H. v., GLASERSFELD, E. v. u. HEIJL, P. M.: Einführung in den Konstruktivismus, München/Zürich, S. 9-39

GOLDSTEIN, E. B. 1997: Wahrnehmungspsychologie. Heidelberg/Berlin/Oxford

GRANDJEAN, E. 1967: Ermüdung und Leistungsbereitschaft. In: Naturwissenschaftliche Rundschau, H. 20, S. 511-518

GÜNTHER, J. u.a. 1998: Sozialforschung im Internet. Krems

HÄBERLE, E. 1999: Forever young. In: Werben & verkaufen compact, H. 1-2, S. 8-9

HAJOS, A. 1991: Einführung in die Wahrnehmungspsychologie. Darmstadt

HASEBROOK, J. 1995: Multimedia-Psychologie. Heidelberg/Berlin/Oxford

HAUBL, R. 1987: Einstellung. In: GRUBITZSCH, S. u. REXILIUS, G. (Hg.): Psychologische Grundbegriffe, Reinbek, S. 251-257

HECKHAUSEN, H. 1972: Die Interaktion der Sozialisationsvariablen in der Genese des Leistungsmotivs. In: GRAUMANN, C. F. u.a. (Hg.): Sozialpsychologie (Handbuch der Psychologie, Bd. 7, 2. Halbband), Göttingen, S. 955-1019

HECKHAUSEN, H. 1986: Motive und ihre Entstehung. In: WEINERT, E. u.a. (Hg.): Pädagogische Psychologie, Bd. 1, Frankfurt, S. 133-172

HECKHAUSEN, H. 1989: Motivation und Handeln. Berlin/Heidelberg/New York

HELLER, E. 1998: Wie Farben wirken. Reinbek bei Hamburg

HERRMANN, N. 1997: Das Ganzhirn-Konzept für Führungskräfte. Wien

HÖGER, D. 1978: Einführung in die pädagogische Psychologie. Stuttgart

HOLZINGER, A. 2001: Basiswissen Multimedia. Band 2: Lernen. Würzburg

HÜBNER, P. 1980: Einführung in die Methodenlehre der Psychologie. Darmstadt

HUDSON, W. 1960: Pictorial depth perception in subcultural groups in Africa. In: Journal of Social Psychology, H. 52, S. 183-208

INGLEHART, R. 1989: Kultureller Umbruch – Wertewandel in der westlichen Welt. Frankfurt

JENCKS, Ch. 1990: Was ist Postmoderne? Zürich/München

JONASSEN, D. H., PECK, K. L. u. WILSON, B. G. 1999: Learning With Technology. A Constructivist Perspective. Upper Saddle River

KAISER, A. u. KAISER, R. 1991: Studienbuch Pädagogik. Frankfurt a.M.

KANDINSKY, W. 1955: Punkt und Linie zu Fläche. Bern

KEBECK, G. 1997: Wahrnehmung. Weinheim/München

KERRES, M. 1998: Multimediale und telemediale Lernumgebungen. München/Wien

KHAZAELI, C. D., TERSTEGGE, Ch., u. KREFELD, G. 2000: Multimedia mit Director 8. Reinbek bei Hamburg

KIVITS, T. 1994: Eine kurze Geschichte der Psychologie. Düsseldorf/Wien

KLIMSA, P. 1993: Neue Medien und Weiterbildung: Anwendung und Nutzung in Lernprozessen der Weiterbildung. Weinheim

KLIMSA, P. 1997: Multimedia aus psychologischer und didaktischer Sicht. In: ISSING L. W. u. KLIMSA, P. (Hg.): Information und Lernen mit Multimedia, Weinheim, S. 7-24

KROEBER-RIEL, W. 1993: Strategie und Technik der Werbung. Verhaltenswissenschaftliche Ansätze. Stuttgart/Berlin/Köln

KROEBER-RIEL, W. u. MEYER-HENTSCHEL, G. 1982: Werbung. Steuerung des Konsumentenverhaltens. Heidelberg

KROBER-RIEL, W. u. WEINBERG, P. 1996: Konsumentenverhalten. München

KUHLEN, V. 1972: Verhaltenstherapie im Kindesalter. München

LEFRANCOIS, G. R. 1994: Psychologie des Lernens. Berlin/Heidelberg

LEHNER, M. u. ZIEP, K.-D. 1997: Phantastische Lernwelten. Vom „Wissensvermittler" zum „Lernhelfer". Weinheim

LEITNER, S. 1982: So lernt man lernen. Freiburg/Basel/Wien

LEWALTER, D. 1997: Kognitive Informationsverarbeitung beim Lernen mit computerpräsentierten statischen und dynamischen Illustrationen. In: Unterrichtswissenschaft. Zeitschrift für Lernforschung, H. 3, S.197-206

LEWIN, K. 1975: Die Lösung sozialer Konflikte. Bad Nauheim

LINDSAY, P. H. u. NORMAN, D. A. 1981: Einführung in die Psychologie – Informationsaufnahme und -verarbeitung beim Menschen. Heidelberg

LÜCK, H. E. 1987: Wolfgang Köhler. Begleittext. Hagen

LÜCK, H. E., RIPPE, H.-J. u. TIMAEUS, E. 1984: Einführung in die Psychologie. Hagen

MANDL, H. Gruber, H. u. RENKL, A. 1997: Situiertes Lernen in multimedialen Lernumgebungen. In: ISSING, L. W. u. KLIMSA, P. (Hg.): Information und Lernen mit Multimedia, Weinheim, S. 168-178

MANN, L. 1987: Sozialpsychologie. München/Weinheim

MANZ, W. 1987: Einstellungen und Einstellungsänderungen. Hagen

MASLOW, A. H. 1996: Motivation und Persönlichkeit. Reinbek bei Hamburg

MAYER, H. 1993: Werbepsychologie. Stuttgart

MAYER, H. O. 1997: Einsatz erweiterter Lehr- und Lernformen. In: Erziehung und Unterricht, H. 10, S. 1165-1176

MAYER, H. O. u. TREICHEL, D. 2004: Handlungsorientiertes Lernen und eLearning. München/Wien

MEMMERT, W. 1983: Didaktik in Graphiken und Tabellen. Bad Heilbrunn/Obb.

METZIG, W. u. SCHUSTER, M. 1996: Lernen zu lernen. Berlin/Heidelberg

MURCH, G. M. u. WOODWORTH, G. L. 1978: Wahrnehmung. Stuttgart

NEISSER, U. 1974: Kognitive Psychologie. Stuttgart

NEISSER, U. 1996: Kognition und Wirklichkeit. Stuttgart

NERDINGER, F.W. 1996: Strategien der Werbung. Vom Auftrag über die Gestaltung zur Entscheidung. In: BÄUMLER, S. (Hg.): Die Kunst zu Werben. Das Jahrhundert der Reklame. München

NEUMANN, J. u. TIMPE, K.-P. 1976: Psychologische Arbeitsplatzgestaltung. Berlin

O'SHAUGHNESSY, J. 1987: Why people buy. New York

OSTERKAMP, U. 1986: Motivation. In: REXILIUS, G. u. GRUBITZSCH S. (Hg.): Psychologie. Theorien-Methoden-Arbeitsfelder, S. 362-380

PAECHTER, M. 1997: Auditive und visuelle Texte in Lernsoftware. In: Unterrichtswissenschaft. Zeitschrift für Lernforschung, H. 3, S.197-206

PFANNEMÜLLER, J. 1998: Begeisterung wirkt. In: Werben und Verkaufen, H. 44, S. 122-123

PFLAUM, D. 1993: Ausgewählte Werbemittel und Gestaltungsansätze. In: BERNDT, R. u. HERMANNS, A. (Hg.): Handbuch Marketing-Kommunikation. Strategien, Instrumente, Perspektiven. Wiesbaden, S. 333-352

PREGLAU, M. u. RICHTER, R. (Hg.) 1998: Postmodernes Österreich? Konturen des Wandels in Wirtschaft, Gesellschaft, Politik und Kultur. Wien

RECHTIEN, W. 1986: Ganzheits-, Gestalt- und Feldtheorie. In: REXILIUS, G. u. GRUBITZSCH, S. (Hg.): Psychologie. Theorien-Methoden-Arbeitsfelder, Reinbek, S. 476-496

REINMANN-ROTHMEIER, G. MANDL, H. u. PRENZEL, M. 1994: Computerunterstützte Lernumgebungen. Planung, Gestaltung und Bewertung. Erlangen

ROSENSTIEL, L. von u. KIRSCH, A. 1996: Psychologie der Werbung. Rosenheim

RÜCKRIEM, G./STARY, J. u. FRANCK, N. 1997: Die Technik wissenschaftlichen Arbeitens. Paderborn

SCHANDA, F. 1994: Multimedia und Lernen. In: BECK, U. u. SOMMER, W. (Hg.): Learntec 93 – Europäischer Kongress für Bildungstechnologie und betriebliche Bildung, Berlin, S. 129-135

SCHAPER, N., SONNTAG, K., ZINK, T. u. SPENKE, H. 2000: Authentizität und kognitive Modellierung als Gestaltungsprinzip eines Diagnose CBT. In: Zeitschrift für Arbeits- und Organisationspsychologie, H. 4, S. 209-220

SCHNIERER, T. 1999: Soziologie der Werbung. Opladen

SCHNOTZ, W. 1997: Wissenserwerb mit Diagrammen und Texten. In: ISSING, L. W. u. KLIMSA, P. (Hg.): Information und Lernen mit Multimedia, Weinheim, S. 85-105

SCHRÖTER, R. 1997: Synergie oder Sünde? In: Werben & verkaufen, H. 13, S. 78

SCHULMEISTER, R. 1997: Grundlagen hypermedialer Lernsysteme. München/Wien

SCHUSTER, M. 1984: Textlernen. In: ANGERMEIER, W.F. u.a.: Lernpsychologie, München, S. 149-175

SEEL, N. M., AL-DIBAN, S., HELD, S. u. HESS, C. 1998: Didaktisches Design multimedialer Lernumgebungen. In: Dörr, G. u. JÜNGST, K. L. (Hg.): Lernen mit Medien, Weinheim/München, S. 87-119

SPADA, H. 1976: Modelle des Denkens und Lernens. Ihre Theorie, empirische Untersuchungen und Anwendungen in der Unterrichtsforschung. Bern/Stuttgart/Wien

TAUSCH, R. u. TAUSCH, A.-M. 1979: Erziehungspsychologie. Begegnung von Person zu Person. Göttingen

TULODZIECKI, G. 1996: Lehr-/lerntheoretische Konzepte und Software-Entwicklung. In: Heinz Nixdorf Stiftung (Hg.): Neue Medien in den Schulen. Projekte – Konzepte – Kompetenzen, Gütersloh, S. 41-54

ULICH, D. 1993: Einführung in die Psychologie. Stuttgart

VILMAR, F. u. KIßLER, L. 1982: Arbeitswelt: Grundriss einer kritischen Soziologie der Arbeit. Opladen

WATSON, J. B. 1968: Behaviorismus. Köln

WEBERS, J. 1989: Tonstudiotechnik. München

WEIDENMANN, B. 1997: „Multimedia": Mehrere Medien, mehrere Codes, mehrere Sinneskanäle? In: Unterrichtswissenschaft. Zeitschrift für Lernforschung, H. 3, S.197-206

WEINER, B. 1976: Attributionstheoretische Analyse von Erwartung x Nutzen-Theorie. In: SCHMALT, H.-D. u. MEYER, W.-U. (Hg.): Leistungsmotivation und Verhalten. Stuttgart, S. 81-100

WEISS, R. 1991: Kindheit und Jugend. Eine Entwicklungspsychologie. Innsbruck

ZELAZNY, G. 1999: Wie aus Bilder Zahlen werden. Der Weg zur visuellen Kommunikation. Wiesbaden

ZIELINSKI, J. u. SCHÖLER, W. 1965: Methodik des programmierten Unterrichts. Ratingen

ZYGOWSKI, H. 1986: Einzeltherapie. In: REXILIUS, G. u. GRUBITZSCH, S. (Hg.): Psychologie. Theorien-Methoden-Arbeitsfelder, Reinbek, S. 201-222

ZIMBARDO, P. G. 1983: Psychologie. Berlin/Heidelberg

ZWIMPFER, M. 1994: 2d Visuelle Wahrnehmung. Sulgen

Sachregister

www.ingramcontent.com/pod-product-compliance
Lightning Source LLC
Chambersburg PA
CBHW061751260326
41914CB00006B/1063